思想品德健康教育书系

无邪才能开放的鲜艳

和兴文化◎编著

陕西出版传媒集团
太白文艺出版社

图书在版编目（CIP）数据

无邪才能开放的鲜艳/和兴文化编著．—西安：太白文艺出版社，2013.6

（思想品德健康教育书系/刘东主编）

ISBN 978－7－5513－0492－4

Ⅰ．①无… Ⅱ．①和… Ⅲ．①品德教育—青年读物②品德教育—少年读物 Ⅳ．①D432.62

中国版本图书馆CIP数据核字（2013）第109029号

思想品德健康教育书系

无邪才能开放的鲜艳

主　　编　刘　东

编　　著　和兴文化

责任编辑　王大伟　李　丹

封面设计　梁　宇

版式设计　刘兴福

出版发行　陕西出版传媒集团

太白文艺出版社

（西安北大街147号　710003）

E－mail：tbyx802@163.com

tbwyzbb@163.com

经　　销　陕西新华发行集团有限责任公司

印　　刷　三河市恒升印装有限公司

开　　本　700毫米×960毫米　1/16

字　　数　190千字

印　　张　12

版　　次　2013年6月第1版第1次印刷

书　　号　ISBN 978－7－5513－0492－4

定　　价　25.80元

前　言

品德和才学，到底哪个更重要？这个历来聚讼不已的话题，能否对其有一个正确的认识和回答，不仅是选拔任用人才的着眼点，同时也是我们培养教育青少年的方针大纲。孰为重？孰为轻？如何在我们的教育中贯彻我们认为的重点，同时又能坚持“两点论”和“重点论”的完美谐和的统一，培养出国家和社会需要的优秀的青少年，这是最考验教育工作者的智慧和能力的地方。

宋代著名历史学家、政治家司马光曾经在他的巨著《资治通鉴》中讨论过这个问题。对于二者的关系，他认为：“才者，德之资也；德者，才之帅也。”也就是说，才学是品德的资本，而品德则是才学的统帅。也就是说，有了品德这个居于领导地位的统帅，才学的资本才能正常而且完全地发挥它的价值，给个人、社会和国家带来正面积极的影响。司马光又接着说：“君子挟才以为善，小人挟才以为恶。挟才以为善者，善无不至矣；挟才以为恶者，恶亦无不至矣。”也就是说，才学是一把双刃剑，既可以行善，也未尝不可以作恶。至于到底是行善还是作恶，则完全要看掌握才学的人是品德高尚的君子，还是品德卑下的小人。君子的才学可以用来造福社会和国家，使善行遍布四海；小人的才学也会给社会和国家带来灾难，使邪恶播撒人间。由此可见品德的极端重要性。而品德与才学孰重孰轻的问题，也就不言自明了。

我国古代历来重视品德的教养，教育的思路也从来就是把品德放在比才学更重要的地位，《论语》中就有一句话说：“贤贤易色，事父母能竭其力，事君，能致其身，与朋友交，言而有信。虽曰未学，吾必谓之学矣。”可见古人认为，只要有了尊重贤良、孝敬父母、忠于祖国、待人诚信等等高尚的品德，那么即使没有才学，也仍然是一个堂堂正正的人。当然，我们不是强调品德的重要性，而又走到另一个极端——否认才学的重要性。就像毛泽东同志所说，我们要坚持“两点论”和“重点论”的统一。即在保证品德教育的前提下，掌握的才学越多越充实越好。这样才能为我们的社会和国家做出更多的有益的贡献。

无可回避的是，一直以来，我们的教育都有着重学习轻品德、重知识轻能力、重成绩轻素质的弊端和问题。这或许使得我们的青少年在成长过程中走了弯路，或者会给他们的成长、成材和以后人生的发展带来负面的影响。长此以往，甚至也有可能给我们的社会和国家带来消极的影响。基于这个重大的问题，我们深感责任重大，于是编写了这套丛书，涵盖了我们能设想到的方方面面，希望能在青少年思想品德教育方面，弥补现行学校教育可能存在的缺失，贡献我们一份绵薄之力。

当然，丛书编的究竟如何，最终还是要看它能不能得到广大青少年的喜爱和认可。限于水平，书中不能没有错误，尚请方家指正。同时也欢迎各位读者和广大青少年提出宝贵的意见和建议。

目　录

第一章　保持身心健康

正确理解心理健康 …… 001
培养健全的人格 …… 004
心理健康探索之路 …… 005
心理健康的标准 …… 008
正确心理和失常心理的不同表现 …… 011
剖析“常态标准” …… 012
“变态”就是心理疾病 …… 014
心理疾病的形成原因 …… 016
心理疾病的不同表现 …… 018
心理疾病的三个发展阶段 …… 019
正确对待心理疾病 …… 020
心理疲劳与心理疾病的区别 …… 022
幻觉、错觉、空想的不同 …… 024
“妄想”是个人的信念 …… 028
患得患失造成内心干扰 …… 030
观念固执是对挫折的不正当反应 …… 032
“神经过敏”是感觉过敏 …… 034

第二章　学会控制情绪

克服神经衰弱 …… 036
失眠症的治疗方法 …… 037
保证足够的睡眠 …… 041

科学掌握健康睡眠 …… 044
梦是客观现实的反映 …… 046
忧郁寡欢危害心理健康 …… 050
保持愉快情绪 …… 053
情绪激动诱发疾病 …… 058
狂躁经常和忧郁相伴发作 …… 061
防止和克服易爆易怒的情绪 …… 064
战胜焦虑和惧怕 …… 067
韧性需要培养 …… 069
心理补偿作用 …… 071

第三章　克服心理隐疾

烦恼是自找的 …… 075
生活充实消除精神疲倦 …… 077
消除情感淡漠的情绪 …… 079
摆脱孤独感 …… 083
消除自卑情结 …… 086
从心底里打掉你的恐惧感 …… 090
“惧怕”是正常的心理现象 …… 091

第四章　消除心理压力

消除惧怕心理 …… 097
保持良好的记忆力 …… 100
“抗拒心理”和“攻击行为” …… 103
羞怯是消极心理的自我防御 …… 106
克服不健康的嫉妒心理 …… 108
避免“双重人格” …… 110
矫正和改变病态性格 …… 113
性格需要全面发展 …… 116

善于交往 …………………………………………………………………… 118
消除爱情带来的烦恼 ……………………………………………………… 123
关注“个性特征”觅爱侣 …………………………………………………… 125
知己知彼，百战百胜 ……………………………………………………… 128
正视现实生活 ……………………………………………………………… 130
奋发向上展望美好未来 …………………………………………………… 132
培养心理耐力 ……………………………………………………………… 134
增强心理进攻力 …………………………………………………………… 136
消除紧张靠信心 …………………………………………………………… 139
保持心理健康的秘诀 ……………………………………………………… 142
勤于用脑，健康长寿 ……………………………………………………… 144

第五章　心理疗法面面观

心理疗法概述 ……………………………………………………………… 146
疗法之一：调节呼吸节奏法 ……………………………………………… 150
疗法之二：冥想放松法 …………………………………………………… 151
疗法之三：自主训练法 …………………………………………………… 153
疗法之四：大脑训练法 …………………………………………………… 154
疗法之五：暗示疗法 ……………………………………………………… 157
疗法之六：疏导疗法 ……………………………………………………… 159
疗法之七：运动疗法 ……………………………………………………… 161
疗法之八：生物反馈疗法 ………………………………………………… 163
疗法之九：系统脱敏法 …………………………………………………… 165
疗法之十：惮恶修改法 …………………………………………………… 166
疗法之十一：格式塔疗法 ………………………………………………… 167
疗法之十二：心理交流分析法 …………………………………………… 172
疗法之十三：笑疗法 ……………………………………………………… 174
疗法之十四：音乐疗法 …………………………………………………… 178

第一章　保持身心健康

正确理解心理健康

你也许对“心理健康”这个词感到生疏。人们在日常生活中，经常谈论和使用“身体健康”这个词语，而很少重视“心理健康”存在的问题；长期以来，人们只注意到生理上存在着健康问题，而忽视了心理上同样也存在着健康问题。

比如说，在日常生活中，许多人都体验过在学习、工作、婚姻、家庭、人际交往等方面的许许多多的心理学问题，这些问题如若处理不当，就会造成人们的心理矛盾、情绪紧张、忧愁苦闷等等。如果人们对这些来自身体内部与外部的刺激，适应能力很差，那么，这些刺激便会成为恶性刺激，损害身心健康，并可导致心理上的失常，甚至会引起心理疾病。所以说，我们不能片面地理解“健康”的意义，只着眼于生理上的、身体上的健康，而忽略了心理上的健康。

其实，人的健康包括生理和心理两方面。因为人是生理与心理的统一体，身与心的健康是相互影响、相互作用着的。随着人类精神生活的不断丰富和提高，怎样保持心理健康、预防心理疾病，势必会成为越来越迫切需要解决的课题。

也许你会按照一般的生活逻辑来推论。“健康”的反面就是“不健康”；而“不健康”就意味着“疾病”；那么，心理不健康就是“心理疾病”喽！这种推论由于把复杂的事情简单化，因而结论不一定确切。关于这一点，以后将专门论述，这里暂且不说。不过，“心理疾病”确实是存在着的。你知道吗？人的心理在接受来自身体内部和外部世界的种种刺激后，会发生微妙的变化。这正如同天气一样，有晴也有阴，有风也有雨，有时雷雨大作，有时风雪交加。这是十分正常的现象。如果一个人的心理状态犹如一潭死水，一点也不动荡，从精神医学的观点来看，这反倒是不正常的了。

人的心理受到身体内外刺激后发生“微妙的”变化，主要表现在三个方面：(1) 不同的人在接受同样刺激的情况下，心理反应在程度范围的大小上以及在时间延续的长短上是不同的。例如，青年人在考试失败或者失恋时都会悲叹。但是有些人悲哀难过的程度小，过一阵子也就淡忘了；可是有些人却“痛不欲生”，经过很长时间仍然郁闷苦恼，有的人则会从此一蹶不振。(2) 除了上述量上的差别外，在“质”上也会不同。两个人目光相遇，本是极正常的事，可是有些人却主观地猜疑别人是蔑视他（她）；伙伴们相聚在一起欢笑谈论，本是很平常的事，可是有些人却疑惑别人在嘲笑他（她）。这种由于主观臆测，而扭曲了事物的性质，就是心理上的反常现象。(3) 也有些人不合时宜地表现为心理上的不协调。比如，该哭的时候，他（她）反而微笑起来；该笑的时候，他（她）却哭泣起来，等等。

以上这三种心理反应形态，都程度不同地说明了，在日常生活中，确实存在着行为失常，心理上不够健康的现象。

但是，我要提醒你，心理疾病的概念比较广泛，你对心理疾病既不要“自我诊断”，也不必惊慌失措。因为心理上的（或者说精神上的）疾病，可以分为不同程度的许多种。比如，疯狂、严重的精神分裂，被认为是最严重的一种。这种心理疾病的患者无法照料自己，无法独立生活，更不能期望他们对社会尽义务、做贡献。可是也有比这轻微得多的心理疾病。比如，因为某种困难问题不能解决，而引起头痛，因为忧虑过度，而引起失眠，由于厌恶，而引起呕吐，由于精神上遭受严重打击，而引起瘫痪等等，以至由于各种正常的心理活动过程的破坏所引起的焦虑、恐惧、悲观、脆弱、易怒、敏感、孤僻、胆怯等等一切心理失常、变态，都可以归类到广义的心理疾病的范畴中去。这是大多数精神医学家们的主张。我在这本小书里，也是从这个意义去理解和解释心理疾病的。

不过，并不是所有的心理失常，或者说心理变态，都可以叫做“心理疾病”。你能说一个碰到一点点高兴的事就哈哈大笑，遇见一点点难过的事就痛哭流泪的人，和“疯子”差不多吗？这种人很可能是感情容易激动或者神经质的人。在日常生活里，我们常常会说某人是“神经病”，某人是“疯子”。这其实不过是在一时气愤、鄙视的情绪下的一种渲染和夸张而已，未必就认定他们真的是精神分裂症或疯癫症患者。

当然，如果一个人的感觉知觉、思想情感或者行为活动，脱离一般正常人的模式，而有种种程度不同的病态表现，那就显示出了这个人潜伏着对周围环境不能适应的心理缺陷。这类人往往难以或者失去了控制自己的内在感觉的能力，因而也就难于适应外在的环境。他们起初仅仅表现为心理失常，如果不注意很好地保持和增强心理健康，任其发展下去，最终就有可能导致心理疾病的产生。一个平日总是“疯疯癫癫”的人，若不注意心理健康问题，也许就有可能真的会成为疯子，一个素常总是“神神叨叨”的人，若不注意增进心理健康，就难保证他永远不会变为精神分裂者。这正是一定的量变会转化为质变的道理。

接下来我想对你讲的一点是，我在这里讲的心理疾病，主要是针对那些有轻微的变态行为，或是稍有超越常规行为的人讲的。粗浅地讲来，心理健康学也就是预防与治疗这些人的心理缺陷以及研究怎样增进他们的心理健康的一门学科。心理健康学并不是研究常态的行为和极度变态的行为，因为常态行为和极度变态行为，按学科分工则由另外一些学科来研究，比如，青年心理学和变态心理学等。

至于“常态”与“变态”，或者说“正常”与“失常”的区分，下面另有专题讨论。这里可以先讲一下的是，所谓“常态”，说到底是一种不够科学、不准确的、抽象的概念，它和“变态”并无截然不同的严格界限。因为人们的生活是不可能完全处于理想的常态环境中的，尤其是在激烈动荡的社会变革时期，人们的心理适应往往容易发生困难，而且每个人的行为，由于时间、地点等条件的不同，多少都会有一些稍微的变异表现，只不过是仅仅没有和周围环境发生重大的冲突，因而不能划分归类于“变态”。

但是，如果对这些轻微的变态和稍越常规的行为变异，不予重视，任其恣意发展，那么日久天长，就会产生影响。因此，从防患于未然的角度来看，每个人都应该善于了解自己，把握自己，采取各种有效的方法、措施来防止和治疗心理上的疾患以及行为上的不适应症状，从而不断地增进心理健康。

我相信，人们若是掌握了关于心理健康的基本知识和方法，就会有助于排除内心的干扰，避免心理冲突，从而有效地去解决困难，顺利地度过挫折和战胜逆境。为了达到这一目的，我们每个人都要既重视身体保健，又注意心理保健。

你也许会说，心理健康与否，只不过是个人的小事，和别人、和社会没有什么牵连，你说错了。比方说，如果一个人手脚不灵便，但心理健康，那么对于他的人格影响不大，反之，如果肢体健全而心理缺陷大，那就不仅对于他的生存价值会产生影响，而且对于整个家庭生活、社会生活也会产生一定的影响。因而，不论为了个人、家庭，还是为了民族的命运，我们每个人都应当保持心理健康。

培养健全的人格

如果用一句话来概括，保持心理健康的最终目标，就是调整每个人的社会行为和心理活动，使他们对社会作出良好的适应，从而培养符合社会需要的健全人格。

那么，从心理学的角度来看，“人格”指的是什么？

心理学上讲的人格，是指一个人在他一生发展的漫长历程中，所逐渐形成的表现为稳定的和持续的心理特点以及行为方式的总体。

人格发展水平是不一样的，既有成熟的和健全的人格；也有不成熟的和不健全的人格。比如说，有些青年有病态心理或心理疾患，他们当中绝大多数人，就是由于人格不健全或者不成熟的缘故。

日常生活中讲的某人“人格高尚”，某人“人格太差”，实际上是指一个人的“品格”或“品德”讲的，是侧重从道德的、伦理的角度谈论人格的。而心理学上讲的人格，则是侧重从社会意义上讲的，指的是每个人的心理特点的总体。

正是因为人体是个统一体，每个人的心理活动是统一的综合体，所以，对于心理活动这个综合体的理解与解释以及了解它的方法与技术，都不要形成“非此即彼”的概念，用孤立、单一的因素来分析、判断。比如说，简单地用“好”与“坏”、“好人”与“坏人”的概念是无法从心理学上解释人格的。这也就是说，从心理学的角度来分析，每个人的人格特质，既有健全的、成熟的一面，也有不健全、不成熟的一面。而在“健全”与“不健全”，或者“成熟”与“不成熟”这两个极端之间，还存在着很多不同的等级；同时，一个人从小到大，从生到死，他的人格是不断地逐渐发展着的。

心理科学如今在突飞猛进地发展着。心理学家们一致认为，由于影响人们心理活动的因素是错综复杂的，是多因素的，因而过去盛行的那种“单一支配论”，也就是说，企图把人的一切社会行为和社会心理，用一个简单的基本原则加以解释的理论，已经逐渐被淘汰，而代之以多因素分析的理论。

由于心理活动这个综合体的量与质，都最终取决于人的人格如何而定，因而，每个人都应当努力朝着健全、成熟的人格方向发展。诊断与治疗心理失常或心理疾病，也应当综合治理，最根本的途径就是培养健全的人格。

有人可能发觉，在有些心理学著作里，不用“人格”这个词，而用“个性”这个词，比如说“个性的全面发展”“个性的心理特性”等等。你或许要问，为什么我们不干脆也用“个性”这个词呢？由于“个性”这个词还隐含着心理特点的个别差异这层意思，而“人格”则可更加明确地显示出一个人的心理特点的总体这个深刻含义。所以，还是用“人格”这个词更好些，更能科学地说明问题。

末了，还想着重指明的一点是：不管是从伦理学的观点出发也好，或者是立足于心理学的观点也好，说到底，人格的核心是人生观和信仰。每个人各种多样的需要、愿望、目标、思想和行动等等，都是受人生观所支配的。换句话说，就是受一个人的统一人格所支配的。尽管每个人的具体的需要和愿望等等，会随着时间、环境的变化而改变，但是，这种改变总是“万变不离其宗”，总是同他的较为稳定的人生观与信仰相一致，并受它的制约。如果不是这样，比如，欲望背弃了信仰，私欲和良心相冲突，行为和认识失调以至相互矛盾；那么最终势必造成自己自觉的思想意识控制、统一、协调不了自己的正常行动，从而导致人格分裂，使自己心理失常，形成心理疾病。与此相反，我们的无数英雄先烈，他们虽然身处逆境、身陷囹圄，经受血与火的考验，但他们却始终保持着真理必胜、共产主义一定要实现的信仰，因而，他们在心理健康方面，始终是强者，是乐观者。

这一点，对于正处在开始稳固地树立人生观和信仰的年龄阶段的青年人说来，尤为重要。许多青年人都曾困惑地提出：“人生为何?”“人生的真谛是什么?”“我该怎样生活才有价值?”等等疑问。由于一时找不出明确的答案，或者答案不正确而导致心理失常，或心理疾病的青年，是颇有人在的。所以，对于我国当代青年来说，牢固地树立科学的、革命的人生观与信仰，保持与时代发展、社会需要相互和谐一致的统一人格，是至关紧要的。唯有如此，才能使自己永远地保持心理健康。

心理健康探索之路

你听说过吧？有些学科的建立，往往是因为这些学科的创建者，有着这方面的切身体验以至痛苦的经历，因而激发了他们的极大热情，发愤致力于这门学科的探索，最终获得成就，造福于人类。心理健康学的创建，就是这样一个很突出的例证。

1900 年，一个 34 岁的青年人，由于精神失常，从他住家的四层楼跳下，自杀未遂，被送进精神病医院。他为什么精神失常了？原来他和患有“羊痫风”的哥哥生活在一起，耳濡目染哥哥病情发作时突然昏倒、四肢抽搐、面色苍白、口吐涎沫、声似羊鸣的可怕症状，因而时刻惧怕自己也会得这种病，于是精神失常了。

在精神病院的三年痛苦经历，使他深感精神病患者所受的待遇极为不合理，所受的治疗也多不合科学。尤其是社会上对于精神病患者的误解，最使他感到痛苦。因为一个精神病人，即使痊愈了，也仍会受到人们的歧视。在亲身感受与体验下，他立志终生努力从事心理疾病研究的事业。

这位自杀未遂者，就是心理卫生运动的发起人、心理健康学的先驱——美国精神病学医生克利福德·比尔斯（1876～1943 年）。1908 年他病愈出院后，写了一本名叫《一个发现自我的心灵》的自传体著作，1909 年出版后，在一个相当长的时期里，几乎每年都再版，成为风靡一时的畅销书。比尔斯在这本书里，呼吁人们要注意对精神病患者的种种不公正的、不人道的待遇的事实，引起了社会上普遍的重视。

但是，当这本书刚刚出版的时候，却遭到社会上的冷淡和非难。有些人甚至把这本书看做是“疯子”的“疯话”。幸而得到当时著名的心理学家威廉·詹姆斯和精神病学大师阿道夫·迈尔的同情与支持，他们分别发表讲话、撰写文章（詹姆斯为比尔斯的书写了序言），对这本书给以充分的肯定和赞扬。这样，才开始纠正了当时美国社会上对精神病学的种种不正确的看法。由迈尔所拟定的“心理卫生”这一术语，也就逐渐地被人们所了解和公认。

不过，也有另一种说法是：美国的艾萨克·雷在 1863 年出版了《心理卫生》一书，但未被公认；1908 年英国的克洛斯通出版了《心理卫生》一书后，这一专业术语才被正式采用。“心理卫生”这个术语，究竟是由谁最早提出来的，可以留待心理学史家们去考证；“心理卫生”是在二十世纪初叶提出来的则是无疑的，因而，它是一门新兴的学科。这门学科由于比尔斯的热心呼吁奔走，声势日益壮大，终于发展成为一场社会运动，心理卫生也就被社会上普遍承认和逐渐重视起来。

比尔斯还克服重重困难，创建了世界上第一个心理卫生委员会，发动了波及全球的心理卫生运动。因为心理卫生运动最初是作为改进精神病院，促使对精神病做早期诊断、早期治疗的一种社会运动而兴起的，因此它的目的就是普及心理卫生的知识和早期治疗等措施，用以预防和减低心理疾病的发病率，进而促进心理健康，保障社会安宁。

1948 年，在联合国世界卫生组织的协助下，“世界心理卫生协会”宣告正式成立。在我国，1988 年国立中央大学开设了心理卫生学科，1985 年，在南京首创“中国心理卫生协会”的组织，国内几所大医院设立了脑系科，几个大城市设立了精神病医院。但是，心理卫生门诊咨询工作，始终未能在我国很好地开展起来，心理卫生知识也还未能在社会上普及开来。

你也许会问：心理学家詹姆斯和精神医学家迈尔两个人，为什么能“独具慧眼”，发现“心理卫生”必将成为一门蓬勃发展的新兴学科，从而加以大力赞助和热情扶植呢？说起来，他们两个人也各有一段耐人寻味的“插曲”。

原来，詹姆斯在三十多岁以后，曾经有一个时期陷于轻度的精神失常的痛苦状态。他当时整日遐思幻想，一些莫名其妙的悲哀与怅惘阵阵袭上心头，使他陷入愁闷深渊而无力自拔，甚至几次有过自杀的念头。后来他立志刻苦钻研哲学思想，倡导了“实用主义”这一近代美国主导哲学流派，于是改变了他的世界观和人生观（可以说，詹姆斯是采用了古老的“信仰治疗法”，治愈了他的心理疾病），心灵有了寄托，生活方式常态化，心理状态也就逐渐地恢复到平衡。

迈尔则是因为他所热爱与崇敬的爱好文学的母亲，在中年后罹患了一种导致精神失常的忧郁症，使得本来安谧、幸福、和谐的家庭，笼罩在痛苦不安的愁雾之中。这种不幸的家庭环境，激发了迈尔从童年起，立志要献身精神医学的研究，决心使他热爱的母亲和众多像他母亲这样不幸的人，免遭心理失常的苦痛。

青年朋友们，心理上的恐惧、焦虑、紧张和忧郁等等消极情绪因素，很容易使人罹致心理疾病，你该相信了吧？比尔斯的经历，便是一个有力的例证。还有，詹姆斯作为一位杰出的心理学家，也曾有过心理失常症状，因而说明，“心理疾病”并不可怕，也不“可耻”。同时，这两位科学家的遭遇也启示我们：青年时期在心理上不够健康，以至患有心理疾病，不仅完全可以治愈，甚至可以不用药物而自愈，而且，也毫不妨碍他们在事业上取得巨大成就，以至可成为对于社会和人类有贡献的卓越人物。

谈到这里，你或许会提出疑问：“心理卫生”和“心理健康”，到底是什么样的关系呢？

心理健康学作为一门新兴的学科，在第二次世界大战以前，被人们普遍地叫做“心理卫生学”。二次大战后，很多精神医学家和医学心理学家，感到“心理卫生”一词在科学性上有些欠缺。他们认为心理卫生更多的是着眼于从消极意义方面来指导人们怎样诊断、治疗和预防心理疾病，而忽略了怎样积极主动地，从心理学的原理和方法上，去探讨如何保持与增进人们的心理健康。他们指出，心理卫生最早只不过是侧重于强调对心理疾病的早期诊断与早期治疗，后来，它虽然也标榜促进心理健康，但实际上远远没有完成和达到这样的目标。随着精神医学和医学心理学的理论与技术的进展，同时也依据现代化社会的高速发展，人们精神生活不断提高的要求，怎样更加积极主动地从理论原理和方法技术上促进人们的心理健康，就显得更加重要了。相比之下，“心理健康”这个词，更富有积极性的建设性的意义，于是索性改用“心理健康”或者“心理保健”来代替了“心理卫生”。

我觉得心理健康学取代心理卫生学，不仅是先进的科学理论和方法的发展结果，同时也是时代要求的必然发展趋势。附带说一句，心理卫生的“卫生”一词，英文为“hygiene”，它是从古希腊“健康女神”“Hygeia”衍生而来，因此，“卫生”一词原初就有“健康”之意。

心理健康的标准

谈起心理健康的标准来，真可谓“仁者见仁，智者见智”，众说纷纭，很难划一。

为什么至今还没有一个一致的心理健康标准呢？主要是因为，人们对“健康”这个基本概念的认识还不统一。

“健康”一词，在古代英语里，包含有“强壮”“结实”“完整”的意思。可见，“完整”的意义，就不仅仅是意味着只是身体上的结实和强壮。

世界卫生组织1948年成立时公布的章程里，给“健康”下的定义是：“健康不仅仅是没有疾病和病症，而且是一种个体在身体上、精神上和社会上的完全安宁状态。”这种对健康的理解，比起一般认为健康就是躯体无病的含义来，要广泛得多和全面得多，因为它把心理健康也包括进去了。

参照世界卫生组织对健康定义的解释，我们若是给心理健康学下定义时，就不能简单地把它仅仅说成是治疗和预防心理疾病的一门学科。因为这种说法不太全面，也不够贴切。较为全面的说法应是：心理健康学不仅仅是为了消极保持心理的正常状态，治疗和预防心理疾病的一门学科；而且是研究怎样积极增进心理良好状态的方法，怎样实现这些有效方法的一门学问。

世界卫生组织规定健康的标准是：（1）有足够充沛的精力，能从容不迫地应付日常生活和工作的压力，而不感到过分紧张；（2）态度积极，乐于承担责任，不论事情大小都不挑剔；（3）善于休息，睡眠良好；（4）能适应外界环境的各种变化，应变能力强；（5）能够抵抗一般性的感冒和传染病；（6）体重得当，身材均匀，站立时，头、肩、臂的位置协调；（7）反应敏锐，眼睛明亮，眼睑不发炎，（8）牙齿清洁，无空洞，无痛感，无出血现象，齿龈颜色正常；（9）头发有光泽，无头屑；（10）肌肉和皮肤富有弹性，走路轻松匀称。

应该说，这十条健康标准里，是包含有心理健康的标准在内的。这里对于心理健康的要求并不神秘，也不难达到，只要经过一定的努力，人人都可以“达标”。因为，所谓健康，并不是一种固定不变的状态。比如说，心理疾病的患者，病好了叫做恢复健康，而没有心理疾病的人，若是努力锻炼，就可以更加健康。因此，所谓心理健康的人并不是不生病，更不是一点病也没有，而有病的人，也决非不可复原。

这样，咱们就可以把心理健康的出发点规定为，看一个人是否属于“不健康的失常”。所谓心理健康的人，只不过是他表现为不是病态的、不是失常的，而是和常态的人一样具有正常的心态；而所谓心理不健康的人，就是相对地表现为病态的、失常的，和常态的人心理不一样的人。

有些表现为“超常”的人，例如，有很多学者、伟人等等，他们所表现出来的艰苦奋斗的坚强意志，百折不挠的巨大毅力等等心理品质，的确和一般常人、普通人不同。但是，却不能把他们归类到“不健康的失常”行列中，因为他们属于“健康的失常”。

国外有些心理健康专家，根据他们多年的临床观察经验，把人们的心理健康水平，粗略地划分为三个等级。（1）一般常态心理者。他们表现为心情经常愉快，适应能力比较强，能够善于和别人相处，能够比较好地完成同龄人们发展水平所应做的活动，或者说，他们能够做到圆满的适应。比如，这类人虽然也会因为困难而产生忧愁和苦闷；在特定的场合下，也会过度兴奋，或者表现为神经质的倾向等等，但这些表现很快便会消失。（2）一般病态心理者。表现为不具有同龄人所应有的愉快，和他人相处略感困难，在生活自理上有些吃力。例如，他们当中有的人，由于过度的自卑感，会形成不适应的心理状态和行为表现，不过，依靠他们个人的努力，能够正当处理，恢复常态，不至于酿成长期性的心理病症。（3）较重病态心理者。严重的适应失调，无力维持正常生活；从现在的表现，可以推断出他们迟早要在适应性上发生问题，如果不及时治疗，就有可能向恶化方面发展，成为精神全面崩溃的精神病。

美国心理学家马斯洛和米特尔曼，1951 年出版了一本合著的《变态心理学》。在这本书里，列举了十条正常人的健康心理标准。这十条心理健康标准，受到人们的普遍重视和引用，被公认为是“标准的”“标准”。(1)有足够的自我安全感；(2)能充分地了解自己，并能对自己的能力作出适度的估价；(3)生活理想切合实际；(4)不脱离周围现实环境；(5)能保持人格的完整与和谐；(6)善于从经验中学习；(7)能保持良好的人际关系；(8)能适度地发泄情绪和控制情绪；(9)在符合集体要求的前提下，能有限度地发挥个性，(10)在不违背社会规范的前提下，能恰当地满足个人的基本需求。

国外学者对心理健康标准的论述，还有很多，不过，和上面讲的大同小异。有的青年朋友也许会提问：咱们能不能确定几条比较具体明确，而又易于理解，适宜于当代青年的心理健康标准呢？我觉得可以大体上归纳为以下这样五项条件：

(1)能保持开朗的心境。心理健康的青年，能排除心理障碍，甩掉精神包袱，持续、稳定地保持愉快、满意和自信的心境。热爱生活，充满生命活力的自我感觉；对自己的聪明才智和潜在能力有足够的自信心；他总是尽最大努力发挥自己的才智和能力，并在靠勤奋和智慧取得成就时，获得喜悦；能从工作、生活中寻求乐趣，不见异思迁，对调换工作、选择婚姻对象等，持慎重态度；能连续性地完成建设性的工作，乐观进取，不断激励自己，向更高一级的目标攀登，能不断地学习，增长智慧，培养情趣；善于休息，从闲暇的时间里，享受陶冶情操的快乐。

(2)能保持正确的自我认识。心理健康的青年，具有自我反省的自制力，能正确地评价自己；不妄自尊大，自视甚高，做力所不能及的工作，也不妄自菲薄，自轻自贱，甘愿放弃一切可以进取的机遇；能准确地认识事物，对事物不过分地乐观或悲观，因而不会陷于适应困难的窘境；永远面对现实，不管现实是否愉快。

(3)能保持统一的人格。心理健康的青年，能在正确的人生观和信仰支配下，形成高尚的理想和远大的抱负；有长远打算，不会为了眼前迷人的利益，而放弃远大目标；能使自己的认识和行为相一致，不会因为私欲而背弃信仰；能使自己的一切需要、愿望、理想、目标，都受完整的人格所制约。

(4)能保持和谐的人际关系。心理健康的青年，乐于和别人交往，能用尊敬、信任、友爱、宽容、谅解等积极态度与别人相处，分享、给予和接受爱与友谊；归属于一定的集体中，有志同道合的友伴，能和集体与他人休戚相关、安危与共、同心协力地合作共事；乐于牺牲个人的欲念，去为集体和他人谋求幸福。

（5）能保持与社会协调一致。心理健康的青年，对周围社会能密切接触、正确认识、良好适应；勇于探索，头脑灵活，思想行动能跟上时代的发展，符合社会规范的要求，为社会所接纳；凭理智办事，能适当听从一切合理建议；对自己的行为负责，不推卸责任，不诿过于人。

正确心理和失常心理的不同表现

在日常生活中，无论对人还是对己，都不要把心理失常（病态心理）和心理正常（常态心理），绝对地截然分开，认为二者之间，有一条不可逾越的“鸿沟”。

这里所谓的常态与病态以及把严重的病态心理（心理疾病）说成是“变态”，它们之间，都只不过是在程度上有所不同罢了，实际上，它们之间的界限很细微。西方有位心理健康专家说得好：“有许多人在他的一生当中，时而越过这个界限，成为变态者；时而又返回去，恢复为常态者。”

如果把正常心理譬喻为一个体积适量的皮球，那么，心理失常只不过是它的膨胀或缩小。比如说，在心理正常的人当中，会不会有人也有“心理危机”的状态呢？有的，程度不等地存在着。例如，当他们的生存遭遇到威胁的时候，也会做出一定的防卫性反应，这个时候，他们在心理上就会处在“危机”的状态中。

不过，正常人和失常者在心理症状的表现程序上不大一样。可以说，二者的区别也仅仅是在这里。例如，正常人因高烧而意识模糊的时候，也会产生种种幻觉；而严重的病态心理者，则是在意识清醒的时候，也会表现出幻觉。因此，病态心理只不过是常态心理的“反常”现象，在症状的表现上，有所不同罢了。这样看来，就完全没有必要对心理失常的表现，感到“可怕”或者“可耻”。同样的，也决不应该讥笑或者鄙视有失常心理表现的人。

那么，什么是心理疾病的症状表现？国外有的学者提出，心理疾病患者一般具有下面这十种疾病性的症状（或者说“特征”）。（1）记忆力衰退；（2）注意力不集中；（3）缺乏自信心；（4）过多的内疚自责；（5）悲观厌世；（6）忧虑；（7）逃避；（8）失眠；（9）烦闷；（10）惧怕。

这十条症状，往往会使一些人产生恐惧感。他们对照检查后，发现自己可能有十条症状中的某几项，于是疑惑自己是不是得了“心理疾病”？我劝朋友们千万不要做这样的“自我诊断”，因为心理健康这门学科，最忌讳的就是自己轻率地给自己下结论。因为心理疾病绝不可自我诊断，自我诊断是危险的：自己疑神疑鬼，惶惶不可终日，没病也会有病。另外，自我诊断是无根据的，没必要的。因为，首先，疾病的特征，并不等于疾病本身。症状只是疾病的征兆、信号，而不就是疾病。比如说，你能说“烦闷”是一种“疾病”吗？你顶多只能说它是心理疾病的一种表现症状或表现特征。医院里只有内科、神经科、脑系科……而没有“烦闷科”，烦闷只是一种症状罢了。其次，既然病症不等于是疾病，那么，这十条症状和心理疾病就不能等同看待，不能画等号。因为即使是一个心理完全正常的人，也可能会身受这十条当中的某一条或某几条病症的折磨而痛苦。比如说，可能长期失眠、一时烦闷、有时惧怕、偶尔忧虑等等。

当然，如果有人真的完全具备了这十条病症，而且旷日持久，持续了很多年，越来越重，那就得引起重视。因为他很可能真的得了心理疾病。因此，我们每个人都不必过分地神经紧张。心理疾病症状和心理疾病并不是一个概念，不是一回事，它们之间是有质的区别的。但是不必讳言，它们之间也有关联，那就是“涓涓不塞，将成江河”。如果你不把症状放在心里，忽视它可能导引心理疾病的产生，那你就不会重视讲究心理健康，这样，就会从小到大、从少到多、从弱到强地发展恶化下去，说不定有一天，从量变演成质变，当真罹致心理疾病。这是不能不提醒青年朋友们当心的。

剖析“常态标准”

如果你问一位研究心理健康问题的专家，怎样区分一个人的心理状态是正常的，还是失常的？我想他也许会沉吟良久，一时回答不出来。这是因为什么缘故呢？

主要是因为正常与失常、常态与病态（以至“变态”）是很难绝对地划分清楚的。你要想确定一个人的心理是否属于失常状态，就得首先要确定一个“常态标准”。可是迄今还没有这样一个公认为最标准的衡量“标准”。

目前，确定一个人心理是否属于常态，通常有三种方法：

（1）推断方法。这是一种根据自己主观上的认识、经验，确定与判断常态或病态的标准。实践证明，这种方法很不可靠。

比如，一般人认为，青年人每天睡眠应该不少于八小时。可是有些青年人，长期来养成睡眠七小时的习惯，对他的身心健康并无不良的影响。你能说每天睡七个小时的人是反常吗？我曾经听过这么一个“笑话”，有一位男青年对他的妻子说：“我看咱们班上的同学（他俩上大学时是同班同学），除了你我，其他人脾气都有些古怪，有时候，我发现你也有些古怪。”其实，说这话的这位男青年，倒是恐怕多少有些“古怪”了，怪就怪在他以自己的脾气、性格等作为唯一的标准，来衡量他们过去同班同学的心理品质。他把凡是和他的心理特性不同的人，都看成是“古怪”或“病态”。

在科学发展史上，欧洲很多科学家和思想家的理论和学说，被当时的统治者和社会上视为“异端邪说”“大逆不道”，遭到压制取缔，有的人甚至被处极刑。例如，文艺复兴时期意大利伟大思想家乔尔丹诺·布鲁诺，反对中世纪的宗教封建统治，反对经院哲学，进一步发展了哥白尼的太阳中心学说，唯物主义哲学。由于他始终不肯放弃为之奋斗的科学真理，被意大利的“宗教裁判所”（天主教会侦察和审判“异端”的机构，又称“异端裁判所”）判处死刑，烧死在罗马。你能说，布鲁诺的心理是失常、变态的吗？又如，文艺复兴时期杰出的西班牙学者和医生塞尔维特，在研究血液循环方面作出了重要贡献，但却被对新兴的自然科学和唯物主义思想抱敌对态度的著名宗教改革活动家加尔文烧死，并且活活地把他烤了两个钟头。你能说塞尔维特的心理是变态、失常的吗？

人类社会已经进入了电子时代，愚昧、迷信、落后、偏见的时代已经一去不复返。过去曾经被世俗眼光看作心理“不正常”的塞尔维特和布鲁诺，现在不仅被认为是心理正常的人，而且还是闪耀着天才思想火花的伟人。

由此可见，仅仅凭一个人、一个团体，以至一个历史时期的主观推断，来衡量一个人的心理是否失常是不可靠的，不足为据的。

（2）常态分配方法。很多所谓的“心理失常”，在失去常态的人当中，固然显示得特别强烈，但是，在常态人当中，也程度不同地存在着。比如，由于工作不顺利，考试成绩不理想，人人都会感到沮丧、难过，而心理失常的人的悲伤、痛苦则过分强烈，甚至往往没完没了，以至引起心理疾病。

常态分配曲线图是两头小、中间大。在这张曲线图里，大多数人是属于“中间型”的，他们的常态特性和常态趋向，从理论上讲不多不少、不大不小，居适宜的中位，但实际上则是偏多一些、偏大一些。而处在常态分配曲线两端的人，则比较少。他们或者是不健康的心理失常，或者是健康的心理失常，也就是说，他们的常态特性或趋向，不是特别多就是特别少。但是，属于两端的所谓的失常、病态，也只是相对而言，在程度上可以分为轻微失常的、较重失常的和严重失常的等等。因为在中间和两端之间，又可以区分为不同的级差。

（3）病因检验方法。这种方法所依据的标准，是着眼于心理失常的原因。心理失常的原因，通常认为有两种：生理上的原因和心理上的原因。

生理上的原因查找起来，相对地比较容易。例如，由于脑震荡等外伤，而造成记忆力丧失或减退，等等。但是，由心理上的原因所形成的心理失常，查找起来却比较困难，甚至往往查不出病因。由于心因性的心理失常，比较难于判断、确定，所以医治起来比较困难、棘手。

心因性病因的检验方法，一直在不断地探索和改进。可以预期，随着现代精神病学和医学心理学理论与技术的迅速发展，在不远的将来，必将会有新的突破，给由心理上的原因造成心理失常的人带来福音。

“变态”就是心理疾病

在日常生活里，经常会听到人们使用“变态”一词，比如议论某人“有点变态”等等。那么，从心理健康学上看，“变态”的含义是什么呢？

“变态”，实际上是就心理疾病。不过，人们往往把它和“心理失常”混用。比如，有人一会儿说“这个人有点反常！”一会儿又说“这个人有点变态！”“变态”和“反常”在他的“词典”里是同一个意思。

确切地讲，“反常”（即“失常”）属于病态心理；而“变态”则归类于心理疾病。当然，它们之间是相互联系着的，往往难于截然划分。这里我们讲的“心理疾病”，主要是针对有轻微的变态行为说的。

那么，能不能给“变态”一词，下一个大众化的科学定义呢？现代有关心理健康的教材，一般倾向于如下解释：一个人如果由于精神上的紧张、干扰，而使自己在思想上、情感上和行为上，发生偏离社会生活规范轨道的现象，就可以说是“变态”了。从广义上讲，各式各样的心理疾病，都可以叫做“变态”。

我们可以从一个人行为上的偏离程度，来判断这个人的“变态”程度。就是说，如果一个人的行为表现，偏离社会生活规范的程度越厉害，那么，他的“变态”程度也就越深。极度变态行为者，就得求教于变态心理学专家，帮助他们医治严重的心理疾病。

偏离社会生活规范轨道的现象，通常表现在下述两个方面：

（1）由于在心理上不能战胜因挫折、困难和失败而带来的种种困扰与烦恼，于是产生了某些夸张的和固执的心理反应；

（2）心理上的严重而又持续的失常，最终导致丧失对外界适应的能力。但是所谓的心理上的“变态”和常态，只是相对而言的，它们也仅仅是在程度上有所差异。这也可以说是，从宏观上，从广义上，对“变态”心理的解释。西方有位心理健康专家说：“心理健康和心理病症之间，没有固定而清晰的界限。心理健康是一种理想，每个人朝着这个理想，做程度不同的进步。”这里所讲的“心理健康是一种理想”，当然不是高不可攀的一种假想，也不是像中国古书中所讲的圣贤人物有些脱离生活实际的修养标准。这就是说，我们每个人经过适当的努力，都可以程度不同地使心理健康完善、健全起来。

在谈论一个人的心理是否“变态”时，通常要掌握如下三个基本点：

（1）所谓的常态与变态，它们之间只有程度上的区分，而不是截然地种类上的差别，因而，很难得出客观的标准。比如说，人世间既没有所谓的“标准人格”，也没有“完全常态”。

（2）一个人的心理是否健康，要看他和周围环境的关系以及他对自身的认识如何而定。因此，心理健康包含有客观和主观两类因素。比如说，有人主张凡是个人的行为符合社会规范、道德标准和价值观念的，或者能为社会所承认和接受的，就算是常态，否则就是变态。

这个主张因为符合一般常识的看法，容易被人们肯定和公认。但是，也不能作为可以绝对地普遍应用的原则，因为社会标准并不是一成不变的。例如，当代青年的特点是勇于探索和进取，善于独立思考，有鲜明的个性，因而往往表现为不愿受老一套的束缚，不大拘小节等等。如果有人用50年代的老眼光去看待他们，可能认为他们不大听话，不驯服，不是理想青年。可是这样的青年，却很可能是四化建设的栋梁之材。

（3）一个人的心理健康，大多是在集体中，在与别人的相互关系中表现出来的，因而，心理健康包含有社会意义。比如说，我们每个人既不能“孤芳自赏”“独来独往”，也不可“一意孤行”“我行我素”。因为我们天天生活在不同形式的集体里，总离不开和别人的接触与交往；在人际关系的相互交往过程中，人们彼此是相互影响、交互作用着的。例如，在安静的图书馆里，大家都在专心看书学习，如果你引吭高歌，别人会怎样看待你呢？在拥挤的公共汽车里，你提着包装不善的鱼肉，在乘客中乱挤乱撞，别人会怎样对待你？大概不会有人说你心理正常或心理健康。而有些青年一人单独学习时，有时会喃喃自语，好似和别人讲话；有时会兴奋得喊几嗓子或吹几声口哨，这些都不能算作“失常”。

因而，心理健康专家们喜欢用“适度”“适当”“恰当”等字眼，我认为这就是个难题。因为究竟怎么样就算是“适度”，怎么样又不是“适度”呢？我以为这和“恰如其分”“适可而止”等等的要求一样，只能是相对而论，很难找出一个绝对的客观标准，而只能是依据具体的时间、地点等条件如何而定。

心理疾病的形成原因

各种心理疾病都不是平白无故地发生的，它们的病因绝大部分都已查明探清，因而也就可以逐渐地摸索找到治疗的方法。虽然还有少数的例外案例，迄今还未探明原因，但也只是暂时的未知而已，随着医学心理学等科学的进展，未知可以变为已知，迟早会了解它们是怎样产生的。

人们通常认为招致心理疾病的原因是由生理、心理和社会影响三方面的因素所引起的。这三种因素相互影响，互为因果；而且心理疾病又往往是由这三种因素当中的两种以上的因素所促成的，很少是由单一因素所致病的。这是因为生理和心理的因素是属于主观上的原因，而社会影响因素则是客观上的原因，也可以说前者是内因，后者是外因。对于心理疾病来说，内因一般是要通过外因才能起作用的，身心两方面体质上的原因，通过外界客观的社会影响方面（比如，政治、经济、宗教、团体、风俗、习惯、传统以及电视、电影、广播、书刊、报纸等大众传播媒介宣传工具）的诱发作为导火线，才会表现为种种矛盾、冲突、纠葛或问题。因此，这三种造成心理疾病病源的因素，就又可以归类为两大原因：体质原因和诱发原因。

“体质原因”指个人体质对某些心理疾病有较高的易感性。它是一种潜在的、主观的因素，它的病因可能由于遗传因子，也可能是在一个人生长过程的各个阶段中所形成的，或者是由于不良的家庭及社会背景等等原因所形成的。例如，由于在既往的童年时期，曾遭受过心理上的沉重打击、挫折或创伤，以致神经功能比较脆弱，因而往往会导致以后的成年时期，难以应付现实的压力与刺激，于是就会形成心理疾病。体质原因是基本的、主观内在的原因。

一般地说，心理疾病并非天生的，除少数人是由于天生的身体缺陷而导致心理疾病之外，大部分是和周围的社会环境有关。因此，我们在看待心理疾病时，不要过分夸大遗传的作用。

实践证明，个人的经历和社会生活的影响，远比遗传本能要大得多。比如，法国的社会学家J·鲁斯朗在一篇报告中写道：当代西方青年的情绪特点是绝望和对未来丧失信心。他说，社会问题调查资料表明：在被调查的青年人当中，有40%的人感到自己被排除在社会大门之外；20%的人感到自己身受社会的剥削，15%的人感到自己孤立无援。而16~20岁的青年中，大多数人都不想建立未来的计划，没有什么理想和抱负，因为他们在失业、现代化战争、生态灾难和政治压力面前感到恐惧。鲁斯朗的报告又谈到：失业对青年造成了严重的社会心理恶果，失业使青年们产生悲观、失望和对未来丧失信心等恶劣情绪；而这些情绪又由于大众信息传播手段的蔓延，把失业描绘为注定的、必然的、不可避免的现象，从而得到加强。鲁斯朗的这份调查研究报告，清楚地说明了当代西方青年的种种“心理疾病”的根源，是来源于资本主义社会制度，而不是来自什么个体遗传本能因素。

“诱发原因”指引起心理疾病的直接压力，或心理创伤事故。例如，亲属的死亡、经济破产、意外损失或伤害、身患严重疾病，以至发现罹致不治之症、婚姻家庭的失调或破裂以及其他突发性的不幸事件“大难临头”式的突然降临，等等。诱发原因是客观外在的近因、导火线性质的致病原因。

那么，体质原因和诱发原因是什么样的关系呢？大量的临床观察和生活事实证明，二者经常是互为因果、相辅相成的。当然，二者中任何一种原因，从理论上说，都足以导致心理疾病的产生，不过实际上这种情况在现代社会里比较少见。心理疾病在西方现代社会被称为“现代病”“社会病”。在西方，绝大部分的心理疾病都是由于不合理的社会生活作用于脆弱的个体所引起的。

那么，是不是上述这样一些原因，可以使每个“不幸的”遭受者，都会“毫不例外”地必然要发生心理疾病呢？生活实践表明，绝非如此。大多数人都是具有能够接受打击、适应环境和应付事变的充分能力的。因而对一般人说来，上面讲的各种因素，并不足以直接地引起心理疾病。可是对于心理疾病感受性较高的人来说，任何具有“诱发”作用的事件（刺激），往往都足以构成“病因”。这一点后面再谈。

心理疾病的不同表现

（1）“机能性失常”。行为上虽然有失常的表现，可是在生理上却找不出原因，可以说是纯属于心理性的，而不是生理性的。因此，这类心理失常，又可以叫做“心因性失常”。

（2）“机体性失常”。由生理上的疾病，尤其是因为中枢神经系统受到损害，比如，因脑震荡等所引起的脑外伤后遗症，大脑炎后遗症、脑动脉硬化、脑肿瘤等脑部病变以及内分泌腺功能失调等原因，所引起的行为失常。这类行为失常和机体的生理变化有密切的联系。

这后一类失常主要是医学研究的问题。从心理学的角度要研究的是第一类“机能性失常”，或者叫做“心因性失常”。

有些学者为了简单明了，把机能性的心理失常，按照轻重程度又分为两小类：轻的叫做“神经病”，重的叫做“精神病”。像焦虑、健忘、多重人格、恐惧等等，可归类到“神经病”的范畴里；而妄想、幻觉、情绪紊乱、精神分裂、躁郁等可归类到“精神病”的范畴里。

谈到这里，我想再一次提醒青年朋友注意一个提法，即从心理健康的角度出发，最好避免用“神经病”或者“精神病”这类带有刺激性的字眼，因为我们毕竟不是从精神医学的角度，而仅仅是从心理健康的角度来讨论问题的。

先说所谓的“神经病”吧。神经病虽然又可以叫做“心理神经病”，但在症状上却和神经系统毫无直接的关系；而且这类行为失常，虽然叫做“病”，但却大部分都还没有达到需要住院治疗的程度。这些患者大多是遇到心理上的挫折和冲突后，长期不能妥善解决，才造成了持久性的情绪紧张或焦虑，影响了正常的工作、学习和生活。从日常生活实际中可以看到，这类心理疾病患者，尽管经常有想要逃避现实的行为倾向，可他们毕竟还在各自的岗位上工作、学习和生活着。他们当中的绝大多数人还以不屈不挠的态度，想方设法同他们所遭受到的种种困难相对抗。因而可以说这类心理疾病的患者，只不过在生活适应上，比起一般正常人来困难些罢了。

再谈所谓的“精神病”。这种病比起神经病来，情况要严重些。主要表现为：人格更为紊乱、更缺少完整性；很多行为脱离了现实生活的轨道；现实生活里的大部分规范，对他们失去了约束力；而他们自己也几乎完全地失去了对生活的适应能力。

如若从发病原因上来探究，那么精神病也可以分为“机能性精神病”和“机体性精神病”两种。“机能性精神病”是由心理因素所引起的，缺乏生理上的原因；“机体性精神病”则是由生理原因所造成的，严格讲，它已经不能算做心理疾病了。因此，从心理学角度要讨论的所谓的“精神病”，是讨论那些由机能性障碍所引起的“精神病”。机能性精神病，绝大多数都可以比较容易地预防和治疗好。

心理疾病的三个发展阶段

人们产生心理疾病时，大都有个从浅到深、从轻到重的发展演变过程。我们若是了解到它的发展过程，就会有助于判断心理疾病患者究竟“病”到了什么程度，然后，也就可以有针对性地采取相应的措施。

心理疾病大体上，有如下三个发展阶段。

（1）初期阶段。在生理上和心理上的主要表现是，接受身体的内部或外部刺激后，会直接地、甚至是立即地产生“反应性:”（也可以叫做“应答性”）变化。例如，惊叫、否认、不予理睬、心悸、血压升高等现象。属于这一阶段的“患者”，一般会表现出如下一些情况：

①有的“患者”自我解嘲。他们的行动往往好似无意识地、在不知不觉的状态下做的；甚至会“自欺欺人”式地为自己的行为辩解，认为自己的行为是合理化的、理想化的。例如，自己干了一件蠢事，当别人批评或劝阻他的时候，他反倒振振有词地说：“你不懂!”“你外行!”等等。

②也有的“患者”转移目标。他们往往用另外一种虚假的情感来代替、掩饰他的真实情感。例如，失恋时，用回忆对方的全部“缺点”来冲淡爱慕、思念的感情。

总之，心理疾病刚刚发作的时期，他们给自己寻找排泄心理阻塞的出路，寻找逃躲心理遭受风暴冲击的避风港。

（2）中期阶段。这一时期的心理疾病“患者”，在生理和心理上，主要表现为不适应性的变化。心理疾病的先兆，越来越显著了。他们一般会表现出如下一些情况：

①情绪反应强烈。例如，恐惧、焦虑、愤怒、抑郁、内疚、羞愧、怨恨、委屈，甚至有癔症性反应、妄想症反应、强迫性反应和疑病性反应

等等。

②行为变化强烈。例如，肌肉紧张、颤动、口吃、用手敲桌子、失眠、拼命地抽烟或喝酒等等。

③生理变化强烈。例如，厌食、口干、胸闷、干咳、心动过速、心区疼痛、脸颊潮红、多尿、尿急、多汗、月经不调、乳汁减少等等。

（3）后期阶段。这是真正的疾病阶段。在这个时期，患者随着来自身体内外刺激的强度、时间频度的不同以及每个人的人格特点的不同，会出现各种不同形态的精神症状，严重的会轻生自杀。像这样严重的心理疾病患者，应该向精神病医生和变态心理学专家求助。至于心理健康学只能从“防患于未然”的角度出发，帮助一些心理疾病初期“患者”，防止症状恶化到后期阶段。

正确对待心理疾病

自古以来，心理疾病被认为是“疯病”；心理疾病的患者，也就被当成是“疯子”。这是一个地地道道的误解！误解的来源，就是人们对心理疾病缺乏科学的认识和了解。心理疾病在人们心目中，往往形或两个主要的思想障碍：一个是对心理疾病过分地害怕恐惧；另一个是认为心理疾病是“可耻”的、让人厌恶的疾病。现在，随着精神医学的向前发展，人们对心理疾病认识的加深，这两种错误的观念，正在逐渐地得到纠正。

那么，应该怎样正确地对待心理疾病呢？

（1）要在思想上破除害怕心理疾病的不健康心理。这就需要在思想认识上，明确两点：

①要相信心理疾病是可以治好的。不错，造成心理疾病的原因比较复杂，疗效也比较缓慢。这也不难理解，因为心理疾病患者的病理活动本身就是很复杂的，它看不见、摸不到，主要靠患者自己主诉，靠治疗者去观察辨认。但是，话又说回来，心理疾病比起生理疾病来，也有有利的方面。那就是心理疾病通常不容易危害人们的生命，而且大部分都可以不用吃药、打针就能治好。得了心理疾病的人，只要善于了解自己，增强能够治好的信心，懂得一些有关心理健康的基本知识，掌握和运用一些有效的心理治疗方法技术，那么，迟早是会治好的。

②要相信心理疾病是可以预防的。心理疾病主要是由于在后天生活经

验当中，一些不良的适应成了习惯所造成的；而由于先天的遗传所造成的心理疾病则极为稀少。因此，当人们掌握了足够的有关心理健康的基础知识和方法后，人们就有信心预防心理疾病的发生，从而增进心理健康。

（2）要在思想上破除认为心理疾病是“可耻”的观念。

①对心理疾病患者，不要歧视或鄙视。心理正常的人，对心理失常的人往往讥笑、讽刺、厌恶、疏远，“羞与为伍”，远远地躲开。结果使得心理疾病患者本人形成自卑感，“自以为耻”和“讳疾忌医”，怕人家说他有病，不愿主动、自愿地向别人倾诉他们心中的积郁、烦恼、苦闷，而且对别人戒备、怀疑、恐惧，这样一来，心理失常就会加重。所以说，心理健康的正常人，对待心理疾病患者，绝不能歧视或鄙视，应该多接近他们、体贴他们、关心他们，向他们伸出温暖的友谊之手，同情他们的遭遇，帮助他们治好心理疾病。另外，还应当看到，心理失常不仅仅是某个人的不幸，对社会也是个损失，使社会失去了一个能工作，能创造财富，能做贡献的人，也给家人和社会增加了负担。所以，我们每个人除了自己要保持心理健康、防止心理疾病产生以外，还有义务帮助那些已经心理失常的人早日恢复健康。

②每个人都有可能罹致心理疾病。任何人在一定的时间和地点等条件下，都可能会有某种程度的失常的表现，而且也有可能得心理疾病。只是在某些行为偏差上，有程度不同的分别罢了。况且所谓“失常”，还有不健康的失常和健康的失常的区分。因此，任何人都不必为自己“幸免”心理疾病而庆幸，也不必因为“人人都有可能心理失常”，而产生恐惧。

1980 年，美国出版了一本轰动一时的畅销书，书名叫做《寡人有疾》。作者是两个人：一位是名叫摩西的美国纽约州的医生，另一位是名叫克劳斯的作家。他们两个人对多年来所搜集到的美国历任总统的健康状况资料进行了分析，结果发现在美国历任总统当中，有许多人在生理上和心理上，都患有不同的疾病。单纯有生理疾病的（严重的肾脏病、口腔癌、中风瘫痪、小儿麻痹、皮肤癌、肺结核、天花、风湿病、高血压、栓塞性心脏病等等），这里姑且不去讲它；在心理上有失常现象的，甚至可以说是患有心理疾病的人，也为数不少。比如说，林肯除了一目失明、有头痛症外，还患有忧郁症，在他的第一位夫人死后，他沮丧抑郁，几乎疯狂；第七任总统杰克逊，除了患有严重的偏头痛，一目失明，一耳失聪外，还患有精神沮丧症；麦迪逊有歇斯底里性的癫痫病，如此等等。

《寡人有疾》这本书结尾处写道：“‘有病’与‘失能’，不可混为一谈，有病的人，未必一定失去办事的能力。历代美国总统中，尽管有不少人在身心两方面健康欠佳，但却能对国家有所贡献。”

我想，年轻的朋友从《寡人有疾》所介绍的事实，应该受到两点启发：一是倘若有谁在生理上，或者是在心理上患有失常、病态以至疾病，完全没有理由悲观、沮丧。因为在身心方面健康欠缺的人，并不等于是失去了在事业上获取成功所需要的能力，他们照样可以在事业上有所成就，对社会和国家会做出贡献。二是有些心理失常是健康的心理失常，不要和不健康的心理失常混为一谈。认识到这一点，就不会扼杀天才或者自暴自弃，自我埋没。

心理疲劳与心理疾病的区别

青年朋友可能对“心理疲劳”这个词儿感到很生疏，也许从来没听说过。的确，人们经常爱讲身体疲劳、生理疲劳，但却很少讲心理疲劳。那么，什么叫做心理疲劳呢？

在没有回答这个问题之前，我想请你先回想一下，你是否感到自己有下面这样一些症状？（1）早晨起床后，感到全身发懒，四肢沉重，心情不好；（2）工作不起劲，什么都懒得去做，甚至不愿意和别人交谈；（3）工作中差错多，工作效率低；（4）容易神经过敏，芝麻大一点不顺心的事，也会大动肝火；（5）因为眩晕、头痛、头重、恶心等等，感到很不舒服；（6）眼睛容易疲劳，视力迟钝；（7）犯困，可是躺到床上又睡不着；（8）便秘或者腹泻；（9）没食欲，挑食，口味变化快。

如果你感到自己有这些症状，那就可以说你的心理很疲劳了。因为这九项症状是心理疾病的先兆，而这些心理疾病的先兆，都是由于心理疲劳所引起的。

为了把心理疲劳和心理疾病的关系讲清楚，下面分别从几个小问题谈起：

（1）生理心理学家给心理疲劳下的定义是：在长期思考或者在和别人激烈争吵后，陷入“心力衰竭”状态的疲劳，叫做心理疲劳。心理疲劳的一般表现是：当你长时间连续不断地从事力不从心的脑力劳动后，你感到精力不支，而且劳动效率显著下降。

引起心理疲劳的原因很多。比如说，周围环境不安静，噪音多，干不熟悉或者不习惯的工作，过亮的照明，以至营养不足，低血压等等，都是心理疲劳的病因。但是，最大的原因还是心理因素。例如，烦躁、焦急、过重的心理压力等等。同样的不安静的环境、噪音、不熟悉的或不习惯的工作条件以及各种不利的外界条件，对于不同的人的心理疲劳影响，不仅仅在程度上、强度上会不相同，甚至有的人根本不会有反应作用。这就很清楚地说明了心理因素是造成心理疲劳的最主要的原因。

从临床上可以看出，心因性疾病的患者，心理疲劳的症状最重，他们最容易患神经失调或者神经紧张这类疾病。心理疲劳是心理病症的警告信号。如果不重视这个信号的意义，硬是要去闯“红灯”，咬紧牙关硬挺过去，仍然继续去干力不从心的繁重的脑力劳动，那么你的疲劳感觉会进一步加重，就有可能引起各种心理疾病。

不过，在日常生活里，有时你“感到”疲劳的这种疲劳感，和疲劳本身并不是一致的。比如，当学习你讨厌的数学时，也许半小时你就会感到头昏脑涨，十分疲劳，可是当你看你喜欢的推理小说时，也许连续看上 3 小时，也不会引起疲劳感。30 分钟和 3 小时的差别是大的，看 3 小时而不感到疲劳，看了 30 分钟反而感到疲劳，说明“疲劳感”包含有主观性和个体性。

你感到心理疲劳的，他不一定感到心理疲劳，反之也是一样。除开由于每个人的体力、身体耐力不相同之外，更重要的是，还同每个人的毅力、心理耐力和兴趣爱好、情感情绪等心理因素的差异有关，另外，每个人对心理疲劳的理解和解释以及对待方式也会不同。不过应该说，心理疲劳和身体健康状况、体质素养的关系极为密切，“健全的心理寓于健全的体魄之中”，这种说法还是有一定道理的。

（2）心理疲劳不容易解除。老实讲，生理上的疲劳容易解除，一般人的经验是美美地睡上一觉，就能恢复体力；实在不成，休息几天或者去疗养院休养一段时间，那么就又会充满活力。可是，消除心理上的疲劳却相对地比较复杂。俗话说，“解铃还须系铃人”。你得首先找出造成心理疲劳的心理原因，如果查不出、弄得不好，心理疲劳就会拖下去，成为一种棘手的痼疾。

下面提出五点解除心理疲劳的建议，不妨一试。

①严格地掌握作息时间。工作、学习和生活都要纳入有计划的轨道，准确地、有规律地掌握你的作息时间。干什么事都不要拖拉，把平日每天的工作时间，最好控制在 10 个小时以内。

②适度的运动。运动可以促进血液循环，加速新陈代谢。实验证明，慢跑每分钟可以摄取到 30 ~ 50 升的新鲜空气，和 2 ~ 3 升的酸素。因而你若是每天能够坚持哪怕是慢跑之类的轻微体育活动，每分钟吸收 1 升酸素、消耗五卡的热量，就足可以使你把过多的脂肪消耗掉。因此，我劝青年朋友

每天至少应当跑跑步。至于怎样跑法好？那倒没有什么严格的规定，因为快跑也好，慢跑也好，都可以使你避免身体虚胖，不仅精神振作，也可以保持体态匀称，使你的身心更加健美。这是因为生命现象，是靠摄取到的酸素点燃起吸进体内的营养素来变成能量的；同时，向体外排除不断产生的二氧化碳和老废物质来维持的。而要想做到这一点，只能靠适度的运动。

③吃多种多样的食物。不要挑食，要研究科学的吃法。所谓科学的吃法，就是要考虑到生理上的营养需要，均衡、全面地摄取必需的营养物。这并不是说每天都要吃大鱼大肉，如果条件允许，在每天的食谱里，牛乳、豆浆、奶制品、豆腐、豆油、青菜、水果、海藻类等等，要适量搭配。现代世界第一流的营养学专家们，对于食物的一致看法是：应该吃多种多样的含热量较低的食物。

④熟睡。当你疲劳时，你应当争取赢得一夜好眠，这对你消除疲劳和恢复元气，是很起作用的。现代生物学已经有充分的论据证明，不仅仅是人类，所有一切生物的生命，都是由活动期和休息期有节奏地反复交替所构成的。而休息期间，效率最高的时间就是睡眠。因此，要重视睡眠和心理健康的紧密关系。根据美国加州圣地亚哥市荣民医院睡眠失调诊断部主任丹尼尔·克瑞佩克博士的研究报告，在6年当中每晚睡眠不足4小时的成人，死亡率比每晚睡七八个小时的人要高出80%；可是每晚睡眠时间超过10小时的人，他们的死亡率也比那些每晚只睡七八个小时的人要高，只不过比率比前者低些而已。这就说明：a. 对于一般的青年人来说，“足够”的睡眠意味着应该是一昼夜保持在七八个小时；b. 破除陈旧的观念，不要认为睡得越多越好。

⑤最好的身心保养是善于利用闲暇时间。生活要有紧有松，不能把大脑的神经弦老是绷得紧紧的。只有善于休息的人，才能更好地工作。而这里讲的“休息”也就是保养自己的大脑，大脑必须经过保养休整以后，才能重新焕发生命的活力，保持住心理健康。

幻觉、错觉、空想的不同

为什么有的人会产生“无中生有”的知觉经验？比如说，他们可能对别人讲，他“看”到了黑夜树丛中人影在闪动；他“听”到了滚滚而来的雷鸣声，他讲得绘声绘色、有鼻有眼。其实，在他所处的现实环境里，并没有那种形象和那种声音。这种在缺乏真实的外在刺激的情景下，所产生出来的知觉经验，就是“幻觉”。患有幻觉症的人，往往用想象的知觉经验来代替真实的知觉经验。

有人把幻觉和“特异功能”混为一谈。这是不对的。幻觉一般是在没有外界刺激物的情况下，“看见”别人所不能看见的事物（这叫做“幻视”），“听到”别人所不能听到的声音（这叫做“幻听”）；而“特异功能”则是可以看见一般人所不能看见的确有其物的形象，听到一般人所不能听到的确有其物的声音。因此，幻觉的对象是虚构的；而“特异功能”的对象是实在的、确确实实地有实物存在着。正因为幻觉的对象是虚构的、假想的，所以也可以说幻觉是没有对象的知觉、不存在对象的知觉、虚无缥缈的知觉、莫须有的知觉。

幻觉的种类很多，有些病理心理学家们说，人们的身体内部与外部的感觉器官有多少，就会有多少种幻觉。这种主张的理论根据就是：因为人体内部与外部的感官接受刺激后，都会传入大脑，于是就会相应地形成各种各类的主观幻觉。现已查明的幻觉，主要有下列几种：

（1）听觉幻觉。幻听在幻觉中所占比例最大。比如说，很多人自认为有人在“咒骂”他、有人在“命令”他等等。而且幻听的类别形态也最多，清晰的、模糊的，大声的、小声的，远的、近的，多的、少的，等等。幻听经常和夸大妄想同时出现，因此也就容易造成“妄想狂”。

（2）视觉幻觉。幻视常常是因为生理上的原因所造成的，机能性质的纯属心理上的原因所造成的视觉幻觉比较少见。比如，酗酒成癖的“酒鬼”常常会产生幻视，他在醉酒后讲，一群小虫在他的眼前飞舞着等等，这就是因酒精中毒的结果。

（3）味觉幻觉和嗅觉幻觉。味幻和嗅幻经常和迫害妄想相联系，他们自认为嗅到了或尝到了有人想谋害他的毒气、毒药等等。味觉幻觉有污秽的，也有美妙的；嗅觉幻觉也可能既有花香、水果香；也会有恶臭、焚烧物臭等。总之，自述为所谓好的和坏的两极都可能同时并存。

（4）肤觉幻觉。这种体感幻觉也是形形色色的。比如，有些人“感”到自己的腹部膨胀，或者是在下沉着；“感”到寒冷、灼热、疼痛、皮肤上面有小虫在爬等等。

幻觉和错觉不一样。错觉是对客观事物的不正确的知觉，是在客观事物刺激作用下，产生的一种对刺激的主观歪曲的知觉。比如，“杯弓蛇影”这句成语，说的就是一个人在饮酒时，看见酒杯里有一条蛇，疑神疑鬼地以为自己吞进了蛇，吓得生了一场病。后来，知道是挂在墙上的一张弓（也有的人考证是古代军队中的一种乐器）的影子照射在杯子里，解除了心疑，病也就好了。可以看出，这位饮酒者的惊吓病的病因，就是由“错觉”所引起的。

在日常生活中，有些人往往错误地理解一些事物，比如，“她对我那样的一笑，是不是对我产生了好感?”“他对我的发型连看都不看一眼，肯定是对我变心了!”等等。还有我们比较熟悉的古诗词的句子“风声鹤唳、草木皆兵”，“风摇花影动、疑是玉人来”等等。当正常人发生这样一些误解的时候，他们会通过观察、辨认实际情况，而后恍然大悟，一笑了之。但是对于病态心理者说来，他们却往往会固执地把错觉作为事实。

产生错觉的原因有两个方面：（1）客观刺激物本身特点的影响。比如，战争时，把飞机、大炮、坦克以至士兵的衣服、帽子等都用绿色的树叶、草或绿颜色的布加以伪装，目的是和周围大地的绿色“融为一体”，使敌机从高空上发觉不了。（2）观察者生理上和心理上的影响。来自生理方面的原因，是和感知觉器官的机构和特性有关系；来自心理方面的原因，是和生存条件以及生活经验有关系。

人们的知觉在有些情况下，和事实本身不相符合，可这并不是错觉。比如，你看“哈哈镜”或者看汽车上的凸面的倒车镜的时候，你会感到你的面孔产生了歪曲变形；你把筷子斜插在有水的杯子里，你会发现筷子变得曲折不直了。这些都是特定条件的影响形成的，而非错觉。至于像唐代伟大诗人李白在《望庐山瀑布》名诗中所咏叹的“日照香炉生紫烟，遥望瀑布挂前川。飞流直下三千尺，疑是银河落九天”等情况，更不是错觉，而是诗人用丰富的想象力所作的夸张和比喻。不应把它们和病态心理混为一谈。

由主观经验所引起的错觉，可以用客观的经验来加以验证、核实。例如，黑夜里看一棵远方的小树，好像是一个人站立在那里；但再仔细辨认时，仍旧是树而不是人。又例如，听到一种呜咽的声音，好像是音乐又好像是一个人在哭泣；但是经过仔细分辨后，才发觉是风声。心态正常的人一旦知道是误差后，心理上的反应也便会改变过来，而且会理解到：“看错了。”或者“听错了。”原来是发生了一次错觉。但是，如果一个人固执地认定树是人，把风声听成是音乐或哭泣，“颠倒黑白、混淆是非”，不顾事实真相，也就是说，他不能用其他别的客观经验来核实他的主观错觉，辨认出他的主观错觉，那么，就可以肯定地说，这个人是患了变态的错觉，他（她）在知觉上是心理失常的。

如果一个人总是产生错觉，整天嘀嘀咕咕、疑神疑鬼，心神不得安宁，那么，万般烦恼、无穷苦闷就会接踵而至了。发生笑话、自寻烦恼、妨碍团结都还算是轻的小事；严重的会发生意料不到的不良后果。

有些青年人容易产生错觉，往往是和他的知识经验不足以及和他的分析批判能力蔽差有关系。那么怎么办？为了避免产生错觉，就得多学习、多阅历、锻炼思考力。遇事要三思而后行，勤动脑筋、多去辨认；要实事求是，而不要主观臆断。

末了，再谈谈幻觉和幻想有什么区别。由于幻想的对象也是常常指向环境以外的不真实的事物，因而不少人把幻想和幻觉混同起来。其实，幻想是一种和生活愿望相结合、并指向于未来的想象，而不是知觉。幻想有两种：一种是在正确世界观的指导下，符合现实生活的发展规律，并且是有可能实现的积极幻想，这种幻想就是“理想”；另一种幻想是完全脱离现实的发展规律，并且毫无实现的可能，这种幻想就是“空想”，空想往往是消极有害的幻想。

有些空想可以起缓冲烦恼的作用。有些心理学家把这种空想看作是一种“安慰剂”，从现实中得不到的心理满足，可以到空想中去寻找，从而得到补偿，也就是俗话讲的“聊以自慰”。常态人的空想是一种“遁世思想”，暂时地逃避严酷的现实环境，而沉溺在虚无渺茫的空想中，借以摆脱心理上的苦闷和烦恼等等。可是心理上正常与失常的人，他们对待空想的态度却是大为不同的。正常的人可以从空想中苏醒恢复过来，最后仍然是面向现实，他们明白空想到头来，只不过是一场慰藉而已。这就好比“曲终人散”，你还是现实中的你，而不是空想中的那个你。但是，心理失常的人却分不清真实和想象的界限，常常会把空想中的那个虚我、假我，误认为是现实中的这个实我、真我，于是种种心理疾病或悲剧就因此而产生出来。因此，对心理失常的人讲来，他们的空想往往就是幻觉；而对心理正常的人来讲，空想就是空想！

空想也可以叫做“白日梦”。病理心理学把“白日梦”分作两种形态：一种是逃避现实。有些人由于经受不了强大的心理压力，或者摆脱不了所遭遇到的挫折和困难，就把自己逃遁到自己创造的空想世界的小天地里寻求安慰。这应该说成是弱者的表现。另一种是聊以自慰，也可以叫做聊以解嘲。例如，一位年轻的急于成名成家的业余文学爱好者，写了几篇创作都因质量差、水平低而未被刊出，于是他就经常沉入空想，想象自己获得诺贝尔文学奖，备受他的女友和伙伴们的称赞，沉溺于自我欣赏、自我满足之中。

由此可见，逃避现实和聊以自慰，都是借空想来满足自己在现实世界中所不能达到的愿望。在空幻的想象中，他们的情绪可以得到恣意地放纵和发展，填补了心灵上的空虚感，获得满足感。但是，如若这样地恶性循环下去，那么，它的后果，就势必是越发地不能适应现实环境。

国外有些心理学家认为，白日梦可以使人暂时地脱离激烈争夺的严酷现实，使人的情绪在遭受到挫折失败后，得到暂时的缓冲，不致被挫折和失败击倒而一蹶不振，甚至可以给人“一线曙光”，对未来萌发希望。但这些心理学家们又指出：白日梦丝毫不能帮助你解决实际问题，也不能帮助你适应社会，因为战胜挫折与失败的唯一办法，还是需要面对现实。

照我看来，白日梦是一种对挫折的退缩式反应。有些人受挫折后，不是勇敢地面对现实，而是用脱离现实的方式去应付，在自己编织的空想网罩里，寻找自我安慰和自我满足。

“妄想”是个人的信念

在日常生活里，有很多人误把“狂妄”当做是“妄想”，其实二者并不相同。虽然它们都可能是由于某种错误的思想、观念所引起的，但是“病因”却不大一样。

“狂妄”绝大部分是由于缺乏自知之明，不能正确地评估自己，因而妄自尊大，自视甚高，常常喜欢把自己看得高人一等、旁若无人。他们当中，有很多人是以“我”为中心的“自我崇拜狂”。从心理健康学看，这类人也的确算得上是心理失常的人，或者说是轻微的心理疾病“患者”。

但是，“妄想”的病因却大不相同，它们往往是因为个人的欲望，在现实环境里得不到满足所造成的。具体的、个别的妄想，任其发展下去，日久天长会凝聚成为有系统的“妄想症”。后者是一种地道的心理疾病。

医学心理学家们根据长期的临床观察，发现妄想是一种和事实不相符合的、和本人的地位以及文化水平等不相称的、难以动摇的固执信念。它虽然是一种错误的信念，但和“误解”与“错觉”又不相同。因为妄想症者固执地坚持自己的错误判断，你向他提出再多、再充分的有说服力的事实和证据，也动摇不了他的固执的信念，更谈不上纠正他的错误思想，因为他已成为极端“观念固执”的人。

如果你有机会走进精神病医院，你可能会发现有些人疯疯癫癫地在那里胡言乱语，有的把自己说成是“玉皇大帝”下凡，有的则自吹是“真龙天子”下界。这些人当然是属于严重的“妄想症”了，他们已经是地地道道的精神病病人，人们在对他们的不幸表示同情之余，很可能一笑置之而已。

那么，在日常生活中，有没有比较轻微的妄想病症表现呢？有的。比如说，有些人常常一口咬定别人在有计划、有预谋地对他进行打击或迫害。因而，当别人在互相谈论、或者对他稍加注视的时候，他就会疑神疑鬼地惶恐不安，终日里庸人自扰地处在惊慌戒备的心理状态里。

怀疑自己被迫害、被虐待，或者是被侮辱、被损伤的人，他们的思想是不合逻辑的，往往单凭毫无事实根据的幻想、猜测、臆断，虚构成某些自以为是的主观观念。

另外，妄想和迷信很相似，但妄想却不是迷信。迷信一般经过学习，可以纠正。绝大部分的迷信观念，醒悟后，可以“离经叛道”、破除干净。有很多迷信，是社会性的、群体性的迷信，它是特定的社会文化背景下的思维产物，显然地受着生产力发展水平以及科学文化的发展水平的局限。比如说，原始社会的人们，对为什么会打雷、闪电，由于不理解而产生畏惧，认为是“雷公”“电母”在发怒，于是“拜物教”“拜神教”由此应运而生。

妄想，则完全是某个人的信念。严重的妄想，往往经过学习也纠正不过来；一般的妄想经过药物治疗，能慢慢地有所好转。

那么，妄想有哪些类型呢？

（1）情绪性妄想。这类人先是可以完全没有什么理由地、无缘无故地就会引起情绪上的变化。比如，出现惊讶、疑虑、恐惧、胆怯和焦躁不安、忧心忡忡等等消极的情绪；接着，他们就会根据他们的种种反常情绪，妄加判断，于是就形成了各种妄想。比如，我认识的一位在远洋货轮上工作的男青年，由于将近半年没有收到妻子的来信，因而猜疑、焦虑甚至恐惧过重而得了轻微性的妄想症，后来经过调动工作，药物治疗，慢慢治愈。

情绪性的严重妄想，往往会表现出精神分裂的急性发作状态。他们当中有的人，甚至会产生世界毁灭没落感；有的人则对死亡怀有不可自拔的恐怖感。

情绪性妄想的病因比较复杂，但从病理过程上看，可以发现和一个人的人格有密切的关联。

（2）想象性妄想。这类人往往会突然在脑海里，涌现出某种毫无意义的、或者是十分离奇的念头或想法，而他们对这些念头、想法，又固执地确信无疑。例如，一位男青年十分固执地对我讲，某人用现代化仪器“遥控”他，侦察、监视他的一举一动，企图摆布、控制他，使他失去自由。亲友、同事一再向他解释、“辟谣”，也无济于事。

这类妄想和上述的情绪性妄想一样，它的病因还不太清楚。但毫无疑问，它和一个人的人格变化有着千丝万缕的联系。想象性妄想患者当中，很多是精神分裂病的初期状态。

（3）知觉妄想。这类人的知觉和正常人的知觉一样。比如说，他们也会把红色看成是红色，但是对于红色意义的理解，却和正常人完全不同。如有一个精神分裂病的女患者曾对我讲：“不认识的那个女的骂我是混蛋！”我问她：“你怎么知道她骂你是混蛋呢？”她讲：“因为她戴了一顶红帽子！”这就可以看出，这位精神分裂病的女患者，她对红色帽子的知觉，和正常人的知觉虽然一样，但她在主观上，却对红色赋予了新的意义、新的解释。因为是红色，就说是骂她了的这种想法，从正常心理的角度看，是无论如何也理解不了的。

上述三种妄想类型，是从情绪体验的方式分类的。若从妄想的内容分，还有被迫害妄想、夸大妄想和自卑妄想等等。

那么，产生妄想的原因，究竟是什么呢？现代精神医学还不能对它彻底地加以解释。但是，已经可以肯定，躁郁病、心因性心理疾病、酒精中毒和药物嗜癖等等各种心理障碍，和形成妄想是有密切关系的。另外，自卑感强的人、耳背的人、多疑的人、生活过分孤独的人，往往也容易得妄想病。

患得患失造成内心干扰

每个人要经历的人生道路，都不是像东西长安街那样平坦笔直的，总是会遇到程度不同的、各式各样的坎坷或曲折。每个人每年、每月，甚至每天都会既有欢乐愉快、称心如意，也会有挫折焦虑、烦闷苦恼；有成功也会有失败，有所得也会有所失。这就是生活的规律，生活的不二法则。

那些襟怀开阔的人，他们放眼未来、放眼世界，对待个人得失，或者可能是不经心地一笑置之；或者是认真总结经验教训，胜不骄、败不馁，再接再厉，继续前进。而有些人则斤斤计较，过分地看重个人得失，为一时的失败或损失而忧心忡忡，辗转难眠，甚至灰心丧气，一蹶不振。有些人为了分住房、发奖金、提工资、定职称……而争争吵吵、哭哭闹闹，甚至大打出手、轻生自杀。当然，其中很可能有许多不合理的客观因素使得这些人愤愤不平，心情郁闷，但从心理健康的角度来看，他们对个人得失如此看重，又能取得什么积极的效应？有些人甚至每天数头发脱落了几根，为头发的日益减少而寝食不安。

实践表明，总是患得患失的人，日久天长会人为地造成内心干扰。他们在工作、学习和生活中，每当碰到内心的冲突或矛盾的时候，往往不能把全部精力都集中于当前的任务上，结果往往会事倍功半或者一事无成。另外，一个总是患得患失的人，往往也是一个“怕”字当头的人。他们总是担心丢掉了什么，比如，怕丢掉了名誉、地位、利益、权势、威信、面子，等等。从心理学上看，“怕”的本身是可以激发起人们认真仔细、小心谨慎的态度的，比起一切无所顾忌、不考虑后果和影响的人来说，相对地讲它是有积极意义的。但是，如果“怕”成为一种病态的畏惧，则会适得其反。

还有，患得患失的人，在不能“得到”而总是“失去”的时候，往往会一下子变得态度消极，心灰意冷，有的甚至变得嘻嘻哈哈、玩世不恭。这些对心理健康也是极为不利的。我认识的一位青年朋友，他觉得生活中“失去”的太多、太多，而“得到”的却很少、很少。因而，他从积极变为消极，每天晚饭时喝二两酒，然后面对床头上自己手书的《三国演义》小说里面的一段开场白，聊以自慰。他写的这幅“座右铭”原文是：“滚滚长江东逝水，浪花淘尽英雄，是非失败转头空，青山依旧在，几度夕阳红。白发渔樵江渚上，惯看秋月春风，一壶浊酒喜相逢，古今多少事，都付笑谈中。”我奉劝这位朋友说：“时代不同了，时代精神也不同。当今社会不允许你态度消极、冷眼旁观和‘都付笑谈中’。玩世不恭、自命清高，在激烈变革、迅猛前进的社会里，是精神上的致命伤，是新时代的阿Q，越是胆怯、畏惧、退缩、逃避，那么就越是会被大时代的洪流冲刷卷走……”可能有人会觉得我劝告这位年轻朋友的用词未免激烈了些。不过，我觉得一则是大家彼此熟识，青年人又大都不去计较言辞用语，所以才开诚布公、直截了当地坦率交谈；二则由于患得患失所引起的消极态度，大部分是比较严重的“痼疾”，不向他们大喝一声，往往是唤不起足够的注意的。

末了，我还想指出，患得患失这种不健康的心理根源，是在于一个人的人生观问题。当代中国青年应该大力发扬多向自己提出“我究竟为国家、为社会贡献了多少”的问题，而不要一味地只是埋怨国家、社会给自己的太少。爱因斯坦说过一段发人深省的警语：“一个人的价值，应当看他贡献什么，而不应当看他取得什么。”大家知道，人的高层次的精神需要比起低层次的物质需要，具有更大的价值；人的需要等级愈高，也就愈少自私，健全人格的人，能够为了高级需要的满足而忍受低级需要的欠缺，能够抵御心理上的压力和不平衡，直至成为“殉道者”。革命青年的最高层次的精神需要，是实现共产主义。一个人只要树立了这一最高层次的人生理想，他（她）就会为实现祖国的四化大业而自强不息，奋斗不已，直到鞠躬尽瘁、死而后已。

观念固执是对挫折的不正当反应

在日常生活里，往往会看见一些被叫做“牛一样犟脾气”的人。他们思想偏拗，总是认为自己的想法“完全正确”“完全合理”。造成这种情况的原因，往往是因为紧张的或者激动的情绪，扰乱了他们的正常的思维过程，以至他们不能够常态地进行分析、判断。同时，这些人的注意力比较涣散，不易集中，听不进大多数人的意见。临床观察，这类人大都是因为精神上过于疲倦，或者心底里蕴藏着不少烦恼。

一位老精神病学家告诉我，在他的心理咨询门诊所里，有这样一位经常光临的“患者”：他是一位中年的工程师，由于在“文革”期间写过“万言书”而遭到不幸的批判，精神上多少遗留下了受刺激的痕迹，加上其他一些个人的特殊经历（“四清”运动时，给工作组提过意见遭批判；“反右派”斗争运动时，替“右派分子”说好话遭批判；以至家庭生活中夫妻感情不和、意见分歧等等），使得他十分固执己见，并且很容易发怒。他看问题片面，听不进反对他的意见；总是看不惯现状，永远是个“反对派”；讲起话来慷慨激昂，充满了悲天悯人的情绪。由于不合群、反领导，调动工作频繁，自己陷进深深的苦恼深渊。从他的表现上可以看出，思想偏执的产生原因，主要是因为：（1）心理压力大，过于疲倦，因而反应迟钝，容易发怒；（2）没有消除积存的烦恼，怨天尤人，牢骚满腹，妨碍重新振作精神；（3）生活经历上，曾经遭受过心理上的威胁或恐吓。你看，这位中年工程师，够得上“观念固执”的典型人物了吧？

从这位中年工程师的身上，我们可以联想出不少有关的问题来：

（1）“观念固执”的人，绝大多数都是一些思想狭窄、看问题片面的人。他们如果不注意及时地防治，那么，久而久之就会发展成为“偏执狂”，而偏执狂就是变异的思考，思维上的失常变态。这种人的主要表现是：思想方法变得混乱繁杂、观念片断零乱、变幻不定，从而扰乱了他们的正常思考，不能常态地去推理、判断，往往对自己已有的观念估计过高，把自己已有的有限知识视为“无价至宝”。

（2）“观念固执”的人，绝大多数都是不愿意多活动、多干工作的人。他们终日里懒洋洋地觉得自己很衰弱。前面讲过的那位中年工程师，就是经常打补针、吃补药，特别是不断地吃“神经衰弱丸”“天王补心丹”“归脾养心丸”之类治疗神经衰弱的药物，安眠药也不断。他们，包括我说的这位中年工程师在内，烦恼中夹杂有慢性的恐惧，终日里感到惶惶然。比如，听到有人得了癌症，就怀疑、认定自己也得了这种可怕的病症，等等。

（3）“观念固执”的人由于思想方法偏执，观念固执重复，于是在大脑皮层上，形成了一个“惰性兴奋中心”，一旦某种思想深深地扎根在头脑里后，那么，其他任何别的东西，他都听不进去了。另外，一些习惯了的东西，会在他们的大脑皮层上形成“模式”定型，使得他们习惯于不用费更多的脑力，养成一种习惯、定论。这样一来，他们就喜欢老框框、老章法，觉得新鞋不如旧鞋舒服，走旧路比起走新路来得省事、省脑筋。

（4）“观念固执”的人，绝大多数都是顽固的人。他们往往给人以假相，误认为他们很坚毅、很顽强。其实，固执的人，为了达到他的目的所表现出来的“百折不挠”、坚持到底的精神，和真正的顽强不屈的坚毅精神，根本不相同。

观念固执的人的“悲剧”就在于：他不惜花费一切代价所要达到的目的，往往在客观上是不正确、不合理的，因而，他所表现的一系列行为就显得荒唐可笑。西班牙名作家塞万提斯写的《堂吉诃德》，描写了一位自命不凡的“勇士”，把风车误当做敌人或妖怪，用长矛一枪刺去，被风车卷走。这是文学作品中对观念固执者的有力刻画写照。而最为可悲的是，一个观念固执的人，往往以英雄好汉自居，对他的所作所为，经常不自量力地、自欺欺人地认为是出自好心肠和良好的动机。其实，他的信念只不过是毫无意义的、甚至是有害的“我行我素”而已。

（5）观念固执的人，绝大多数都是自幼养成了随心所欲的不良习惯的人。比如说，有些儿童有吸吮手指或口吃的毛病，但由于父母教育方式不当（如，用打骂等方式去阻止、“矫正”儿童的这些不良习惯），结果反倒会巩固、加强这种不良的习惯。

绝大多数人的观念固执、思想僵化，是对挫折的一种不正当的反应。当他们反复地遭遇到同样的挫折后，由于不能像正常人那样可以灵活地“随机应变”，设法顺利地去解决所遇到的困难，于是，就有可能形成一种习惯式的刻板性的反应，在思想方法上僵化不变，在行为活动上表现为执拗地重复。这样的人若进一步对他仔细地了解，就会发现很有可能他从幼小时起就“死心眼”，遇事爱钻牛角尖，转不过弯子来，致使他的神经活动过程很不灵活。心理学家说，对于这样的人，应该因势利导地使他们变成一个性格坚毅的人，最好的办法就是让他找到一个他真正值得为之奋斗的目标。

“神经过敏”是感觉过敏

说起来人们也许感到奇怪，怎么有些人吃了猪肉后，竟然会像吃了剧毒的毒药那样，生命垂危？

猪肉虽说是汉族人常吃的、有营养价值的食物，但在一些人的身上却会产生相反的效果。也就是说，绝大多数人视为美味佳肴的东西，却可能成为极少数人致命的毒品。这是什么缘故呢？这是因为有些人对猪肉有“过敏”的反应。过敏反应在医学上称为“变态反应”。

同样的，在心理上，有些人也有过敏反应，心理学把它叫做“神经过敏”，也就是心理上的变态反应。当然，神经过敏和生理医学上的过敏反应不大相同，因为神经过敏大部分是感觉过敏。

生理上的过敏反应因人而异，有人喝一杯牛奶会引起荨麻疹，但吃其他食物却没有什么不良反应；有人吸进某种花粉可以引起哮喘，而吸入其他花粉却并不发病。引起神经过敏反应的原因（对象）也是不一样的。

在日常生活中，神经过敏者往往表现为情绪容易激动，不能承受过高的心理压力，任何微弱的紧张，都足以使他们产生慌乱的反应。比如说，他们缺乏接受批评的胸怀气量，对他们稍微提出些批评意见，他们就会耿耿于怀，反驳个没完；同样的，对他们稍加表扬，便会使他们得意洋洋，沾沾自喜；他们偶有生理上不舒适的感觉，便会产生强烈的昔痛感觉，如此等等。由此可以看出，神经过敏的人，他们的神经过于敏锐，就好像含羞草，一旦被外物触动时，立刻就会叶子下垂。在他们受到外界哪怕是微弱的刺激后，立即就会有所反应，而且这种反应又往往是比较强烈的。神经过敏的人最容易感到别人在“冒犯”“讥笑”“愚弄”他；有些神经过敏的人，总觉得时时、处处都有人注意着他；主观地认为别人在和他“作对”“过不去”，把一般的小事看得过于重大。

医学心理学把神经过敏叫做“神经质”。临床观察发现，神经质的人由于情感比较脆弱，因而哪怕是一些微小的突发因素，都可能使这些人罹致精神性疾病。具有神经质特性的人一般表现是：总爱咬指甲，经常感冒，不正常的无病因的疲倦，常做噩梦，经常失眠、眼痛、头晕，无缘无故地爱哭爱笑，等等。

医学上常说神经过敏的人，大多数是感觉过敏；但是，不应把感觉过敏和“感觉敏锐”混为一谈。感觉敏锐是指对新鲜事物有敏锐感，这是好事，是优点。感觉敏锐的人观察仔细，善于发现问题。比如，一些诗人、作家、画家、音乐家等，由于他们感情细腻，感觉敏锐，在音调、色彩以及洞察人间生活等方面，有一般人所不及的深刻、细致、独到的敏锐感，因而能写出、画出和演奏出感人的作品。又比如，刺绣、牙雕等，也需要工作细心，具有敏锐的感觉的人，才能创造出优美动人的艺术品。

可是感觉过敏的人，却和感觉敏锐的人不同。他们像是温室里的花朵，过于娇嫩，受不了风雨的摧残，经不得磕磕碰碰。他们太易于感受到生活中的一切琐琐碎碎的不痛快，因而也就常常“庸人自扰”，总是感到难受不堪。但是，日常生活环境，并不是像特定环境那样地平静安闲或舒适安逸。每个人的工作、学习和生活，总是会遇到这样或那样的麻烦、干扰、挫折和阻力；人的一生总会既有快乐也有悲哀，既有成功也有失败。因而，如若神经太敏感（感觉过敏），那就很难于适应社会。

那么，怎样才能不神经过敏呢？最好的办法是：

（1）少想着自己。过多地考虑自己如何如何，不去多想别人、多尊重别人、多接近别人的人，往往会妄加推测别人对自己的评价；也爱斤斤计较，易于受自己的感觉所扰乱；于是烦闷、愁苦也就会增多。

（2）不可太孤单。一个人如若太孤单，脱离群众，孑然一身，便会使人增加孤僻、羞怯、敏感的倾向。

第二章 学会控制情绪

克服神经衰弱

著名老作家孙犁在1986年6月发表的《红十字医院》短文的一开头写道："1956年秋天，我的病显得很重，就像一个突然撒了气的皮球一样，人一点精神也没有了，天地的颜色，在我的眼里也变暗了，感到自己就要死亡，悲观得很。其实这是长期失眠，神经衰弱到了极点的表现。"这一段描述可以说是神经衰弱患者的"自白""主诉"，它寥寥几笔，使得了神经衰弱病人的一部分思想感情跃然纸上。

"神经衰弱"作为一种心理疾病的名称，首先是由美国的比尔德在1868年提出来的。他认为神经衰弱主要由于心身过度疲劳，引起了中枢神经系统刺激性衰弱，表现为十分敏感，容易疲乏。

通常讲来，有四种人容易神经衰弱：

（1）缺乏自信性格的人。这类人干什么事都没有信心，依赖性大。我认识一位女青年，已经是大学二年级的学生，但是她穿什么衣服、吃什么东西，都要"请示"她的妈妈，她胸无主见，缺乏独立意识和自主行动。她神经衰弱，经常失眠睡不好觉。

（2）强迫性性格的人。这类人过分求全，总觉得事情不是十全十美。我认识一位中年医生，他学习刻苦，医术很好，在病人当中享有威望。可是他有一个总是改不了的"毛病"，那就是他没完没了地要用肥皂洗手，唯恐手上不干净，有传染病菌。他也是神经衰弱，经常失眠。

（3）忧郁性性格的人。这类人总是动不动就会闷闷不乐。

（4）歇斯底里（俗称"癔症"）性格的人。这类人以自我为中心，追求虚荣，不能克制自己的欲望。

神经衰弱和职业、工种有密切的关系。从事脑力工作的人比起从事体力工作的人，神经衰弱的发病率一般要高几倍。有人调查，体育学院的大学。生很少患有神经衰弱的；可是准备报考大学的高中生，神经衰弱发病率却最高，而且随着高考的激烈争夺程度的提高，有逐年增多的趋向。从这个简单的调查可以看出，神经衰弱是脑病，是因为用脑“过度”或用脑不当，而引起大脑功能严重失调的疾病。

从神经衰弱属于大脑功能严重失调的观点出发，就可以确定出在三种情况下，有可能得神经衰弱这种疾病：（1）如果长期紧张地从事脑力劳动，可是却不争取或者得不到大脑功能的放松和调节时；（2）如果遭受强烈的精神创伤，可是却不争取或者得不到安慰和疏导时；（3）如果持续地忧郁悲伤，可是却不争取或者得不到温暖和关怀时。在这些情况下都有可能得神经衰弱病。

得了神经衰弱病怎么办？①不要过分紧张焦虑；②要及时地进行药物治疗和心理治疗，不可延误。最好的办法就是合理地安排学习、工作和生活的时间，注意劳逸结合，有紧有松，不要把精神像满弓似地绷得紧紧的，要放松思想，缓和情绪。一般说来，在比较紧张的脑力劳动一小时后，就应当散散步，活动一下身体，最好是能够在空气新鲜的地带做做简单的体操。实验证明，这样做10分钟，就可以使耐力增加大约15%以上，使消除疲劳的时间缩短大约80%以上。你看，这样的休息，难道不是不仅仅没有“浪费”了时间，反而倒是因为提高了工作效率，而节省了时间吗？至于怎样预防神经衰弱，有两个办法不妨一试。①保持舒畅、愉快的心情，要想得开、放得下，不被烦恼所困扰；②养成每天风雨无阻地体育运动的好习惯。如果你善于调整和稳定你自己的思想情绪，再加上坚持体育运动，增加大脑的兴奋和抑制的交替过程，那么，我有充分把握地说，神经衰弱的毛病就会从你身边逃开，你就不会感到疲劳不堪、精力衰竭，而会觉得情绪饱满，精力充沛。

失眠症的治疗方法

世界上，有不少人因为经常失眠而苦恼着。人为什么会失眠？失眠有哪些类型？怎样可以不失眠？科学家们为了探讨这些问题花费了大量的劳动。

据西方科学家统计，目前已经知道的能引起失眠的原因不下四十种，但归纳起来，最主要的还是心理因素和环境因素，也有一些是由于生理疾患，或服用药物和酒精之类兴奋性饮料所引起的。

生理心理学家们经过多年的临床观察，一致认为在引起人们失眠的原因当中，心理因素名列第一。他们的这个结论根据说来也简单，那就是：只有人类才会有失眠。因为人类的一切行为活动表现，都受心理因素的支配；各种各样的喜、怒、哀、乐、悲、恐、惊的心理因素都能够使人失眠。

明天就要去春游的小学生，下个礼拜就要去参加足球比赛的初中生，下个月就要参加高考的高中生，以至于青年人在工作、学习和生活上的种种成功与失败，都会使他们程度不同地尝到失眠的滋味。可是，你再看一看动物会怎样对待这样一些足以引起兴奋、焦虑、忧愁、喜悦或者悲哀的刺激呢？赛马比赛时，只差一头距离而屈就第二名的赛马，比赛过后，照样会很快地入睡；猫儿不会由于它的主人的不幸逝世而辗转反侧；激烈争夺骨头而没有抢到的狗，也照样酣然大睡……尽管这些动物都有大脑，也程度不同地分泌血清素，但是它们“缺心眼”，也就是说心理因素几乎对它们不起什么作用，因而它们“品尝”不到失眠的味道。

许多人由于缺乏关于睡眠的知识，于是对失眠现象感到惊慌、恐惧，认为失眠会对健康大为不利，总是嘀咕着：“今儿晚上可别失眠！”结果反而越发睡不好。当然，如果是由于生理上的原因造成的失眠，也有必要服用药物。例如，因为疼痛、泻肚、咳嗽引起的失眠，就可以“对症下药”，止痛、止泻、止咳之后，也就可以睡好了。有些因为慢性病，像甲状腺功能亢进、高血压和血液循环机能不良等病症所引起的失眠，就要从根源上治疗，治好了，也就会安稳地睡觉了。有时实在睡不着，不必硬挺，可以适量地吃些安眠药，比如，安定、利眠宁、眠尔通、速可眠等等。安眠药有的能够立即催眠；有的可以延续睡眠，这些不同功能的安眠药，都可以少量地服用。如果同时适当吃一些镇静药之类辅助药，效果就会更好些。我主张需要吃安眠药的时候，可以适当地吃些，不必对安眠药感到心理紧张。心理学家证实，安眠药本身的“危害”（不一定有什么危害，姑且叫做“危害”）远比对安眠药畏惧感的危害要小得多。当然用吃安眠药来治疗失眠症，是治标而不是治本，因而我也不主张轻易吃安眠药。最根本的、最彻底的办法还是心理治疗，因为失眠主要是由心理因素所引起的。有人根据苏联伟大的大脑生理学家巴甫洛夫首创的“条件反射”学说，作过如下的试验，他给一位失眠者服用安眠药时说：“这种药药性强烈，用多了会对身体有害，所以不能多给您，因为您总是睡不着，才给您一片。”结果服用这种强力安眠药的睡眠效果，反而不如下面这样的语言暗示效果。“这种安眠药没有副作用。一片就够了，可是因为您总是睡不着，所以给您两片”。

然后给他服用的虽然是用奶粉或面粉做的假安眠药，他也会放心地安然入睡。这个真实的实验例证，再一次地证明了保持心理健康对睡眠的作用。

下面谈谈失眠有哪几种类型。

（1）神经质的失眠。这类人，本来睡得很好，睡的时间也够了，但是由于把睡眠对身体健康的意义估价过高、看得过重，因此，总是想多睡，总怕睡不够。于是，有的以怕睡不着为理由，晚上8点钟就躺下了；有的总是吃安眠药；有的用酒来代替安眠药，等等。这类人，为了睡得好，屋子要暗、怕光，要静、怕吵，甚至不许家里的人讲话。他们愈是这样，就愈睡不好，比家里所有的人都睡得早而又起得最迟，这就是因为他在睡觉时，心事重重。另外，这类人当中很多人白天不活动，总是想心事，因而生理上没有睡眠的要求，也就睡不好。

对于这类人需要多从思想上开导。可以对他们这样讲。如果从心理学和哲学的双关角度看：①睡眠状态等于是死亡的状态，睡眠的时间就等于是死亡的时间；②在死亡的时间里，人类是无所作为的；③因此，人生的意义表现在清醒的时间里有所作为，所以“睡眠愈少，人生愈长”。然后给他们举几个例子，告诉他们凡是有所作为的人，都是争分夺秒、珍惜时间的人。周恩来总理一生辛劳，为了民族生存、为了国家兴盛，鞠躬尽瘁、死而后已，他每天的睡眠时间很少。又如，把毕生献给了马列主义宣传工作的张仲实同志，在他不幸身患癌症后，很多人劝他说，你已德高望重，年近古稀了，还是去外地享享清福吧。张仲实同志回答说：“人生的意义，就在为人民、为社会做贡献；如果我什么也不干，活得再长又有什么意思?”就这样，他在手术后，仍然坚持天天上班。

（2）郁闷质的失眠。这种类型的失眠和神经质的失眠，在性质上不同，它们正好相反。神经质的失眠可以说是一种虚假的失眠，是心理上的失眠；而郁闷质的失眠可说成为真正的失眠，生理上的失眠。

得了抑郁病的人，心情就会焦躁不安，兴趣淡薄，疲劳感加重，食欲不振，缺乏主动性，于是失眠就会“乘虚而入”。如果说神经质失眠的特征是难以入睡的话；那么，郁闷质失眠的特征则是比较容易入睡，但却睡不长，睡上两三个小时后，脑子依然处在半兴奋的状态，一觉醒来，辗转难于再眠。对于这种失眠现在已经有很多对症的特效药，比起神经质的失眠来更容易治疗。

（3）特殊性质的失眠。这类失眠症患者，本人并不那么自觉是在失眠，也不以失眠为苦恼。他们当中有的人会半夜起来干这干那地忙个不停；有的入睡前磨磨蹭蹭睡得很晚，但却又起得很早。这类人在别人看来是失眠症患者，但本人并没有什么心理压力。问题在于，他们的体力和精力达不到正常人的“足够”的标准，因而日子长了，很多失眠的恶果就会逐渐地显示出来。因此，这类人实际上是心理失常者。

那么，怎样防止失眠，保持“足够”的睡眠？

最通常的促进睡眠的说法是：养成有规律的起居作息习惯，定时就寝，定时起床；每天清晨或下午坚持符合自己体力的适当锻炼；不吸烟、不酗酒，睡前不要饮用兴奋刺激性的饮料；卧室保持气氛幽静和空气清新；保持舒畅的心情，排除种种烦恼的内心干扰；睡前不要用脑过度或过多思虑；晚餐不要吃的过饱，不要吃过于油腻的食物；睡前散散步，松松心，用温水洗脚，有条件的最好洗一个温水澡，使全身肌肉得以松弛；如果需要服安眠药时，要遵医嘱，切忌过量，连续服用安眠药切勿超过三周；等等。

上面讲的这些办法，我觉得其中最重要的是在睡眠前要保持平静的心情，其他办法可以说都是一些辅助手段。比如说，一个人尽管生活有规律、坚持体力锻炼，没有什么吸烟、喝酒的“恶习”，居住条件理想，睡前洗脸洗脚等等，但是因为心事重重、焦虑苦恼，那他还是会躺在床上翻来覆去“辗转难眠”的。

有些青年人失眠时，往往在临睡前喝酒，认为这是一种催眠的好方法。其实是错了。1982 年，美国的一些医生通过试验发现：睡前饮酒的人，每个人在睡眠中呼吸暂停（每次至少 10 秒）的次数共计 110 次，而不饮酒的人只有 20 次。饮酒的人当中绝大部分还至少出现一次肺部运气不规则的现象。饮酒的人在每个夜晚，会在体内出现 380 次和呼吸有关的不正常现象，可是假若他不喝酒，那么夜晚只出现 207 次不正常现象。喝了酒以后最普遍的不正常现象，就是血液中的氧急剧减少，这就和死亡率发生了联系。科学家已经证实，男性过胖、嗜酒、常服安眠药等，都会导致体内潜伏着使人们寿命缩短的不利因素，这些都和睡眠时的呼吸暂停有关系。因此，如果谁有在睡觉前饮酒的习惯，还是快些改掉为好。

很多人积累总结了他们自己的医治失眠的经验办法，有些也是可以参考的。比如，湖南省妇幼保健院一位医生，1988 年 4 月份投稿给《北京晚报》谈她个人医治长期失眠的经验是：睡前吃维生素B_1，开始吃七八片，然后减为六片，最后每晚只需吃三片，就可以很快入睡，解除了她过去吃安眠药也睡不着的苦恼。她把这种疗法告诉了不少失眠者，都收到同样效果。根据我的了解，维生素B_1的作用是：维持神经、心脏和消化系统的正常功能，促进糖代谢；它的用途是治疗脚气病、神经炎、食欲不振、带状疱疹等。服用维生素B_1，为什么能治疗失眠症，这还需要进一步查明，不过，我想它无疑的是能对大脑的高级神经系统起到抑制的作用。失眠的朋友无妨一试。

末了，再介绍一种“断眠”的睡眠方法。即在工作繁忙劳累，情绪比较紧张的时候，抽空打个盹，“小睡片刻”。它会使你解除疲劳，精神焕发，提高工作效率。甚至有些人在小睡一会儿后，就可以长时间地清醒工作。为什么会有这样的收效？我认为打盹有如充电，可以弥补睡眠的不足。找个角落、倚斜瞌睡一会儿后，会使人感觉舒服一些，精神上得到缓冲，也可以解除因工作而带来的焦虑，放松心理的紧张。另外，养成了打盹的习惯以后，可以增进对睡眠的控制能力，想睡的时候就能立即入睡。

不过，并不是人人都可以断眠、小睡片刻的。这是因为首先得解决思想认识问题，不要对打盹有厌恶感，觉得打盹不雅观、不文明等等；其次是要排除心理上的种种干扰，训练成一种什么时候小睡都可以、小睡多久也都可以的硬功夫。美国佛罗里达大学的心理学博士韦柏说：“打盹不仅仅是婴儿离开襁褓期前最后放弃的一种行为，同时也是成年人最先‘返老还童’的一种行为。打盹实际上是人类向大自然的归顺。”他的意思就是说，打盹是顺乎自然的事情，不必对打盹感到羞耻，也不必对打盹感到厌恶。韦柏同时讲道：打盹这种自然的倾向延续到成年后，由于往往会遭受来自社会舆论的压力等等，而使打盹自行压抑。

我当然不是劝大家不分时间、场合和其他条件地都去小睡。比如说，在重要的、严肃的会议上，你就不能小睡，因为往往在你小睡的时候，你没有听到事关重大的讲话或议论。在你和女友会面时也不能“打盹”。五十年代和我同住一个房间的一位年轻的大学教师，当他在公园里初次和女友见面时，就因为头天晚上备课过迟而疲乏得困盹了片刻，以至终身大事几乎“告吹”。

保证足够的睡眠

也许有人对“睡眠的知识”这个题目感到可笑。哈，真逗！人人都睡，天天都睡，睡眠又有什么好讲的呢？

其实，你也许不太了解，对于睡眠的研究，已经成为当今世界学术讨论的一个重要课题。比如说，好多人因为睡不着或者睡不好，就吃安眠药，而安眠药目前已占世界制药厂总产量的一半以上。根据统计，在法国每晚睡前服安眠药的有 350 万人；在美国，1977 年对安眠药生产的投资达五亿美元以上。你看，从这个简单的统计数字里就可以看出，世界上有多少人在睡眠上出了毛病，需要投入多少财力去对付它、研究它。

足够的睡眠对于保持心理健康是很必要的。但是，一个人究竟该睡多久才算是“足够”？这里面是很有学问的。青年人必须睡足八个小时吗？睡不够八小时怎么样？对人的身心健康有无不良影响？睡不好或者睡不着该怎么办？不眠或失眠对于心理是不是也会有影响？这些问题许多人都很关心。

在我接触到的一些青年人当中，有不少人对睡眠时间少、失眠、不眠等等产生种种顾虑、疑惑或者感到神秘、可怕。这里一个重要原因，就是他们不太了解有关睡眠的基本知识。所以现代心理健康专家们向人们提出“你应该学习睡眠知识”的要求，是很必要的。

每个人都应当保证足够的睡眠。这有两层意思：（1）睡眠不可缺，这好理解；（2）睡眠要“足够”，问题就出在“足够”两个字上。

（1）睡眠和一个人的身体健康与心理健康关系很大。苏联贝蒂洛娃教授做过一个有意思的试验。她让一条小狗日夜不眠，让另外一条小狗绝食，看看饥饿和失眠，究竟哪一个更厉害。结果，绝食的狗经过25天，还能活着；而那条不眠的小狗，只活了五天就死亡了。贝蒂洛娃由此得出结论：动物不能缺少睡眠，人当然也一样。这位教授的看法，当然是应该接受的；可是她从小狗身上取得的那些试验数字，却未必适用于人类。例如，我手头的一份资料讲，西方曾有人做试验：观察连续11天不睡觉的一个大学生，结果发现他疲劳感严重，手指发颤，焦躁不安；可是他的智力却并没有显著地下降。结论是：人类即或在长时间的不眠状态下，身心都不会垮下来的。还有人也是拿狗做试验，让一条大狗11天不睡，结果它的脑细胞的颗粒几乎完全丧失，近乎人类发狂时的状态。第二次世界大战时，美国几百名士兵参加不眠试验，四天后，几乎全部掉队，实验后调查，身体没有什么异常变化，但是大脑发生了障碍。

仅仅从上面对人的两个不同结果的试验，和对狗的两个不同结果的试验，就可以发现，无论是人类也好，动物也好，在睡眠的时间上和不眠的后果上，都是有差异的，而且这种差异往往很大。正像上面讲过的那样：有的狗（小狗）五天不睡就死；有的狗（大狗）11天不睡还没死，只是脑细胞几乎完全坏死。而人类有的成人11天不睡，智力还几乎处于正常的状态；有的成人四天不睡后，大脑就会发生毛病。谈到这里，也许有人会问：到底该信哪种说法？谁说的对？我说这些试验调查的材料都对也都“不对”，都可信也都“不可信”。因为他们做试验的对象不一样，试验时的情境也不一样，因此就不能等同看待，不能绝对地画等号。

（2）有两种情况的不眠：①是“想睡不让睡”；②是“不想睡”。刚才讲的睡眠实验就是属于“想睡不让睡”的不眠，即被迫地不能由自己意志支配的不睡。和这种不睡相反的是，自己“心甘情愿”的、主观意志上根本“不想睡”的不睡。此外，由于每个人的体力和精力等不同情况，“因人而异”的睡眠时间差异也是颇为不小的。比如，德国大作家歌德、美国大发明家爱迪生、法国著名军事统帅拿破仑、俄国著名君主彼得大帝，相传他们一昼夜的睡眠时间只是4～5个小时。俄国大文豪托尔斯泰，据说他每天的睡眠时间在四小时以下。这些人不仅精力旺盛，智慧高度发展，而且几乎个个长寿（拿破仑因为囚死除外，托尔斯泰活到82岁、歌德83岁、爱迪生84岁，只有彼得大帝是53岁死去）。

除开这些“名人逸闻”外，还有被英国报刊宣传为创世界不眠最高纪录的英国一个名叫威斯顿的妇女，她在1977年不眠449个小时（合18天又17个小时）；还有极特殊的个别事例，如英国有个人从1907年（当时27岁）不眠，58年后，1965年以85岁高寿死去。

上述情况说明：

（1）每个人所必需的睡眠时间，不可一刀切地硬性统一规定。睡得够不够的标准，应视每个人大脑工作能力的具体状态而定。实际上，只要在睡醒之后感到头脑清新、精神愉快，没有睡眠不足的感觉，那就可以说是睡眠合适了，也可以说就是“足够”了。因此，有些人一天只睡五六个小时也不嫌少；有些人每天非睡八九个小时，或者更多的时间不可，那也未必一定有病。不过，如果睡得过多反而头昏脑涨，那也不正常了。

睡眠的“功能”，或者说“作用”，不是消极地解除疲劳，而是积极地防止过度疲劳，不使精疲力竭。因此所谓“足够”的睡眠，并不意味着睡得越多越好，而是要睡得“香”、睡得“死”，也就是睡得要实在、深沉，使你身心两方面的疲劳得到遏止。不到八小时的熟睡，比起睡得不沉的八小时睡眠，效果要好得多的道理就在这里。

（2）不必过分地担心睡眠时间少，把睡眠少当成为一种思想负担、心理压力。现代科学研究证实，因睡眠少而产生的心理压力，远比睡眠少本身为害更大。心理健康专家向人们提出“你应该学习睡眠知识”的要求，其目的主要就是让你不要因为睡得少些而增加心理压力。

传统观念认为，青年人每天睡眠的标准时间为八小时，但是在西方社会，由于工作紧张，已降低为七小时。这样一来，睡眠的方式也就跟着有所改变，比如，抽空打个盹、中午时间小睡半个小时等等。西方社会大部分人没有午睡的习惯，有些人由于日常工作、学习和生活的忙碌，就经常在周末的白天睡一阵子。我们现在正在全力以赴地向四个现代化进军，工作、学习和生活的任务越来越繁重，有时候免不了要睡得少些，那么，打吨、小睡等“断眠”的睡眠方式，无妨可以试一试，目的就在于变换方式地恢复你的精力。

总之一句话：当你睡的时间少些的时候，完全不必为此而惊慌失措。每个人的神经类型不同，因而所需睡眠的时间和形式也便各异。有些人如果不脱掉衣裤“正规化”地睡，就睡不着；有些人只需抽空打个盹，便会精力充沛。有的人睡不够八小时便精神萎靡不振；而有的人只需酣睡六七个小时便消除了疲劳，头脑清醒地重新投入紧张的学习与工作中去。请你记住：“乐天派”的达观者，从来都不是“失眠症患者”。对待睡眠的最佳心理状态是：情绪开朗、态度乐观。

科学掌握健康睡眠

你知道现代科学对睡眠现象是怎样解释的吗？我相信当你掌握了有关睡眠的科学说明以后，定会帮助你打破对睡眠的神秘感和惧怕感。

睡眠，实际上有身体的和大脑的两种不同模式。过去，在医学上研究睡眠，采用电气生理学（脑电波和筋电图）的方法；现在，在生理心理学上，不仅用这一古老的方法，而且结合采用眼球转动的方法。这种疗法就是观察人在睡眠状态时的眼球转动、呼吸和心跳节奏的改变、面部表情的变化、身体活动以及其他生理机能的变化，然后和睡眠时候的脑电波与筋电图加以对比。

研究结果发现人类睡眠有两种“模式”（形态）。一个是“快速眼动”（REM）的睡眠；另一个是“非快速眼动”（NON·REM）的睡眠。前者是身体的睡眠，后者是大脑的睡眠。这种新的观点大约是在1958年前后由美国学者首先提出来的。于是现代生理心理学在评价正常的睡眠过程时，就不仅仅个别地观察脑波、筋电图和眼球的转动的情况，而且更进一步地采用睡眠的“多种波动描记器”了。

使用这种复合式的描记器的研究结果，发现“快速眼动”式的睡眠，乍看起来虽然真的像是在睡眠了，可是眼球却在频繁地转动着。这种睡眠脑波接近于最浅状态的睡眠，几乎就是接近于觉醒状态的脑电波。这种睡眠状态，大部分都会做各式各样的梦，经常是有梦的浅眠。婴儿的睡眠的这种“快速眼动”时间最长。

为什么说这种睡眠是“身体的睡眠”呢？因为这种睡眠，虽说身体保持着睡眠的姿势，消除了筋肉的紧张，可是大脑还在活动着，它只能起到消除筋肉疲劳的作用。有人做过这样一个试验：把这种睡眠的人弄醒，想要让他不采用这种模式睡觉，结果第二天反而适得其反，反倒又增强了这种睡眠的程度；而且他们的头脑尽管相当清醒，可是却表现得情绪焦躁、全身慵懒无力、睡眠不足的一些感觉。因此，可以说这类睡眠对于身体十分必要，是消除身体疲倦的“身体的睡眠”。但是，这类睡眠必须和“非快速眼动”型的睡眠相互结合起来，才是真正理想的睡眠。

“非快速眼动”的睡眠，脑电波呈现出十分缓慢的波形，是一种深沉的睡眠，是理想式的睡眠。人们一般睡眠有个大体不变的“公式”，即睡眠后不久进入深沉睡眠的状态，然后慢慢地转变成浅显的“快速眼动”的睡眠。这样来回交替，差不多每隔 90 分钟相互交换一次，每个晚上平均转换 4～5 次。如果遇到了阻碍，那么需要睡着的时间将会延长，上面讲的这种有规律的节奏，也就会被打乱、破坏。这就是说，每个人在入睡前那段觉醒时间的心理状态，和他这一个晚上的“非快速眼动”的睡眠有着紧密的关联。即你睡得“香”不“香”，“熟”不“熟”，要看你入睡前的心情是不是平静、安定。有人用上面讲述的先进仪器“多种波动描记器”做实验研究，结果发现，在实验仪器上所呈现出来的实际睡眠状况，往往和受试者本人主观上自认为的睡眠有很大的差距。很多心理疾病患者诉说他们总是睡不好，可是实际情况和他们讲的相反，反倒是意外地睡得很好。比如在医院病房里，有位患者对夜班护士诉苦说：“昨天夜里我几乎整夜没睡着。”护士却反驳他说：“您睡得很好。夜里住进了一位急诊患者，乱了一阵子，您不知道吧？后半夜刮大风，窗户被吹开了，接着一场大雨，您也不知道吧!？您觉得一夜几乎没有睡着，是因为您总是想着您夜里一阵阵偶尔醒来那会儿的时间，所以您觉得一直是在醒着。”从这位心理疾病患者（大部是神经衰弱或失眠患者）和护士的对话里，我们可以看出，很多自认为睡不着或睡不好的人，实际上并不是真的睡不着或睡不好，而往往是因为他们在心理上对于睡眠产生了过分的紧张、不安和过敏。所以说，很多失眠、不眠是心理因素所造成的。

引起睡眠的物质是什么？1913 年，法国著名心理学家亨利·皮尔隆做了这样一个试验：他把疲劳的狗的脑脊髓液注射到健康的狗脑里以后，这条健康的狗就睡起来。皮尔隆于是认为疲劳后，在大脑中有某种可以诱发睡眠的化学物质。1964 年，法国里昂大学教授朱佩做了如下的试验，他先让猫吃降血压药，猫就没有睡意，然后再给它注射血清素，这只猫就又想睡了。于是朱佩教授认为，血清素是一种和肠胃运动有关联的一种神经传导物质，它在大脑里可以微量生产，起维护睡眠的作用。日本的医学生理学教授松木淳治博士根据他的试验认为：“在睡眠状态的时候，脑里的血清素既分泌，也在消耗着。由于脑中储存的血清量原本就很少，所以夜里容易醒来的人，血清量的供应就感到不足了。”这些试验尽管都还是处在探索的阶段，但是已经开始在慢慢地解开睡眠这个“谜”。

现在可以首先肯定一点的是：睡眠和大脑有密切的关系，睡眠确实有物质基础。因此，睡眠并不神秘，失眠和不眠也并不可怕。在不远的将来，我们就可以有办法控制睡眠和征服睡眠。同时，也坚定了人们如下一个基本观点：睡眠和心理健康关系至深，你若想赢得一夜甜睡，就必须保持健康的心理。

梦是客观现实的反映

有很多青年朋友来找我，向我诉说他们被各色各样噩梦所困扰的苦恼心情。有的说，他经常做阴森可怕的梦，被一声怪叫惊醒，醒来后全身冷汗；有的说，他经常做极其痛苦的梦。醒来后泪痕满面；有的说，他经常做惊险阻挠的梦，醒来后心头还像小鹿似地在突突地急剧跳动着；有的说……醒来后梦境仍久久绕结脑中不散。这些人几乎个个都能绘声绘色地描述噩梦的情景：或者梦见自己的身体飘浮空中，上下不得，十分着急；或者梦见被恶人或“鬼怪”追逐，紧张万分；或者梦见突然跌倒，惊吓醒来；或者梦见跌进深渊，惊恐万状；等等。他们几乎异口同声地都问我：噩梦是不是预示着祸害灾难将来临的征兆？

从心理健康的角度怎样理解噩梦这个生理现象？为什么会做噩梦？做噩梦说明了什么问题？……在谈论这些青年人感兴趣的问题之前，让我们先从一般的梦讲起。

梦是人在睡眠过程中的一种正常的生理现象，做梦是人脑的正常活动，是人脑处于睡眠状态下，一定时间一定部位的兴奋活动。我们每个人，不分男女老少，身体健康的或不健康的，都会做梦，都要做梦。只是梦的数量因人而异，有多、有少；梦的内容因为人们的年龄不同、知识经验的丰富程度不同，身体健康状况不同，因而也会有千差万别。有的人醒后对梦的记忆犹新，而有的人则模糊不清或觉察不出。有些人“断言”自己从未做过梦，这是不确切的，只不过是他忘记了曾经做过梦罢了。

现代生理心理学家认为，一定数量的梦是必不可少的，因为它可以使人的高级神经活动得到松弛，从而可以在精神上起到缓冲、调剂和镇静的作用。科学家经过实验证实，如果人为地缩短做梦的时间，就会使人产生急躁和焦虑的情绪。一些生理心理学家论断，正常的做梦有利于人的智力的恢复，因为一定程度的神经兴奋，有助于神经联系的建立和巩固。

做梦被认为是人脑的一种正常工作程序，对白天所接受的信息进行去芜存菁的筛洗，有助于问题的解决。例如，俄国文学家托尔斯泰在睡眠状态时完成一首诗的构思，德国化学家凯库勒在梦中发现了苯分子的环状结构。

很多人把正常的做梦看作是一种“乐趣”“享受”“幸运”。他们不是视做梦为“苦差”，而以做梦为“乐事”。新中国成立前，我看过巴金翻译的高尔基著的《草原故事》。巴金在“小引”里写道：“据说俄罗斯人是善于做梦的。他们真是幸运儿！”南宋诗人陆放翁曾写过一首诗：“苦爱出窗午梦长，此中与世暂相忘。华山处士如容见，不觅仙方觅睡方。”这就是赞美梦可以暂时地摆脱尘世的烦扰；“不觅仙方觅睡方”的“睡方”，也是想要睡中求梦。

根据国外80年代的一份科学资料，英格兰赫尔大学有一位名字叫赫尔尼的博士，他发明了一种所谓的“忆梦机”。他让那些希望能够记住自己梦境的人，在睡觉前戴上特制的鼻夹，当这种鼻夹测量到每分钟18次左右的呼吸时（和“快速眼动”一样的次数），就表示人在做梦。“忆梦机”便向做梦的人手腕处放出150伏的弱电流电击，这样，就会和其他外部刺激一样，可以使做梦的人意识到梦，并且能够记住正在做的梦。这种“忆梦机”在西方被誉为作家、艺术家和音乐家利用他们梦中的“灵感”和创造思维的“福音”。

我不知道青年朋友看了这一段“最新科学研究成果”的报导后，有什么感想？我觉得现在科学一天天在突飞猛进，很多过去认为“离奇”的幻想，都会慢慢地实现。我也替古人陆放翁感到惋惜，他们“生不逢时”，生得太早，不能享受“忆梦机”这种美梦感应装置，否则他们一定会写出更多更美的诗句来！

做梦的内容和原因并非神秘不可测，是可以分析说明的。根据巴甫洛夫所倡导的高级神经活动学说认为，做梦是睡眠的异象阶段的产物。在反常的（异象的、特异的）睡眠状态时，由于输向大脑皮层的血流量加大，氧消耗量增强，因而使得脑神经细胞仍然进行十分活跃的代谢活动，抑制状态不深，还在处于所谓的“工作”（兴奋）状态。因而在接受来自身体内外的各种刺激的情况下，相应的记忆痕迹便“复活”起来，于是便会产生各式各样的梦境。

比如，睡眠时如果闻到香水或花香，可能会梦见自己置身在百花争艳、芳香扑鼻的花园里；冷冰放在额头上，会梦见严寒的冬天；听到滴答不停的自来水流声，会梦见淅沥不已的下雨；脸上被敷蒙毛巾等物件时，会做被窒息、停止呼吸的梦；以至于有人时常梦见狗咬腿，醒来时腿部仍然隐隐作痛，后经医生诊查，发现腿部患有疾病等等。

从上面这些描述，我们可以得出印象：正是由于来自人们身体内部的生理变化或外界刺激产生的神经冲动，会传到大脑皮层相应的神经中枢部位，从而引起神经细胞的兴奋活动，于是就会形成各式各样的梦。所以说，梦仍然是客观现实的反映，尽管梦境有时是很奇特的，但是构成梦境的一切"素材"，都是自己经历过的事物。

谈到这里，我想顺便讲一下精神分析创始人弗洛伊德对梦因的解释。他曾经写过一本最早解释梦的专著《梦的解释》。他认为，梦是被压抑的性欲的实现。这种说法是片面的，因为很多梦的内容是和性欲全然无关的。人的生活里充满了喜怒哀乐悲恐惊等"七情六欲"，它们并不是完全受生物学的本能性欲所支配的。

从巴甫洛夫对于梦的成因的解释里，人们就可以打破认为梦是神秘的观念。老实讲，巴甫洛夫对梦的解释有些古老，但是这种解释比较简单明了，也容易被理解和接受，所以现在都还根据这种理论来释梦。

现代科学采用"多种波动描记器"来研究睡眠现象时，发现"快速眼动睡眠"，也就是所谓"异象睡眠"，大部分都会做各式各样的梦。科学家经过实验证明："异象睡眠"大约80%都伴有梦；一般地讲，这种异象睡眠约占睡眠时间的20%；每个晚上，大约1.5~2个小时是异象睡眠。这和巴甫洛夫认为做梦是睡眠的异象阶段的产物，其理论依据是一回事，只不过现在的解释更加科学、具体、详细罢了。

当人们了解了有关做梦的一般知识之后，再来进一步谈做噩梦的问题，就容易理解了。

（1）经常做噩梦是心理不够健康的一种表现。做噩梦不仅会影响正常的睡眠，不能很好地恢复体力；而且噩梦醒后，轻则头脑昏沉沉，精神恍惚，全身疲惫无力，有损于身体健康，重则记忆力急剧减退，情绪沮丧，性情暴躁，不思饮食，身体会显著地衰弱下去，以至产生不适应的行为等等。因此，应该尽量防止经常做噩梦。

（2）但也不必为做噩梦而惊慌失措。做噩梦绝不是什么大祸临头或灾难、不幸的预兆。俗话说得好："日有所思，夜必多梦。"做噩梦，通常是由于白天多焦虑、恐惧、悲恸、抑郁、忧愁、苦闷、烦恼等因素所形成的。当然，也有些噩梦反映了生理上的病变。我听过有位青年人经常梦见和别人武斗，被对方用刀刺中心脏惊醒过来，后来发展到不做梦，也感到胸部痛疼，去医院检查后，发现得了心肌症。这是因为白天来自身体外界的刺激多，各种声音、光线、气味等通过眼、耳、鼻、舌等刺激大脑，身体内部的痛疼等刺激就被抵消了；到了夜晚睡眠的时候，来自身体内部的生理刺激传导到大脑，就会以梦或者噩梦的形式表现出来。

因此，做噩梦是有“来头”的，例如，睡眠时把手压在胸部，就可能会做噩梦。噩梦的内容和原因也都是可以分析、解释的。正像“种瓜得瓜，种豆得豆”那样，刺激与反应之间是有因果联系的。一定的刺激会引起一定的反应，做什么样的噩梦，都必然有什么样的原因。“噩梦应验”的说法，只能说预告你心理不健康，心理有疾病，因而就有较大的可能发生事故，并不是什么“先验”“显灵”“梦兆”使之然。

梦的内容和数量的不同，可以在一定程度上，反映出一个人的心理健康的水平。中国古书《周礼·春官·占梦》里讲梦有六类：“一曰正梦，二曰噩梦，三曰思梦，四曰寤梦，五曰喜梦，六曰惧梦。”当然，梦的内容不仅限于这六类，但这段叙述却也多少可以表明梦的种类既广泛又多样。上列的六类梦其实是三对梦，即一与二、三与四、五与六是相互对立的三对。“噩梦”和“惧梦”都好理解，显然是属于噩梦。“寤梦”的“寤”字，如照古汉语的一般解释，是“睡醒”“醒过来”“醒悟”的意思。你想“醒梦”，那不就是快速眼动的异象睡眠吗？这种似睡非睡，似醒非醒的睡眠，几乎都会做噩梦。所以说，做噩梦是古已有之的生理现象。

因此，如果你经常被噩梦所困扰，那你既不必惊慌失措，但也不要等闲视之。首先要从外界和身体内部去查找原因，然后“对症下药”，从由于接受这些内外刺激，而产生反应的心理内部去解决问题，排除形形色色的各种内心干扰，使自己的心理健康化起来。

（3）青年时期正处于生理发育旺盛，身心全面的迅速的发展时期。青年人热血沸腾，容易激动；对事物分外敏感，好思考探索；由于思想还不够成熟，人格正在完善化，因而烦恼多、苦闷多。因此，就往往会由于对一般的刺激经过主观上自我过滤后的不同感受，从而形成异象的睡珉，做噩梦。

我说偶尔地做些噩梦，其实也没有什么了不起。不管是什么梦，说到底，到头来还只是一场梦而已。因此，我劝青年朋友们不必过分计较做什么梦——快乐的梦、忧愁的梦，善梦、恶梦，反正都只是梦。从这个意义上讲，梦的内容应该是不分好坏、善恶。

做噩梦也好，如果你觉得它有趣，感到像是一部动人的惊险电视片、悲剧电视片……情景曲折、故事离奇、动人心魄、感人至深，那你就不会感到是思想负担，那你就不会怕做噩梦。日本著名精神医学家、也是研究心理健康学的有世界影响的权威人士森田正马博士，曾经说过一句耐人寻味的话："做梦是愉快的，要以做梦为乐事！"

有人说，梦见有彩色的梦会得精神病，这是毫无根据的。生理心理学家曾经做过调查：属于视觉的梦最多，其余逐次是听觉、运动觉、触觉，最少的是味觉。有些梦是重叠的，比如，视觉与听觉并存的梦。视觉梦中也有彩色的梦，例如梦见红花、蓝天等等，约占视觉梦中的1/10。

根据一些生理心理学家对梦的临床实践研究，发现人们在郁闷的时候多噩梦，相反地，心情好时，就会做愉快的梦。但是，因为人们在日常生活中，往往不太去想那些愉快、高兴的事情，而是更多地去想苦痛、悲愁的事情，所以就经常会做噩梦，对噩梦也分外敏感，记得牢，会久久不忘，铭刻在心里。因此，所谓"经常做噩梦"，也不是绝对的数字，很有可能是因为噩梦印象强烈，容易记住罢了。特别是那些神经质的人，更容易记住做噩梦。

忧郁寡欢危害心理健康

忧郁寡欢是危害心理健康的最直接的，也是最常见的一个重要原因。过度的忧虑，往往是由于一个人在精神上经受不住突发性的强烈打击而形成的。它的严重后果，甚至会使一个人在生理上极快地发生剧烈的变化。这样的事例并非罕见，最典型的例证，就是你也许熟悉的两则历史传闻故事："伍子胥一夜之间须发皆白"和"玛莉皇后一夜之间头发尽白"。

我国春秋时代楚国大将伍子胥，因为非常害怕过不成昭关关口，完不成复国报仇的大业，以致忧虑过度，一夜之间须发皆白。京剧《文昭关》讲的就是这件事。《文昭关》和现代电视连续剧《西施》里面的伍子胥，长发长须都是雪白的。"无独有偶"，和中国古代伍子胥故事遥相呼应，法国国王路易十六世的皇后玛莉因罪而被判处死刑，当她知道了这个判决的第二天，头发完全变白。

至于历史传闻是否可信，这两位历史人物的头发或胡须究竟白到什么程度，这些就不必多去考据了。不过，忧郁寡欢可以促使生理上发生病变，这倒是千真万确的事实。

一个人长期忧郁寡欢可能导致精神忧郁症。这种病的心理表现主要是：

悲观失望、情绪低落、缺少乐趣、缺乏活力，有的甚至会整日里自责自咎，严重的会产生轻生自杀的念头。精神忧郁症如若不及时治疗，任其发展下去，就会导致生理上的病变。例如，头痛头晕、心慌没劲、恶心呕吐以及长期失眠、食欲很差、体力衰退等等，过度地忧郁会使人生病。《淮南子·原道训》中写道："忧悲多恚，病乃成积。"反过来，长期忧郁也会影响心理健康，这也说明了生理和心理是相互影响、相互作用的。

苏联著名小说家，《毁灭》和《青年近卫军》的作者法捷耶夫，长期被慢性病折磨、忧郁寡欢、身心交瘁，最后神经错乱，自杀身亡。诺贝尔文学奖获得者、日本著名作家川端康成，因为盲肠炎开刀后，健康状况变坏，心情郁闷，用煤气自杀身亡。这两位大作家的自杀固不足取，但可以从一个侧面看出长期忧郁寡欢的危害性。

人们为了防止忧郁寡欢，有必要了解下面三个问题：

（1）为什么会产生忧郁寡欢的消极情绪？产生这种情绪的主要因素，来自心理上的和生理上的两个方面。

①心理因素可以导致忧郁寡欢的情况，在我国古书中有丰富记载。比如说：第一、思虑过度可以引起忧郁——"忧，思也"（《尔雅·释诂》）。第二、忧与郁密切相关——"忧者闭塞而不泄也"（《鬼谷子·权》）。所以忧与郁二字常连成为忧郁——"忧郁生疾"（《管子·内业》）。第三、忧与惧也有密切关系——"余何忧于龙焉？惧也！"（《吕览·知分》）"愁忧恐惧则伤心"（《灵枢·藏府病形》）。由此可见，我国古代学者认为：忧就是郁滞在内心的过度思虑，而又与恐惧有关联的一种复杂的心理状态。第四、忧与恼恨糅合在一起而成为"忧恚"。例如，对自己的疾病或过错等等，过度地又忧郁、又恼恨，就会使人形成"心疾"，即所谓"忧恚故成心疾"《春秋左传·杜林注释》）。

②社会因素的影响，可以使一些人罹致忧郁寡欢病症的情况，也不容忽视。例如，在阴霾密布的"四人帮"统治时期。有少部分青少年，由于个人的身世与经历的种种不幸，造成了忧郁寡欢的阴沉性格。也有一大部分青年人，由于耳闻目睹周围社会的混乱、邪恶，感到祖国、民族的命运和个人的前途，都是一片茫然不可预测，因而心情压抑，缺少欢乐。

（2）忧郁症状有哪些表现和危害？

患有忧郁症状的人，大部分都会有以下一些表现：

①在情感与情绪上表现为，长年累月地感到悲哀、绝望、无助、自疚和懊丧。他们几乎整日里无精打采、闷闷不乐；或者是彷徨忧虑，惶惶然不可终日，有如大难之将至。

②在行动上表现为，孤寂自卑，消极怕事，心理反应不灵活。不愿意

奋发有为或者是欲振无力。并经常伴随有运动功能的迟滞，动作反应时间缓慢，以至动作迟钝，“未老先衰”“身未亡而心先死”。

③在思考上表现为，不能正确地掌握自己的思维过程。有的人胡思乱想，思维杂乱无章，“思绪如麻”“斩不断、理还乱”；有的人则是思维奔腾活跃，一时收拢不住，往往会百感交集、唏嘘感伤不已。因而他们对面临的遭遇和特定的情景，难于集中意志地去思考、去分析，也就更谈不上去正确地解决这个问题了；尤有甚者，几乎完全丧失了对周围环境变化的注意力，痴呆呆地麻木不仁，无所反应。

忧郁可以使一些有才华的人沦为平庸，造成人为的失败，扑灭了他们心头中希望之火。忧郁能摧残人们的志向，阻抑人们的活动，削弱人们的能力。因此，可以说忧郁是一种极为有害的心理腐蚀剂；而且它也能使人变得过早衰老，损害人们的身体健康。

近几年来，我曾经接触过一些青年朋友，他们常常爱唠叨什么：他们“处处不如意，事事不称心”；诉说自己有“数不尽的忧伤悲哀”“难以平复的心灵创伤”等等，以致终日里闷闷不乐、颓然若失，对往昔悔恨懊丧，对未来悲观绝望。另外有些青年人，一方面自认为是“壮志未酬”，但却又不振作行动；另一方面把自己固守在自我编织的罗网之中，终日里庸人自扰，无力自拔。

有忧郁症状的一些人，除开上面这样一些表现和危害性外，他们还会经常表现出：对于不幸的遭遇特别敏感；而对可喜的事物却又麻木不仁。

（3）怎样消除忧郁寡欢的情绪？

①当遇到使你忧郁的刺激时，你可以想方设法地静下心来，度过“难关”。当你胜利地跨过这一难关后，那么当下次使你忧郁的刺激再来临时，你就会有经验和勇气来对付它，会逐渐地驱散腐蚀你的忧郁妖雾。

②你也应当养成克服忧郁心理的习惯。心理上的习惯力量，久而久之可以演变成为一种心理的“进攻力”“心理能量”，它会成为你战胜忧郁的锐利武器。

③心理疗法中的“休闲疗法”和“音乐疗法”等，对于“医治”忧郁也是切实可行的有效方法。尤其是“音乐疗法”，对于消除忧郁，效果十分显著。我国当代已故著名经济学家孙冶方，生平喜爱听贝多芬的《英雄交响曲》。直到他重病卧床不起时，还在听这部震撼人心，激励人们昂首挺胸、阔步前进，不肯向“命运”屈服的交响曲，因而给他添加了向死神挑战的勇气和力量。

保持愉快情绪

有谁不希望自己情绪愉快呢？这可以说是心理健康的正常人的共同愿望和正当要求。可是，究竟什么叫愉快的情绪？为什么会产生不愉快的情绪？怎么样才能经常地保持愉快情绪？这些很有必要从心理学的角度加以探讨。

简单说，情绪是人们对客观事物的主观态度和体验。所谓愉快和不愉快，都是具体的某个人对客观事物的主观态度、体验或评价。从这个简短定义中，可以得出以下几点看法：

（1）人们的情绪是复杂多样的。既然情绪是客观事物作用于人的主观上的某种精神反应，那么，由于客观事物是十分复杂多样的，所以每个人的情绪，也必定相应地十分复杂多样。古语所谓的“七情”：喜、怒、忧、思、悲、恐、惊，正好表明了人们对周围现实世界的形形色色的不同态度和体验。

每个人在他的一生当中，可以说年年、月月，甚至天天都会有笑也有哭，有喜也有悲。比如说，由于成功和失败、顺心和不顺心等等的不断交替更换，也就必然地会产生愉快或不愉快的不同情绪反应。当人们面临犹如“万花筒”般迷离纷纭、变化多端的大千世界时，应当尽力争取持久地保持一种积极的、愉快的、舒畅的情绪。因为只有这样，才可以更好地适应现实，进而改造现实。

（2）人们的情绪是变化发展的。每个人的情绪都不是一成不变的，它会随着时间、地点等条件的改变而改变着，这在日常生活中，可以经常地碰到。

例如，烈日当空，口干舌燥时，一杯白开水入肚，就会给人带来莫大的愉快；但是，当你“一口气”地喝足了汽水，又吃够了西瓜后，再强迫你喝杯白开水，就会引起不愉快，甚至感到痛苦。

这种“渴思饮、饥食餐”的低级的本能式的情绪，尚且是不断地发展变化着，那么，高尚的道德情操，也就更不是绝对地一成不变的了。比如说，很多革命英雄人物在敌人的严刑拷打下，尽管疼痛难忍、口干舌燥，但是，他们在敌人送上一杯水的诱惑下，也绝不屈服投降。他们用意志力控制了“渴思饮”的心理需要，生理上的体验尽管是不愉快的，可他们心理上的感受却是崇高的，愉快的。

上述两件事例清楚地告诉人们，对愉快和不愉快的态度与评价，是会因人而异的。有些人觉得“愉快”的事，对另一些人来讲，可能会觉得“不愉快”；反过来，有些人觉得“不愉快”的事，对另一些人来讲，又可能是感到“愉快”的。比如说，对于一些体育爱好者来说，长跑、冬泳是感到愉快的身体锻炼项目；而对不是体育锻炼爱好者来说，可能是些望而生畏的苦事。有些人觉得读书、写字、钓鱼、集邮，其乐无穷；另外一些人，可能感到索然无味。同样，有些人以助人为乐事；而有些人则以助人为苦差，觉得给自己增添了麻烦、浪费了时间等等。有些人一心向往、追求吃喝玩乐，以此为“乐”、以此为“荣”；而另外的大部分人们，却以“天下兴亡，匹夫有责”为己任，为振兴中华、祖国腾飞而勤勤恳恳地努力奋斗，并以此为最大的快乐和最大的幸福。

除此以外，也有另外一种情况。同样一个人，过去胡作非为，并以此为乐，有的甚至由于为非作歹而被送去劳动管教；后来，他们幡然悔改，改变了“苦乐观”，劳动积极、工作肯干，有的甚至有所发明创造，成了先进分子或模范人物。他们对愉快或不愉快的理解，前后相比，大为不同。

从这里可以看出，人们能够控制（保持）自己的情绪。因为愉快和不愉快，在很大程度上，是既可以由每个人自己来诱发、引起它；也可以主观人为地驾驭、调节它。

情绪因“时”而不同，可谓情绪的“时间性”；情绪又可因“地”而不同，可称之为情绪的“位置性”。这些都说明了情绪全然是一种主观的态度、体验或评价。除了这些以外，情绪还可以因为主观态度、体验或评价的不同，表现为另一种“空间性”的特性。比如说，当你赴约和你的女友相会时，你觉得等车的时间不仅太“长”，使你感到不耐烦，而且等车和坐车，对你讲来，也毫无愉快之感；但是，当你和女友欢聚一起，情话绵绵时，你会感到相聚时间不仅太“短”，使你感到惆怅，而且你俩山南海北地不论谈论什么，都会使你感到无限愉快。

所谓情绪的“位置性”，是指对于情绪来说，你就是你，而不是其他任何别的什么人，你的情绪态度、体验或评价，总是属于你自己的，而不能代替、代表别人的情绪体验、态度或评价。当然，同样的，别人的情绪也不能代替、代表你本人的情绪。比如说，你也许会觉得，今晚“深夜花园里四处静悄悄，树叶也不再沙沙响，夜色多么好，令人心神往，多么幽静的晚上”。那是因为，你正处在“我心上人坐在我身旁，两眼望着我不声响，我想告诉她，却又不敢讲，多少话留在心上”的情境缘故。（引号中的两段词，是《莫斯科郊外的晚上》歌曲中的两段歌词）可是，对于另外一些人说来，同样“静悄悄的深夜”“幽静的晚上”，他们也许因为这一夜过去之后，明天清晨起来，就将面临关系重大的一场严峻考试，正十分焦急、烦躁不安；也许有的人，亲人今晚正在手术台上作危险性很大的复杂的大手术，因而使他焦虑、恐惧、忧郁。你想，这些人能够像上面讲的那位正在谈情说爱者那样，会感到“夜色多么好，令人心神往”吗？

（1）引起不愉快的因素是很多的，主要来自两大方面：

①来自客观方面的原因。其中主要有：

社会文化背景的影响作用。比如说，西方广大青年，由于国内政治形势和经济形势的动荡不定以及接受颓废没落的文化思潮侵蚀等原因，心情苦闷、忧虑不安，对未来失去信心。如若他们本身再遭到贫困、失业等的打击，就会感到前途不可预测、惶惶不可终日。1980 年 5 月 28 日的美国《华盛顿邮报》上，刊载了一篇精神病学专家撰写的文章，其中讲道：“经济困难往往使人的意志消沉，心情极为颓丧和愤怒。在一些极端的事例中，它甚至可以导致发生家庭暴力、酗酒和自杀。”这篇文章的结论是：“由于通货膨胀，引起越来越多的人患精神忧郁症。”你看，这不就清楚地说明不愉快的情绪，是有它深刻的社会文化背景原因吗？

个体机能状态的影响作用。有些人因为患有生理疾病，也可以引起痛苦的不愉快的情绪。例如，有很多肝病患者，常常会因为食欲不振、精神萎靡，而引起忧伤情绪；也有很多心脏病患者，常常会因为心脏剧跳、心慌，而产生恐惧情绪；有很多妇女在月经前期往往会因为头痛、腰酸、水肿等不适，而带来易怒、忧郁，乃至狂暴行为，等等。

这些事例，都说明一个人的生理状态发生障碍，患有某种疾病后，就会相应地在不同程度上出现种种情绪上的不愉快。

②来自主观方面的原因

主观状态起重要作用。上面讲的引起不愉快的客观因素，由于主观状态不同，不愉快的程度和性质也大为不同。比如说，生理上的疲倦本身，固然能引起人们的种种不愉快的情绪，但是，有些人因疲倦而引起的精神烦恼和心理压力，比起一般人来，可能要更强烈些、持久些，因而也就更容易把精力大量地消耗掉。例如，幼儿的哭闹声干扰你的学习，固然会使你心烦意乱；但如果你不去努力地克制自己，反而对幼儿大叫大嚷、痛加申斥，这样，你就会更加激起不愉快的情绪；如果幼儿由于你的大叫大嚷的干涉，而变得更加哭闹不休，这样一来，你能不更加烦躁吗!?

这就清楚地说明，有很多你本来应该克制的、也是可以克制的不愉快情绪，由于你自己的暴躁发火，也就像“火上浇油”似的越来越激化起来了。

主动排除不愉快情绪的必要性。根据上面的论述，人们应该尽量排除不愉快的情绪，保持愉快的情绪。很多心理学上对情绪的测验证实：当一个人情绪好的时候，往往会精神振奋、干劲倍增、思维敏捷、效率提高；反之，当一个人情绪坏的时候，就常常会无精打采、思路堵塞、懒洋洋地、效率下降。

因此，必须正视不愉快情绪的危害性。所有的心理健康工作者们，几乎毫无例外都呼吁人们要重视、并认真对待不愉快情绪的坏影响和恶劣的作用。例如，美国哈佛大学教授，当代著名精神病专家乔治·E·维特兰，在他的1980年研究报告中就告诫人们：精神舒畅可以使人身体健康，使人衰老得较慢等等。

没有使你愉快的“灵丹妙药”。一位青年朋友问我：能不能请研究心理健康问题的专家，给我们开出一个“药方”，罗列几项“灵丹妙药”，使大伙能在一夜之间就变得心情由不愉快而舒畅起来呢？我说：坦率地讲，这是很难做到的！

在这本书里，我将介绍一些行之有效的“心理治疗方法”。但所有的心理疗法，都不是妙手回春的“偏方”，它只是帮助你加深了解自己，帮助你有信心地去对付、处理和解决心理问题。

请你不要抱怨，为什么在指导心理健康上，直到现在还没有出现华佗那样的“神医”？我可以向你老实地交底，在诊断和医治心理失常和心理疾病这门科目上，是永远也不可能出现你所希望与期待的那种“神医”的。因为“解铃还需系铃人！”绝大部分的心理失常和心理疾病的医治，主要还是要靠每个人自己去解决。了解自己内心隐秘的，莫过于自己本人了，再高明的心理健康专家，如若失去“患者”的协助、配合，也是要陷于困窘的境地的。

当然，也许有某一位心理健康研究工作者，或者医学心理学“专家”、精神病学“专家”，自称是、或者被别人吹捧是华佗似的“神医”，那我就要提醒你：谨防上当受骗！

（2）怎样才能经常保持愉快的情绪。笼统讲来，应注意下述两点：

①用理智调节情绪。一个人能否永远地保持清醒、冷静的头脑，用理智来主动自如地控制、支配自己的情绪，不做情绪的奴隶，而做情绪的主人，是心理健康与否的一个重要标志。

青年人何以能够头脑敏捷地善于适应周围环境？为什么能够具有改造社会的革命进取精神？说到底，就是因为他们的思想意识有能动的作用。列宁说过，“人的意识不仅反映客观世界，并且创造客观世界”；毛泽东也阐述过同样地深刻道理：“思想等于是主观的东西，做或行动是主观见之于客观的东西，都是人类特殊的能动性。这种能动性，我们名之曰‘自觉的能动性’，是人之区别于动物的特点。”

这两位革命领袖讲的是，人的心理是有意识的心理，而意识具有能动性和创造性的特点，动物虽然也有心理活动，但它却是没有意识的心理，它们不能控制、调节自己的情绪。

因此，任何来自身体内部或外部的情绪性刺激，人们通过大脑这个自我调节系统，都可以进行加工处理，然后表现为有调节的行为活动。可以说，任何一种引起愉快和不愉快的情绪因素，作为一种刺激，都要经过每个人大脑的筛选、调节、加工、处理后，方能产生反应。

有人曾问我，为什么同样的刺激，对于“性格”不同的两个人，会产生不同的反应？我告诉他，这个“奥妙”就在于因刺激而产生反应时，要经过具体人的大脑这个“中间环节”的自觉能动作用。因而，人们往往会看到，并不是一定的刺激、必然地会产生一定的反应这样一种“怪”现象。比如说，同样的“皓月当空”，不同的人面对这个皎洁的月亮，却会产生截然不同的心理反应。热恋中的一对情侣，可能感到夜色美好，心情舒畅；饥肠辘辘的流浪汉，可能无动于衷，甚至会把银盘似的圆月，想象成是可口的烧饼；而那些失恋者、失去亲人的人、或者是遭受到其他种种不幸的人，对于明月会毫无觉察，甚至会反而增添他们的忧伤、悲愤、厌恶、嫉妒等等不愉快的情绪。

所以，要想经常保持愉快的情绪，就得用理智来调节自己的情绪。

②树立远大志向。从心理健康学的观点看，人们很多不愉快的情绪，是“自寻烦恼”的结果。

一个心理健康的青年人，永远正视现实，不管现实对他来讲是否感到愉快；一个胸怀开阔、乐观开朗的人，不愉快的情绪总是比较少。这是因为他们往往不太计较个人得失，把名利看得淡薄些，因而，容易避开种种不愉快情绪的侵扰。

心理健康的青年人，有高尚的志向理想、有远大的奋斗目标。他们把“天下兴亡，匹夫有责”，作为个人生命的整体认识和根本态度，因而不会因为今天遇到一件不顺心的事情，就悲观失望，甚至想轻生自杀，也不会因为明天可能碰到一桩称心如意的事，而快乐得意到要发狂。他们能让自己的情绪，按照正常的轨道前进、发展。

在国外，很早以来就流传着一句格言：“我是我心灵的主宰！”这句话的原文是：“I am the captain of my soul!”这里的“captain”一词，就有“船长”之意。我衷心地祝愿青年朋友们，掌握好自我情绪之舵，乘风破浪，做一名时代的改革者，而不要随俗浮沉，一味消极地只是以能适应社会而自我满足。不要让不愉快的情绪腐蚀你的心灵！

情绪激动诱发疾病

1977年深秋的一个夜晚，一辆白色急救车，响着令人心颤的急促铃声，风驰电掣般地开进某大医院的急诊室。抢救无效，病人停止了呼吸，死亡单上填写的死因为“心肌梗死”。其实，病人平素心脏健康，从来没有过什么心脏病的迹象。

病人是我熟悉的一位俄语老教师（为了悼念死者，不必直呼其名，咱们就叫他老马吧）。老马因为在“文革”期间用俄语和一些苏籍教员议论街头大字报，被“造反派”扣上“里通外国”的罪名，隔离审查，身心受到严重摧残。后来我了解到，他在死前曾对过去对他的逼供信产生过极度的愤慨，加上老母突然病故的噩耗，引起了他的极度悲恸，这一连串强烈刺激交织在一起，使得老马心身尽瘁。因此，老马的死并不是由情绪和心脏疾病同时引起的，而是单纯由情绪剧烈波动使之然。

老马之死表明，情绪过于激动可以作为“单项变量”而造成死亡。这种病例在国内外都有记载。“不要太激动了，你有心脏病！”这是人们的通常见解。其实，没有心脏病的，情绪也不要过于激动。否则，也可能导致猝死，老马就是一个例证。医学心理学家经常叮咛人们，在日常生活中不要情绪过于激动。当发生人际关系冲突的时候，当受到不公正的待遇、亲人死亡或者事业失败等等意外的心理打击的时候，更需要分外留意克制自己的情绪。甚至夜里经常做噩梦的人也要设法改善睡眠状况，因为在医学史上有过由于极端恐怖的噩梦而大吼一声致死的病例。

由于情绪过于激动，而诱发一些疾病，甚至造成死亡的事例，也并不鲜见。一些心脏病、高血压患者尤其不可过于激动。1981年10月19日夜晚，中国足球队对科威特足球队的比赛结束后，一位观众心脏病发作，歪坐在看台上死去；同年11月，中日女排赛后，有9名心脏病人病情加重，其中二人抢救无效死亡——他们发病的诱因都是情绪过分激动。

“大怒可以使人昏厥”，这是中国古医书《内经》提出的警告。一个人如若过度地气愤、发怒时，往往会昏倒过去，这也就涉及情绪激动的生理基础问题了。

情绪过于紧张，比如暴怒、恐惧、沮丧等等强烈的刺激，可以使人产生一系列神经上的和内分泌方面的改变。例如，交感神经兴奋、儿茶酚胺释放增多、肾上腺皮质和垂体激素分泌加快、胰岛素逸出减少等等，从而促使心跳加速、血压升高、器官缺血、组织损伤。这样就会最终形成各种危害机体的生理疾病，甚至死亡。

中医强调“内伤七情”（喜怒忧思悲恐惊）是人体发病的主要原因之一，并且指出，情绪过于激动，将会影响内脏的活动，从而产生病理变化。《黄帝内经》里写道：“愁忧者，气闭塞而不行；盛怒，则迷惑而不治；恐惧者，神荡禅而不收。”讲的就是这个道理。暴怒会引起面色发白，四肢发抖，甚至昏倒；一般不太厉害的发怒，也会使人不想进食。同样的，高兴过度、大笑不已也会觉得全身软瘫无力。

现在医学心理学研究证实，人的情绪在高度紧张状态下，会触发肾上腺大量分泌出肾上腺素，出现呼吸加速、加深，心搏加快，血压增高，血糖增加，血液含氧量增加的情况。这是经过现代化科学技术探查的结论，它进一步论证了我国古代医学讲的情绪过于激动的生理机制。

可以说，情绪几乎参与人们的一切活动，情绪对人的行为活动起着巨大的调节作用。积极的情绪体验，激励着人们进行创造性的探索。心理学认为情绪是对客观刺激的主观反应，由于周围环境中引起情绪反应的刺激是形形色色的，而且是发展变化的和连绵不断的，所以，一个正常的人经常有欢乐、悲哀、愤怒、恐惧等等。这些都属于正常情绪的范围。

正常情绪一般来讲，具有三大特征：

（1）事出有因。人们通常都能够清醒地意识到，自己的情绪表现是由一定的原因所引起的。正如“久旱逢甘雨”“他乡遇故知”“洞房花烛夜”“金榜题名时”都会引起人们极大的欢乐，所以人世间的七情六欲都是有着一定的原因的。

（2）表现恰当。一定的刺激会引起一定的情绪反应。反应和刺激应当相互符合，情绪的发生应当和生活环境及其产生的刺激相符合，正如成功会带来喜悦，失败会带来痛苦那样，该高兴的就高兴，该悲哀的就悲哀。而且，该大笑的时候就大笑而不是微笑，该大哭的时候就大哭而不是小泣。

（3）适可而止。情绪表现的持续时间和强烈程度都应恰当，不能无休止地没完没了，也不能过分强烈或者过于淡漠。尽管每个人的情绪反应的长短和大小强度不会相同，但是情绪反应持续时间，是由刺激的性质和对本人的重要程度如何而定的。强烈程度虽然决定于诱发情绪表现时的当时情景，但是每个人总会有理智地加以调整，能够收发自如、主动控制。如果像《儒林外史》里面范进那样，得知金榜题名而纵声大笑不已，情绪反应时间过长、强度过于激烈的话，那就是病态心理的反映。当然，如果像有些人那样压抑情绪，过短地戛然停止或过于微弱地表现情绪，也是心理失常的表现。

那么，有哪些不正常的情绪表现呢?

如果一个人总是情绪过于激动，而又任其发展下去的话，那就会形成心理学上所说的易兴奋性，或者叫做易激动性。这种激动性是一种个人对现实刺激作出超逾其分的、不适当的病态性反应。

从临床诊断上看，情绪激动性患者的发作程度和发作性质，有极大的差别，往往表现为两极现象。一种类型是，大部分患者终日唠叨，对日常发生的细微琐事，也深感不耐烦，时时口出怨言，表示不满。另一种类型是，有少部分患者，往往对于无关紧要的事情，产生过分强烈的激动的反应，容易惹是生非，这些患者大部分是属躁狂型的人。

在日常生活里，如果仔细留心观察，你也许会发现有些人有下面这样四种不同的情绪表现形式，这些都是情绪失常的表现。①不当型。在和别人谈论悲惨事件时，会纵声大笑，对很平常的事情，会极度兴奋、激动，或者是惊慌失措等等。②欠缺型。虽然置身于极端悲惨的情境，竟然无动于衷，对外界的情绪刺激，一律保持淡漠浑噩，缺乏相应的情绪反应。③矛盾型。在同一个时间、地点和条件下，接受同样的情绪刺激，忽而哭，忽而笑。④僵化型。和矛盾型的情绪反应相反，情绪刺激虽然变化不同了，但情绪反应却固定不变。

以上这四种情绪异常反应比较少见。一般常见的情况是这样：情绪失常的人往往对于一些能够引起情绪反应的刺激，表现得无动于衷、冷漠无情；可是一旦他们的情绪真的发生反应的时候，就会走向极端，表现反常，往往会对一些很平常的事情，表现得狂喜狂忧、极端兴奋或者是惊慌失措，而且又常常是难于自我控制，以致行为失常。

为了保持心理健康，首先要保持情绪的稳定。积极的情绪是激励人们进取向上的动力；而消极不当的情绪，比如过分的激怒、忧伤和恐惧等比较强烈的情绪，假若经常发作，那就会和积极情绪相反，会使人们的情绪激荡、紊乱，甚至会引起身体发抖、语无伦次、动作失调以及身体内部消化停滞、血压增高等等有害的生理变化。因此，我们要善于控制、把握自己的情绪。当然，控制情绪，使情绪稳定，并不意味着生硬地压抑自己的情绪，该哭的时候还是要哭，该笑的时候还是要笑。但是，切切不可过喜、过忧和过怒。过于兴奋、过于忧伤和过于激怒都可能变成疾病，甚至可能造成难以挽回的后果。

我这样讲，毫无“危言耸听”的意思。《岳飞传》里的武将牛皋，几次和侵略中原的主帅金兀术交战失败，最后一次交锋时，把金兀术打落马下，牛皋骑在他身上处死金兀术后，仰面狂笑不止，当即乐死在战场上。这不就是过喜可以置人于死命的典型事例吗?!《红楼梦》里面的林黛玉，父母双亡、家道中衰，寄人篱下，终日里忧愁郁闷，后来又因为得不到知音贾宝玉的爱情，忧郁成疾、饮恨而死。这不就是过忧可以置人于死命的典型事例吗?!《三国演义》里的周瑜，自恃才高，和诸葛亮进行过三次智力较量。在最后一次较量时，周瑜不顾客观条件，骄横跋扈地围攻荆州，因战略失利，惨遭失败。周瑜明知自己的才智不如诸葛亮，但却又不肯认输，在盛怒之下，连叫数声“既生瑜，何生亮!”吐血数斗而亡。这不就是过怒可以置人于死命的典型事例吗?!

青年朋友们，不可不提高警惕啊!

狂躁经常和忧郁相伴发作

从病理心理学的角度来看，“躁狂”和“忧郁”，都是因为在情绪上出了毛病。如果一个人长期连续地在情绪上动荡不定，就会引起躁狂或者忧郁。这是因为他（她）的生命节奏发生了故障。病理心理学把躁狂和忧郁统称之为“情绪失调症”。

躁狂表现为一个人的情绪经常处于高昂的状态；相反地，忧郁则表现为一个人的情绪经常处于低落的状态。躁狂经常和忧郁相互伴随，或者相互交替地发作，精神病学专家们把它们合称为“躁郁病”（躁郁性精神病）。

齐同（又名“高滔”）在小说《新时代》里，有一段描述生动形象地介绍了一个躁郁症患者的表现：“他很急进，处处都嫌人家太右，只有他才是极左的；等到风暴起来的时候，只要他在里面看出一些缺点来，于是就悲观起来，对于现实便难免持着一种失望的态度。也许因为常换口味，也就常常腻烦，结果什么都不高兴。这种人可以说是时代的忧郁之虫，他到处扒搔着，结果别人因为胜不过忧郁的腐蚀，起来战斗了，那忧郁便只好留给他自己去咀嚼。其实他还不失为好人。不过，太动摇了，有时还能牵着人跟他动摇下去。……对什么都没有信心的就是这种人，像小孩玩玩具一样，欢喜一过，什么都不爱，渐渐便要毁掉了。他自觉是走在前面的，不错，在某方面说，我们也承认；但有时他就会把事情弄得十分混乱！总之，这样的人是太容易兴奋，也太容易沮丧的。”

你看，齐同所描写的这位主人公，无疑的是一位三四十年代动摇的、革命性不彻底的小资产阶级革命者，但是咱们若是从心理疾病的角度来剖析，他无疑的是躁狂症加忧郁症的双料患者。

有人统计，在西方社会，躁郁病患者约占全部精神病患者的10%～20%；美国在70年代大约有600万人患躁郁病，其中人口密度较高的地区，躁郁病的发病率为0.5%。另外，在知识阶层和社会上层人士当中，躁郁病患者比较多，这显然是和脑力劳动以及伤脑筋的激烈竞争有关系。同样的，文化水平较高的民族患躁郁病的比较多，未开化的民族患躁郁病的比较少；在性别上女性比较多；在年龄上20～24岁的最多，其次是50～54岁。忧郁比狂躁要多上6～7倍。

躁郁病固然有遗传的原因，但主要是由于心理原因所造成的。据说英国首相丘吉尔在第二次世界大战时，患躁郁症。为了避免忧郁，丘吉尔喝酒过度，引起了中风病。丘吉尔这位资产阶级大政治家患躁郁症，难道不正是由于内外交困、战争风云密布的心理原因所造成的吗？

（1）躁郁病有下面一些特点：

①大多数的患者有周期性的发作，即经历一个正常→病态→正常→病态的时好时坏的过程。在正常的时候和一般普通人一样，看不出什么缺陷。如美国佛罗里达州有一位29岁的妇女，她有好几个星期或者好几个月是正常的；在此期间里，她的心情很愉快，和正常人的表现完全一样。但是，她又会持续几个月不断哭泣，感觉身体没力气，陷入忧郁的状态；在此期间里，她常常情绪低落，甚至想自杀。不仅这样，她也会持续几个月陷入躁狂时期；在此期间里，她活跃到了使人感到可怕的程度。例如，她能够精力充沛地一天工作18个小时（她在报社工作）；同时显得十分活跃，谈话滔滔不绝，疯狂地抢购不必要的物品，无节制地饮酒，芝麻大的小事也会引起暴怒，以至于她所有的朋友都想避开她。

②这种病治好后，不会留下什么后遗症，不会变得痴呆。

③单纯的忧郁病，如果经过一年多后仍然持续不好，那就有可能和其他器质性疾病并发，也应该查一查可能还存在着某些心理上的压力尚未消除。

（2）躁郁病有病因

诱发躁狂病的病因，至今尚无定论，而忧郁病的病因则比较明确，现在公认有几个方面：

①由患者的特有的性格所造成的。躁郁病患者，在性格上几乎都是属于固执的性格。他们不像正常人那样，感情可起可伏、可热可冷，而是感情一旦爆发，就长期持续下去，而且越来越强烈；干起事来很起劲，显得坚决彻底；有强烈的正义感和责任感，能够博得别人的尊重和信任；很适合于发明创造。

但是，这种性格的人如果把强烈的正义感、责任感向谋求自己权利的方向发展下去，就会变成容易闹纠纷的人、狂热的人。躁郁病的发病，往往是这种倾向起着重大的作用。有这种性格倾向的人，在情感非常兴奋时，本应好好休息一下，但是他们却会“鞭打”自己继续干下去，于是疲劳过度，躁狂或者忧郁起来，变得对什么事也不感兴趣了。

②和发病时的情境有关联。容易诱发忧郁的原因，对女性说来，大都是因为围绕像搬家、生孩子、配偶的死亡、孩子结婚等具体家务问题；对男性说来，大都是因为工作调动、职务的升降等等工作问题。至于由各种身体疾病、工伤事故、近亲者的死亡等原因所引起的忧郁，不分性别，男女都有。

躁狂病在情境性方面的病因的研究比较薄弱，但是可以肯定的，有经济上的困窘、搬迁、工作调动、近亲者的死亡、身体疾病、事故外伤等等。有些人提出季节的变换、内分泌系统的变化、以至于生活常规的被打乱、来自外力的压迫和强制等等，也可以引起此病。

躁郁病很多是发生在同一个家族系统里。研究报告指出：躁郁病患者的子女，约有24%，都同样患有躁郁病。可是，相比之下，躁郁病在一般正常的成年人当中，发现率却仅仅为0.4%。由此可见，躁郁病有遗传的可能，但却不能由此而断定说，躁郁病完全是由遗传决定的。对双胞胎的研究证实，同卵孪生儿（一卵性双生子）的发病率虽然是高达50%～100%，但异卵孪生儿（双卵性双生子）的发病率却低到30%甚至更少。这种情况有力地驳斥了那种认为躁郁病完全是由遗传决定的观点。

躁郁病是情感病，是大脑的情感中枢机能失调所造成的。最新的生物学研究认为，大脑视丘下部和边缘系统机能有关联的“胺”代谢，如果产生了异常现象，就会引起躁郁病。国外有位名字叫做希尔德克劳特的生物学家，他经过多年的实验研究，认为躁狂病是因为体液中的“儿茶酚胺”增加，而忧郁病则是“儿茶酚胺”的减少。

对于躁郁病的生理机制以及生物学上的因素，还有其他一些不同的解释，这里不再一一列举。总而言之，躁郁病并不神秘，也并不可怕，只要找到病因，就可以“对症下药”收到好效果。

由于躁狂和忧郁两种病症经常并发，所以在类型上又可以区分为：①定型的躁狂状态；②定型的忧郁状态；③非定型的躁狂状态；④非定型的忧郁状态四大类。

现代精神医学发展得很快，临床经验证明，在心理疗法的配合下，躁郁病已经可以在比较短的时期里治愈。20多年以前，躁郁病只能靠“电击疗法”治疗的时代，已经一去不复返了。现在只有对兴奋性的躁狂病患者，在他们拒食、抗药特别厉害的情况下以及在忧郁病患者处于严重昏迷状态的时候，才偶尔使用电击疗法。

目前，治疗躁狂病患者和忧郁病患者的特效药，已经有很多。临床经验充分证实，在使用这些药物的同时，辅助以心理疗法，那么，无论是躁狂病或者是忧郁病，都是完全有把握地在短期内治愈。因此，对躁郁病不必存什么可怕的想法。我认识的一位内科医生，用“持续睡眠疗法”，给患有忧郁病的病人服用大剂量的安眠药，让他整天处在睡眠的状态，结果都治好了。

心理疗法对于治疗躁郁病，是一个很有效的辅助疗法。这种疗法是指心理学上的一种不用药物治疗的、医治心理疾病的治疗方法。它通过开导、劝告、建议、咨询等谈话方式，和心理疾病患者相互交谈，增进彼此间的了解和信任。因此，在进行心理疗法的时候，首先要注意取得患者的信任；同时，帮助患者消除认为得了躁郁病是羞耻的想法。《费雯·丽传》里说：“费雯一直把唐纳奇医生看作恩人，只有他善意地对她说过：‘你病了，我可以帮助你。’因而费雯十分信任他。”这位演员临终前的伴侣杰克也安慰她说：“为什么你要感到羞耻呢？你为多少患有这种病的人作出了榜样，只要想到你在和疾病斗争的期间，还获得一次又一次的成功，我相信所有的人，都会从你身上得到鼓舞和力量。”

唐纳奇医生和杰克对待费雯·丽的充分尊重和信任以及他们对她的诚挚的关怀，对费雯·丽的躁郁症产生了很大的疗效。

防止和克服易爆易怒的情绪

“睁圆怪眼，倒竖虎须；性如烈火，咆哮如雷；怒从心上起，恶向胆边生；手持双斧，不问青红皂白，劈头便砍；”这段文字是《水浒传》对绰号“黑旋风”李逵这位梁山好汉的性格特征的生动描述。李逵由于暴躁易怒，在我国心理学上几乎成为“胆汁质”气质（脾气、性情）类型的典型。

我国古代医书《内经·生气通天论》中说：“阴不胜其阳，脉留薄疾，并乃狂。”这就是说，大脑的兴奋作用若是超过抑制过程，或者兴奋过程占据强大优势时，人便会狂躁。一个人如若总是暴躁易怒，那么他的大脑的兴奋过程便会占据主导地位，久而久之，就会罹致狂躁病。

根据美国1984年的一份医学小资料：美国有一位医生经过25年的研究

发现，脾气暴躁的人比一般人患心脏病的比率要高出五倍，死亡率也比一般人要高得多。他对美国芝加哥地区 1900 宗病例的分析，发现多数心脏病患者，在他们发病前脾气暴躁，发病后又难以控制自己的暴躁情绪。这位医生的结论是："心脏病患者，不能只靠药物治疗，更重要的是心理治疗！"

上述例证说明，暴躁易怒对心理健康极为不利，对身体健康的危害性也很大。因而有必要探讨一下：从心理健康学上看，为什么有些人容易暴躁易怒？应该怎样从心理健康上防止暴躁易怒？

根据临床观察，暴躁易怒的心理原因大体上有以下几个主要因素：

（1）由于受到某种恐吓而激怒。即为了心理自卫，往往用暴怒的形式向这种恐吓进行反击。例如，当父母迫使子女服从自己的意志，否则就以断绝父子或母子关系相威胁时，子女往往以盛怒相对抗。

（2）由于某种有目的的意向活动受到阻抑。为了排除这种心理障碍，从而激怒起来。比如，早已安排好去旅游，但却被家长坚决阻拦反对，于是就会大发雷霆。

（3）由于外界的某种刺激干扰，妨碍正常的思考活动，使得心情非常烦躁。比如，正在紧张地准备应考，邻居大声放录音机，使得他心慌意乱，紧张性增高。这种情况每每在集中精神工作、学习或休息时，更容易引起"火冒三丈"般的愤怒。

当然，也并不是所有的人都会因为上面这三种原因，而轻易地暴躁发怒。这三个因素都不是因果关系性质的必然规律。这当中，还有一个思想意识修养的问题。

读者也许会问："暴躁"和"烦躁"是否有区别？实际上二者并不是一回事，但是它们也有一定的联系。区别在于：它们在强弱的程度上有差别，暴躁的力量强，烦躁的力量弱；联系在于：从弱到强地日积月累后，会引起量变到质变的演变发展，即烦躁有可能发展成为暴躁。因此说，容易烦躁的人也不可掉以轻心，误认为自己只是烦躁而已，和暴躁并不沾边。

然而，为什么在同样的情境下，有的人可以克制自己不发脾气，而有的人却"点火就着"呢？为什么有些人练就了"闹中求静"的本领，而另一些人容不得周围环境中的窃窃私语呢？

我可以毫不迟疑地说，这和一个人的文化教养以及思想意识的锻炼、熏陶有密切关系。幼年时起被家人娇惯的人，易于形成暴躁易怒的性格，这就表明了脾气、性情和一个人的社会文化背景、家庭教养态度与教育方式等密切相关。

人类有"习而安之"的适应能力。生理心理学把它叫做"可塑性"。这种可塑性因人而异，每个人在可塑的程度大小上不尽相同。这主要是由于家庭、学校、职业、社会环境的熏陶和训练不同所造成的。因而，暴躁易怒这种气质特点，并不完全是与生俱来，由先天所决定的。而且，每个人的气质，在后天生活环境条件下，又是可以改变发展的。实际上，气质的变化主要决定于人们的生活方式、所接受的教育方式和教养态度以及行为活动的内容与性质。例如，一个看来“生性”软弱、优柔寡断、逆来顺受的人，经历了转战南北、驰骋疆场之后，会成为一个威武刚毅、当机立断、敢于反抗、叱咤风云的军事指挥家。同样的，一个精力充沛、热情洋溢、“生性”耿直、行动敏捷的人，也往往会由于经受不住曲折坎坷的不幸打击，从而变成抑郁寡欢、萎靡不振、含蓄隐讳、行动迟钝的人。甚至这种内心的激烈变化，会影响一个人外表面貌和风度等的改变。

因此，我劝容易暴躁发怒的青年朋友们，加强思想意识方面的修养锻炼，加强自制力，遇事沉着、从容不迫、耐心谨慎。

我愿提醒青年朋友，对暴躁易怒的危害性要有足够的估计，要认真对待、慎重处理。因为对暴躁易怒的脾气、性情如果不加克制，尤其是在遭遇到不幸的打击、挫折，从而造成心理创伤的时候，往往会发展成为一种“暴躁性”人格障碍的精神疾病。有这种人格障碍精神疾病倾向的人，多半表现为情绪很不稳定，易于任意地爆发愤怒、仇恨、或暴行；在言词用语上、或者外部行动上，往往表现出攻击性的行为，并难以自我控制。

粗略地说，从心理健康学的角度来看，防止和克服暴躁易怒的方法，可以分为消极性质的和积极性质的两大类方法：

（1）对于容易引起你暴躁易怒的刺激，你可以采取“躲避”“转移”或“释放”的方法。这些方法，可以说是传统的、行之有效的方法。比如，孔子在《论语》中讲到的“非礼勿视、非礼勿听”，就是一种躲避刺激的方法，它可以制止你的暴躁发怒情绪。“三十六计，走为上策”，说的也是躲避是一种有效的“策略”。我们在对人处世时，应该讲究些策略学。你也可以在暴躁愤怒将要发作时，避开当前的刺激，去做些其他工作。比如听听音乐，看看电视，或者提笔绘画写字等等，从而把注意力，从暴躁易怒的刺激中转移开。“情绪心理学”中讲的“移情说”，就是强调这一方法。风靡一时的影片《少林寺》中的方丈，被不法歹徒欺辱时，闭上双目，重复念道：“阿弥陀佛！罪过！罪过！”也是用的情绪转移法来克制暴躁易怒的情绪。

释放法是多少带有些积极色彩的方法。它不是一味地在观念上避开或转移暴躁易怒的刺激，而是用行动给暴躁易怒找一条出路的排泄法，从而不让这种消极情绪积压在心里，造成心理疾患。

以上三种方法：躲避、转移、释放，都属于消极性质的防止和克服暴躁易怒的方法。但是，躲避→转移→释放这个模式，是逐步升级的层次。消极的性质越来越淡薄些，逐渐地具有积极的意义。同时，这三种方法的功效，也越来越大些。这说明，越是消极的方法，越是不能更好地防止、克服暴躁易怒情绪。因此，如果用“躲避”的方法，解决不了问题，那你就可以试用“转移”的方法；如若转移法无效，就请采取“释放”之法。

(2) 对于容易引起你暴躁易怒的刺激，你可以采取“控制”或“升华”的方法。这两种方法比起上面三种方法来，富有积极的意义。

所谓“控制法”，就是加强思想意识上的修养，用高尚的道德情操和坚强的意志，从理智上来防止、克服暴躁易怒情绪。日常生活中，有些人遇到可能引起暴躁易怒的刺激时，常常自我暗示地在心中默念：“息怒！息怒!!”从而压住心头怒火的发作，就是用的这种理智控制法。

所谓“升华法”，是把暴躁发怒转移到从事科学、文化、艺术和体育等一些创造性活动上。1921 年诺贝尔化学奖获得者维克多·格林尼亚，青年时代曾被人讥讽为不求上进的“二流子”。他把受到嘲弄、羞辱的怒火，用于刻苦学习和潜心科研，最终有所成就，造福于人类。我国体育运动员，在国际比赛中，遇到有的观众捣乱，或裁判员不公正时，也是把不平的怒火转为“为国争光”的拼搏上，从而获得优异成绩。

青年朋友，当你暴躁易怒时，这几种方法，你都不妨一试。根据暴躁易怒刺激的性质、内容和力量程度等等的不同，你可以选择其中的一种或几种。但，我还是劝你最好采用最后一种“升华”的制怒法，因为这种方法，最富有积极的、进取的意义！

战胜焦虑和惧怕

在日常生活中，每个人都免不了会碰到各式各样的挫折、困难和失败。每当这种时候，你的心里是不是会不由自主地感到紧张呢？而且，是不是也会同时产生程度不同的沮丧、或者惧怕的心理反应呢？如果是这样，我请你不必因此而大惊小怪。因为这是正常的焦虑！它和正常的惧怕一样，是一种心理紧张的状态。而且焦虑和惧怕相互伴随，犹如一对形影不离的孪生兄弟一般，有焦虑就会有惧怕。所以当你焦虑的时候感到惧怕，或者是当你惧怕的时候感到焦虑，都不必因此而苦恼不安。

正常的焦虑和正常的惧怕，在生活里是必要的、不可缺少的。有了对当前遭遇的担心、害怕、焦虑和不安后，人们才能引起足够的注意，提高警惕、增强觉醒的强度，在大脑皮层上形成“警戒点”，加以剖析辨认、深思熟虑。这样，就会有利于克服所遇到的挫折、困难和失败，使事情向好的方面转化发展。

反过来说，如果你对什么事都不感到焦急和惧怕，比如说，家里面有人得了急病，你无动于衷；发生了火灾或地震，你也坦然处之；其他如工作上失败了、学习成绩不好、生活上出了差错，理应焦虑或不安的时候，你都一反常态，不予置理。这样做法只能对事情的处理有损害。

但是，正常的人遇到这种焦虑不安情况的时候，几乎都能很快地恢复正常的状态。他们会很快地排除困难，闯过难关，并能总结经验教训，避免下次再重蹈覆辙。然而，对于某些人说来，情况却并非如此。他们由于接连不断地遭受不如意事件的冲击，在心理上就会招架不住、对付不了，身心双方面可能陷入过度疲惫的状态。如果这时再发生突发性意外事件的打击，就像俗话讲的那样“火上浇油”的话，那么，就很有可能会使这些人的心理防卫机能全面崩溃瓦解。结果往往轻则发生病态心理、行为失常；重则甚至会引起各种精神性疾患。由此看来，人们学会在日常生活里避免、防止和克服、战胜内心紧张状态，该是多么的重要。

心理学上所说的焦虑不安，有下面两种表现：（1）经常疑惑、忧虑，惶惶然有如大难之将至；（2）经常怨天尤人、自忧自怜，无缘由地悲叹不已。有了这两种表现的人，就说明他不能像常态的人那样，应付自如地适应正常的生活环境。

对于焦虑型的人说来：（1）任何微不足道的小事，几乎都足以引起他的不安，然后就如滚雪球似地增强焦虑性的种种表现；（2）当他遇到紧张的心理压力时，便会慌张地手足不知所措，丧失应付事变的能力。

焦虑不安的表现特征，和惧怕的表现特征很相类似。（1）在心理上，常常伴有比较强烈的忧郁感、烦恼感、内疚感以及不安全感，等等。（2）在生理上表现为：轻则常常长吁短叹，重则会感到呼吸困难、胸闷、过度换气（频频地大喘气）、心悸、眩晕、头昏、口角发麻、四肢感觉异常。这些生理病变，正是由于情绪紧张，使得大脑特别是呼吸中枢过度敏感以及植物性神经系统的感受性增高的缘故。

现代精神医学从临床诊断中已经探查出，造成焦虑不安的个人历史原因可以归纳为正好相反的两个方面。（1）有些青年由于在童年时期缺乏温暖和必要的照顾，从幼小就失去了安全保护的心理感觉，因而导致了日后的焦虑。（2）相反地，另外有些青年由于在童年时期父母过于溺爱，也会导致他们日后缺乏独立生活的能力，表现为幼稚化，成熟程度不足等等，这样，也会成为日后焦虑的潜伏因素。

美国哈佛大学精神病学专家乔治·E·维兰特博士，在他1980年发表的一篇研究报告中指出：“能应付日常的紧张，是保持身体健康的一个重要部分。”“能妥善处理日常紧张事务的人，活到55岁身体仍健康；但那些身处紧张状况而又觉得精神压力很大的，衰老的速度要比前者快得多。”他的这个观点是他对204名男大学生的心理健康状况，进行了将近40年的追踪研究的结论。由此可见，在日常生活里，不要总是精神紧张，是非常重要的。

有两种办法，可以帮助我们消除在生活当中所碰到的焦虑：（1）勇敢地面对焦虑。你可以冷静地问自己：“这件事最坏又会坏到什么程度？”当你答复了这个问题后，你的焦虑就会消失。（2）制定一个行动计划来代替你的焦虑。比如当你规定出一个有意义的工作目标，并全力以赴地使它实现时，你就会很快地把全部精力沉浸在工作上，也就无暇去焦虑了。

我在研究青年们在考试前后的心理状态时发现，焦虑和紧张形影不离、紧密伴随的最典型事例，莫过于考试这样的事情了。有的青年人怕考试，对考试感到极度地焦虑和紧张，甚至会达到植物性神经机能紊乱，表现出种种神经官能症症状的地步。比如，消化功能失调，神经性厌食或呕吐，食欲不振，消化不良，腹部胀满，便秘，心惊，头晕，失眠等等。那么，该怎么办好？在这种情况下，我劝他们：（1）要劳逸结合，适当作些文体活动；（2）要保证必要的睡眠；（3）要注意饮食营养，多吃些含有丰富维生素和易于消化的食物；如果情绪过于紧张，可服用一点安眠药物，但不可服用大剂量的或烈性的，以免临考时头脑昏昏；也可以服少量“心得平”（一般用量以一小片为宜）或镇静剂，免得心速跳动过于剧烈。

韧性需要培养

“小玲现在更容易激动了，稍微不顺心，她就哭个不停，总是觉得委屈。看电视的时候，我们觉得很平常的一些情节，可是她不是伤心地哭起来，就是大声地笑个没完。我有些担心，想问问你，这是怎么回事？该怎样帮助她改变一下才好？”

当我接到这封远方老友的来信时，小玲童年的面貌，便浮现在我的眼前。小玲从小时候起就比别的孩子显得自制力差些，她的父母常常问我，是不是她意志薄弱？我对他们讲，这是儿童年龄特征的正常表现，因为幼儿一般都是大脑神经活动稳定性比较低，所以还谈不上什么意志力的问题。不过因为小玲的表现略微比一般孩子显得突出些，因此需要用心教育她。小玲是个独生女，聪明活泼，父母把她视为“掌上明珠”，宠得有些过分。现在，小玲已经长大成人，大学毕业后已经工作两年了，按来信介绍的情况看，她具有了情感脆弱的表现。

为什么有的人情感比较脆弱？从生理机制上看，主要是因为大脑皮层的高级神经系统活动比较不稳定，因而意志比较薄弱、自制力差些。幼儿的情感比较脆弱的原因就是这样。有些青年感情脆弱，是由于情感受到障碍，因而表现得容易激动，稍不顺心就会泪流满面，委屈得不得了。他们看到影剧中略微动人一些的情节，便不能克制自己的情绪表现，或者悲哀得伤心哭泣，或者高兴得纵声大笑。

在情感脆弱的青年人当中，也有很多人会表现得抑郁不安，这是由于情感障碍、阻抑所引起的。他们常常由于一些琐碎的毫不值得计较的小事，甚至是无缘无故而焦虑、郁闷或怨恨个没完。他们的情感反应和正常人的情感反应不同，往往显得过分强烈，不仅喜怒无常，而且喜怒强烈地失常。有些人还记性不好，对不久前所接触的人名、地名、日期和数字等等，容易遗忘。少数严重者甚至会在某些范围内表现智力下降，这种在某些方面的智力减退，自己往往会意识到，并为之烦恼。有这样一些表现的人，就该快些去医院查一查，脑动脉是不是开始有些硬化病变。从精神医学上看，成年人的情感脆弱，很多是由于脑动脉硬化所致，这在医学上叫做“局限性痴呆症”。

人的大脑皮层是人体的最精密的反映性最灵敏的部分。实验心理学证明，内脏的任何病变都可能或轻或重、或暂或久地影响大脑的机能，从而在人的行为上会表现出心绪不宁、精神沮丧、情感脆弱等现象。苏联生理学家普朔尼克说：“削弱了的皮层，失去了把机体的机能往生物学的或社会学的适宜性方面去调节的能力。”这就是，人的内脏器官的一切活动以及由此而引起的种种行为表现，都是在大脑皮层机能的直接影响下进行的。因此，感情脆弱和大脑皮层的机能有关系。

情感脆弱怎么办？用什么办法去“医治”情感脆弱？有些人说，情感脆弱的人应当尽量避免接触强烈的环境刺激。这种主张是消极的，因为周围环境的各种刺激，往往是容不得你来随心所欲地筛选淘汰的。客观刺激物不是“自选商场”里的商品，任你自选；对于情感脆弱的人讲来，不能“特殊照顾”式地只给你弱刺激而不给你强刺激。因而最好的办法是，锻炼自己善于对情绪自我疏导、排泄的能力；学会转移情绪、改变刺激的意义、变消极情绪为积极情绪、保持情绪稳定状态的本领。

心理补偿作用

有不少青年人因为生理上的缺陷而苦闷烦恼，有的竟然因此而造成心理上种种不健康现象。但也有些青年人，像奥斯特洛夫斯基（《钢铁是怎样炼成的》的作者）和张海迪那样，奋发有为，有所成就。这种差异正好表明，生理缺陷并不足以使一个人就此倒下，“命中注定”要成为“弱者”“败北者”。他们和正常人一样，甚或能够超越一些正常人，在某些行业、工种方面立足于社会，并对社会有所贡献。

也许有人会问：这些虽然生理上有缺陷，但却在事业上有所建树的青年人，在心理上有什么成功的“窍门”吗？如果说他们真的有什么成功的“窍门”的话，那就是，他们自觉或不自觉地运用了心理学上的“补偿作用”这一原理。

朋友，你看过25岁的病残青年黄波写的《让生命变得更有价值》这篇文章吗？这是一篇有血有肉、真实感人的自传体裁的报告文学。文章讲了作者是怎样从痛苦、绝望、气馁、迷茫中振作起来，决心发奋走自学成才的道路，用惊人的毅力“四肢爬进”古文字研究领域，在他21岁时出版了《殷周铜器铭文汇集》，在古文字学方面作出了优异的成绩，得到了社会的一致公认和赞赏。

这里，我选择几段写出来：“小儿麻痹缠住了我这个幼小的身躯，预示着今后的我将在痛苦和磨难中度过，然后在别人的同情和怜悯中默默无闻地离开人世。”“1976年7月我从高中毕业后，发现社会上并不需要我。是呀，好手好脚的有些还在待业，何况我呢！我痛苦、迷茫、孤独、忧愤，我感到这个世界上也许就根本没有我的欢乐，感到自己确实是废而无用的人。一个人活在世上不能为社会做点什么，全靠家人和社会的恩赐苟活，还有什么意义呢！在这极度痛苦之中，我也想了许多……”“总之，我终于认识到，我应当向人们证实人生价值的大小并不能靠身残与否来决断，我要用自己的努力向人们证明，前途是光明的。我将从自己本身的工作岗位和自己的业余爱好出发，向着希望的目标坚定地走下去。”

黄波这篇文章，把他自己因生理上的缺陷而形成心理上的失常以及他怎样运用心理上补偿作用这种心理疗法，从而在心理上和生理上转败为胜的过程，写得十分深刻、真实得令人感动受教益。

那么，什么是心理上的“补偿作用”呢？补偿作用是心理适应的一种机制（机能）。每一个人总得适应社会，总得寻找心理上的出路。从心理学上看，补偿是一种“移位”（变位），为了克服自己身体上的缺陷或心理上的“劣等感（自卑感）”，而发展自己其他方面的特征、长处、优势，赶上或超过他人的一种心理适应机制。

比如，从小性格阴沉、暴躁和缺乏耐性、好动的拿破仑，终于成为被马克思和恩格斯称之为“真正的伟大的拿破仑”，青年时穷得连饭都吃不饱，依靠法国革命，从一名默默无闻的下级军官，一步一步地跃升为将军，最后取代了腐败的督政府，掌握了政权，巩固了新兴的资本主义制度，反击了反革命复辟势力。拿破仑的一句名言是：“在我的辞典里，没有‘困难’二字。”他的一生就是从不向困难低头屈服，他永远进攻、进攻、再进攻，因而在事业上取得了辉煌的成绩。

又比如，被誉为千古卓绝的两大演说家之一的古雅典著名雄辩家德摩斯梯尼（另一演说家为代表柔性的西塞罗），开始演说时，因为声音和姿态都十分拙陋，屡屡遭到听众的讥讽。于是他独身一人躲在地下室里，传说剃掉了半边头发不见人，面向墙壁刻苦练习发声和姿态。后来因为音弱，便纵呼于山巅海涯而使音强；因为肩耸，便垂剑于肩上而使肩正；因为气促，便练习深呼吸而使呼吸舒展；因为音杂，便口含小石子练习发音，而使发音清晰。这样勤奋地苦练了好几年，战胜种种艰苦，最后成为千古以来的卓越演说家。德摩斯梯尼演讲时豪迈严肃，气宇轩昂，词语慷慨悲壮、热烈果断（他学过、也教过修辞学），使听者热血沸腾，精神振奋。

从上面讲的两桩事例中可以看出：

（1）很多人为了想要摆脱自己对心理上或生理上的缺陷的“劣等感”意识，极力寻找用别的东西来代替、弥补这种缺陷，这就是一种“补偿作用”。正像张海迪说的那样：“并不能条条大路，每扇大门都对我关闭吧？通往成功之路，无非是布满荆棘吧？无非是要有勇气敢闯，披荆斩棘对能够忍受疼痛。这两条，我都不怕”。

（2）其实，无论是身心有缺陷的人也好，没有什么身心缺陷的正常人也好，都会运用不同性质的、不同形式的补偿作用来扬长避短，弥补不足，发挥优势以满足自己的要求，实现自己的愿望。因此，这种生理、心理正常的人在生活当中的“补偿作用”，也属于一种正常的情况。心理学上把这种补偿叫做“过度补偿”（也可以叫做“过剩补偿”），也就是“百尺竿头，更进一步”“更上一层楼”式的补偿。比如德摩斯梯尼和拿破仑，不做“过度补偿”也可以正常地生活下去，但他们不甘心于庸庸碌碌地、无所作为地混日子，于是奋力拼搏，最后终于成为在事业上有辉煌成就的伟人。

因此，心理补偿作用作为一种适应机制，人人都需要它。有些青年人认为自己体格壮实，所以很健康，也就不需要什么补偿不补偿的，其实这是一种误解，因为“健康”和“壮实”并不是一回事。比如说，举重健将的体格是很壮实的了吧，但是他也会受到流行性感冒的袭击，而处于生理上不健康状态；同时，他也有可能因为受到挫折而忧郁、苦闷，从而处于心理上不健康状态。相反地，耳聋的贝多芬在体格上虽然不健全，但他的心灵高尚、精神健康。所以说，不仅体格虚弱的人，就是体格壮实的人也需要心理上的补偿作用。千万不能把补偿作用理解成为“补药作用”。

在人们的适应机制中，除了补偿作用外，还有很多其他的适应机制。比如，当社会不允许一个人直接满足个人的欲求的时候，人们便会用“变位”的形式，变换位置、变换方向地，变换为社会可以承认、接受、允许的形式来间接地满足个人的欲求。这种变相适应机制叫做“升华作用”。例如，进攻性特征严重的人，可以把精力转向为热爱体育项目；把“饱暖思淫欲”的要求，转化为爱好文学、艺术等等。

对于生理上有某种缺陷的青年人来说，想要前进，想要成功，就得首先克服自卑感。自卑感或“劣等感”意识，是生理缺陷者的意志腐蚀剂。如果一个生理上有缺陷的人，让这种心理压力统治自己，便会瓦解斗志，一事无成。张海迪在1973年1月20日的日记中写道：“从人们的目光中我或多或少地了解了，我比别人低一等，那就是因为我失去了双腿。多么痛苦呵！沉沦吗？我不甘心；奋进吗，我该怎样铺设一条金光大道？是的，首先我要克服自卑感。我要这样想：在通往未来的征途上，我和你们是同路人！我要加强自我的制约能力，坚强些！”她的这番议论，对于那些面临失败、困难或挫折的人应该采取什么态度，是非常有启迪意义的。

百折不挠，奋发向上的志向，热情、勇敢、坚忍、勤劳、自信等进取性心理品质，对于生理上有缺陷的青年人说来，格外需要。张海迪说：“残废并不可怕，可怕的是失去了进取的勇气和信心。”一位大学生给报刊写信说：了解了张海迪的事迹后，他流泪了，“不只是她残废的身体，使我流出痛心的泪水，更是她那顽强的精神，使我涌出感奋的泪花。”

一个人生理上的病残或缺陷，尚且不能阻挡其奋发有为，取得成功，那么，在形体和容貌上，如果你有什么瑕疵，又算得了什么呢!？战国末期的思想家和教育家荀子，在教导他的学生不要以身材的高矮和相貌的美丑来评论人的好坏，而要以思想崇卑和学问的大小来评价人的时候，他就举例讲过：孔子（孔丘）脸上的毛又多又乱，像个恶鬼；周公又瘦又小，像个干枯的树桩；傅说（这里的“说”，读音为yuè；傅说是商王武丁的大臣）是个驼背；商汤（商朝的建立者）是个瘸子，但这些人却都名垂青史，万古流芳。

法国伟大作家罗曼·罗兰在《贝多芬传》中，描述作曲家贝多芬的外貌时写道：“他短小臃肿，外表结实，生就运动家一般的骨骼。一张土红色的宽大的脸，到晚年才皮肤变得病态而黄黄的……”根据其他史料记载，贝多芬的确“其貌不扬”，他身材比较矮小，长着一个大脑袋，鼻子发扁，面部又有麻粒。如果从现在大多数“时代青年”的标准眼光看，贝多芬的长相可谓“寒碜”得很，他的个头起码也得列入“二等残废”之列。但是，听过贝多芬谱写的交响曲的听众，却几乎个个心潮澎湃、人人激情满怀，从而深受鼓舞。

一位好学敏进、品格高尚的青年朋友。不止一次地用充满感激的口吻对我讲：“不知道为什么，我每次听《英雄交响曲》和《命运交响曲》的时候，总是感到心里热乎乎的，浑身有劲，精神振奋；听《田园交响曲》时，心里就觉得特别平静、舒畅。”可是，你知道吗？贝多芬一生却遭到了种种的不幸：耳聋、近视、失恋、贫困、孤独、忧郁……可是，就是他，一个身心受到摧残而又有缺陷的人，“一个不幸的人，贫穷、残废、孤独、由痛苦造成的人，世界上不曾给他欢乐，但他却创造了欢乐给予世界！”（罗曼·罗兰《贝多芬传》的结束语中的话）

第三章　克服心理隐疾

烦恼是自找的

每个青年人都会有烦恼，而且是各式各样的烦恼。德国大诗人歌德写的《少年维特之烦恼》，仅仅是讲了青年人在爱情上的烦恼。

除开由恋爱、婚姻和家庭方面所引起的烦恼外，在人生漫长的征途上，青年人还会遇到工作、学习和生活各个领域中的形形色色的烦恼。这些烦恼有时“剪不断、理还乱”，纠缠你的心灵，使你心烦意乱；有时烦恼会像蛀虫一样，无休止地啃蚀着你的心灵，使你陷进痛苦深渊中，无力自拔。

正常的烦恼大部分是“事出有因”的，你总是会找到产生烦恼的原因来。除开心理失常的人之外，正常的人不会无缘无故地烦恼。但是，从心理健康学的角度看，所谓“烦恼”，绝大部分都是自己找上门来，“包揽”到手的，因而烦恼有强烈的“主观性”，并且可以防止和避免。

为什么说烦恼大都是“自找”的呢？因为烦恼是主观上的一种情绪体验。比如说，你感到烦恼的事情，对于别人来讲，就未必会同样地产生烦恼的情绪体验；反过来说，别人感到烦恼的，你也未必会同样地感到烦恼。擅长写幽默小说的美国著名作家马克·吐温曾经说过：“我知道的烦恼很多。但却大部分都始终没有发生！”这也就是说，何必去多想烦恼，何必去自寻烦恼？

人们感到烦恼的事情，往往是没有发生的事情，甚至事实上不至于发生的事情。你可以想一想，一个人若是处于危险的情境中时，他会更多地想他所认为的烦恼事情吗？如果一个人紧张忙碌地做一件事，他是不会感到烦恼的，也可以说，他“顾不得”烦恼了。因而，烦恼是可以避免的、可以排掉的。我劝青年朋友们最好不要养成“如果……我会怎么样？”的思想习惯，不要把你的心力浪费消耗在不准备去处理、或者不需要处理应付的情境上面。

过去的已经过去，“俱往矣，还看今朝”。未来的还未发生，何必杞人忧天！将来的路要从现在站着的脚下走起。请你不要让遗憾、悔恨、内疚和难过的消极情绪腐蚀你的心灵；也不要为未来而忧心忡忡，睡卧不宁。我劝你做一个情绪开朗的乐天派，做一个面对实际的现实主义者；消除你千般万种的消极恶劣情绪，超脱一点，实际一点之后，你会感到时间和精力，都不允许你在那里一个劲儿地品尝烦恼的滋味。

如果我劝你说，请你记住：记忆心理学中有“遗忘”这一环节，你可以忘掉你的烦恼，把烦恼从你的记忆中抹掉，不要让烦恼沿袭成习性；当你已习惯地烦恼不休的时候，你也不必为烦恼的习惯而再烦恼，随它去！它会自行消灭掉。你也许对我这样一段劝告，报之以惨淡的一笑说：啊，我偏偏忘不掉！是的，记忆心理学中有这样一条规律：有意的遗忘很困难，比如，我们想有意地忘掉某件事，但却经常是偏偏想起它。

你也许有过这样的体验：人们劝你说“忘掉他吧！”或者“忘掉她吧！”可你却偏偏苦恼地、执拗地忘不掉这个他或她。那么，怎么办？我当然不会劝你一定去“另找新欢”，你可以把你的精力投放到其他方面去，转移掉这个“忘不掉”的人。因为人生的道路是既漫长而又广阔的，等待着我们去做出贡献的工作太多太多，而时间又是少得极其有限，如果你一再地被烦恼所干扰，那就会使你误了车，甚至是误了末班车，而这趟车将载运你驰向成功之路。

怎样解除烦恼？从心理健康学上看，有两种行之有效的方法，可供参考。

（1）把你认为使你烦恼的事情，一一地记下来，分析处理。比如说，如果是一件必须加以抉择的事，你不妨把正面的和反面的理由都写下来，然后考虑怎样处理为好，“如果这件事发生，我便这样地做；如果那件事发生，我便那样地做”。

如有可能立即付诸实践，最好是立即了事。最不明智的做法，就是一味地拖延下去。比如说，决定要写一封信，与其今晚愁思一夜，不如当晚写好，可以赢得一夜好眠。不要把你的精力白白地浪费掉，消耗成为生活的阻抑力，而要珍惜地把精力变成生活的原动力。

（2）不要回避可能使你烦恼的事情。正视烦恼之事，平心静气地去考虑，积极努力地去解决。对所能预料的事，确定一个切实可行的解决方案；对不能预料的事，做好思想准备，以饱满热情和充分信心去迎接它。

比如说，你要去攀登一座高山。在没到这座大山之前，没有必要过多地去想它，待到你真的到达了山脚下，你往往会发现有你想象不到的可供攀登的路径。“山重水复疑无路，柳暗花明又一村！”鲁迅在1925年写给许广平的信中道：“但我也并未遇到全是荆棘毫无可走的地方过，不知道是否世上本无所谓穷途，还是我幸而没有遇着。”

有人曾做过这样的心理学实验：让心情快乐和心情悲哀的两批人，朗读关于一个胜利者和一个失败者的故事。结果发现：心情快乐的人，最关心胜利者的结局；而心情悲哀的人，最关心的是失败者的命运。于是科研人员就此得出结论说：悲观的人倾向于低估对自己发生的一切事情的价值意义；他们回想起来的事情，大部分都是令人伤感的，这样也就使他们更加颓废、忧郁、烦闷。因此，我说我们每个人都应该树立起乐观主义的信念，切勿自寻烦恼。只有这样，才能彻底地摆脱消极的烦恼情绪。

生活充实消除精神疲倦

“厌烦”，或者“厌倦”，是心理疲劳的一种情绪表现。因而，也可以把厌烦叫做“精神疲倦”。

人们为什么会产生厌烦感？为什么有些人厌烦感比较严重？这些都可以从心理疲劳上查找原因。

现代工业心理学，把厌烦看成是妨碍提高工作效率的大敌，于是，研究怎样消除厌烦心理，就成为提高工效的重要心理条件。心理健康学认为厌烦是腐蚀心灵的蛀虫，一个人如若长期地恹恹无生气、没完没了地感到精神疲倦，最终的恶果会导致这个人失去生活的活力，感到兴味索然、筋疲力尽，严重的甚至会轻生自杀。

厌烦感因人而异，也会因时间、地点等条件的不同而不同。你感到厌烦的事情，别人不一定会厌烦；你对同样一件事，此时此刻感到厌烦，但换了一个情境后，却不一定会产生厌烦。因而引起厌烦感的原因是比较复杂的。

精神医学家们认为，引起厌烦感的原因，可以大体上归纳为外在的和内在的两大类：

（1）外在的原因。主要是指由于重复性的、单调性的、乏味性的工作所引起的精神不佳状态。比如说，当一个人对他所从事的工作缺乏兴趣的时候，就往往会引起厌烦感。这里所谓的“缺乏兴趣”，很可能就是由于感到工作单调乏味，对天天重复老一套感到烦腻。

同样的，像美味佳肴、游览胜地、奇妙书刊等等，曾经使人感到兴趣的事物，如果一再重复，也会引起厌倦情绪。厨师、导游者、图书馆员，几乎天天都品尝、欣赏他们已经熟悉了几年以至几十年的“佳肴”“胜地”“奇书”时，也会有朝一日对这些外部刺激物感到心烦、不快、疲倦。

也存在着另外一种情况：当一个人对他当前所从事的工作感到困难的时候，也往往会暂时性地引起厌烦感。比如，变换新工种后一时适应不了，工作效率低，事倍功半，也会觉得很累、很烦。这种厌烦比较容易解决，慢慢熟悉、逐渐适应习惯了以后，厌烦感就会逐渐地减弱以至消失，如果仍旧解决不了厌烦感，大不了换一下工种，也就会消除厌烦的感觉。

以上是厌烦感的外在的、客观的原因。解决这类厌烦感比较简单、容易，只要调整、改变外在客观的因素，厌烦感便会自然地消除。

（2）内在的原因。这类厌烦感和上面谈的情况不同，有些人干什么工作都有一种无力的、或者说是乏力的感觉。

为什么会产生无力感？虽然有可能和身体的某些器官发生病变有关，但对一个身体健康的人来说，往往是由内发的情绪状态所引起的；有时也可能是因为对周围环境产生过敏反应所造成的。比如，季节变化、照明强弱、通风设备以及气温、湿度等等原因引起了心理上的疲劳感觉。比如，久在阴暗潮湿、闷不通风又噪声不绝的车间工作，工作效率能高、情绪能不厌烦吗？孤灯如豆、光线不足，不仅伤害视力，也使人沉闷厌烦。甚至单调无变化的、没完没了地重复刺激，也往往都会造成厌烦。比如说，黄梅季节、秋雨连绵、淅沥不停、“秋风秋雨愁煞人”，有谁能不感到愁闷厌烦呢？有位老奶奶每天在你的耳边唠叨个不停，你也会感到厌烦吧!?

上面讲的一些厌烦表现，几乎都是属于正常的厌烦。从心理健康学的角度看，有些人的厌烦是由于精神贫乏、内心空虚所引起来的。产生这种厌烦感的生理机制，简单说来，就是由于大脑缺乏外界的刺激，而经常处于“休息”的状态。一个人的内心世界越是丰富多彩，那么他的厌烦情绪就会越少，因为他们会用很多有意义的、有趣味的事情来填补他（她）的心灵和余闲时间。例如，在我国深圳，现在提出了“时间就是金钱，效率就是生命”的口号，生活在这样气氛中的人们，厌烦感就会很少。

由此可见，这里所讲的这一类厌烦感是和缺少期望有关系。如果一个人时时刻刻有所期待、有所希望、有所追求的话，那就会在大脑皮层上不断地产生一个个兴奋中心，使他处于精神振奋的状态，不会产生厌烦感。临床观察证实：病情严重的人，通常不会觉得厌烦，因为他总是在期望病情好转、早日痊愈；相反地，那些病快治愈的人，却常常感到烦不可耐。

综上所述，消除由心理原因所造成的厌烦感办法，可以列出下面几点：

①理想、信念不可缺。如果一个青年人失去了生活的目标，总是觉得前途渺茫，没啥“奔头”，那他（她）必然地会感到终日里恹恹无生气。中国有句俗话：“当一天和尚，撞一天钟。”这当然是贬义的俗语，指责混日子过的人。如果你连每天敲钟的欲望都丧失了，还能不感到厌烦吗？

②身体锻炼很重要。“健全的精神寓于健全的体魄之中”这句话，是有一定道理的。一般说来，身体衰弱、病魔缠身，而又失去生活奋斗目标的人，往往会容易产生厌烦情绪。有个别的人，因为禁受不住痛苦不堪的慢性病折磨，以致生活乏味，失去生的意志。当然，在我们的周围，有很多有志青年没有被病残所吓倒，他们顽强拼搏而励志成材。这是因为他们有远大的理想和明确的生活目标。

③生活充实有意义。一心要为社会进步发展而竭尽全力贡献才智，为大众幸福而赴汤蹈火奉献汗水与热血的青年人，他们会生命不息，战斗不止，是不会感到厌烦的。相反的，我看到一些乌合之众的青年团伙，由于缺少远大理想的精神支柱，生活目标只是吃喝玩乐，往往因为相互鬼混得烦腻了，一哄而散，也是这个道理。

让我们把生活安排得更加充实些！更加富有社会意义些！

消除情感淡漠的情绪

在我们周围，也许会碰到这样的人，他们对人、对事表现得很冷淡、不热心，甚至冷酷无情。这在病理心理学上叫做“情感淡漠症”。“情感淡漠”虽说也是一种情绪体验，不过这种体验大都是病态的、不健康的。

情感淡漠在表现程度上，有轻重不同的区分；情感淡漠的形成与发展原因，也包含有病理和社会心理两方面的因素在内。

在国外，现在有些青年心理学家，他们经过了大量的调查研究后发现，在生产力高度发展的现代化社会里，有为数不算少的青年，在心理上处于“三无”的状态。

所谓“三无”，简而言之，就是无情、无力、无心（心思）。这也就是说，他们无动于衷、缺乏活力和漠不关心。这些多年专门从事研究青年心理学的专家们呼吁，生活在现代化社会里的青年，应该警惕这种心理上的“三无状态”。

“情感淡漠”的青年，有哪些主要表现特征呢？

（1）从面部表情和身体姿态上，就可以看出他们缺乏生命的活力，整日里有气无力，失去了“和现实的活着的联系”。

“和现实的活着的联系”这句话，也可以翻译成为“和现实的有生命的接触”。这句话诞生于帝俄时代所属波兰的法国著名精神病学家明考夫斯基的一句名言。我觉得他说的这句话，也就是中国古语“行尸走肉”“哀莫大于心死”之意。明考夫斯基解释说，情感淡漠的人是自闭性的、自我封锁的。我认为，这类青年大部分是因为心灵上曾经遭受过种种挫折、打击或创伤，于是心灰意冷，丧失了生活的乐趣，对人对事都感到索然无味。他们的心“冷透”了，躯壳虽存、“灵魂”已无，心灵空虚至极。

（2）表现为心理上的不适应。这是一种另外形态的情感淡漠症。在生活中通常可以看到，有些青年行为正派，并不胡作非为，但他们却有一种不由自主的强迫性病症的倾向。主要表现为，他们并没有什么特殊的原因，但却失去对于学习的热情，或者失去了对于社会的关心；他们持续地过着一种自认为“超然”的脱离现实的生活。

然而这类青年并不像精神病患者那样，他们的智力和品格相当好；他们也不像某些神经病患者那样内心惴惴不安、心理紧张不宁。病理心理学家认为，这种类型的情感淡漠青年，只是一种表现在行为上的障碍或阻抑，他们是神经症的“预备队员”。比如，有些青年自认为很“老练”很“成熟”“看破红尘”，他们斗志减退，不想靠自己的奋发努力而改变现状，他们安于现状、得过且过。

病理心理学家认为，对这类青年的“医治”是相当棘手的，比起前一种类型的情感淡漠者，更加麻烦、费力。尽管如此，我们还是有办法可以使他们“死灰复燃”，重新燃烧起生命的火焰，激发起他们奋发向上、努力拼搏的。帮助这类青年朋友寻找回来他们失去的精神乐园，一个有效的途径就是“读书学习法”，希望他们不妨一试。

有很多情感淡漠的青年，用读书、学习的办法，填补了他们心灵上的空虚，使他们重新振作起来、热情起来、积极起来。因而，“读书学习法”，被病理心理学家和青年心理学家们一致赞誉肯定，认为它是治疗心理空虚的一种有效方法。

为什么“读书学习法”会发挥这样大的效用？因为读书可以开阔眼界，帮助情感淡漠青年看清前进的目标，在精神上找到寄托，鼓励他们充满信心地一心扑在有意义的事业上去。因而在他们养成读书习惯之后，就会改变心理上的“三无”状态，精神生活充实了，生活也就不会再显得乏味。显然，因为有了知识之后，就会找到理想这一精神支柱。从这里也可以看出，英国大哲学家培根说的“知识就是力量”的确是一句至理名言！

在黑暗的旧社会，很多杰出人物在祖国处于忧患中，也苦闷过、彷徨过。但是他们如饥似渴地博览群书，用科学的知识（包括社会科学知识，如马克思主义等）充实与丰富了自己的精神世界；然后又用这些知识奋发有为地造福于人类。列宁夫人克鲁普斯卡娅在回忆列宁时写道："书在弗拉基米尔·伊里奇一生中发挥了巨大的作用。在他从事的那种浩繁的工作当中，书给了他知识，而这些知识又被他出色地掌握住；否则，他就不可能成为我们大家所知道的那个列宁了。"

勤于读书、勤于学习，不仅可以改变心理空虚的状态，而且可以医治精神抑郁。美国有些大学举办周末进修学习班，一些不是由生理上的内脏器官性病变所引起的心理疾病患者，参加进修班学习后，用不了很长的时间就消除了诸如抑郁、头痛、心动过速等症状。这就再一次证实，"读书学习法"的确是一种有效的、非药物性的心理疗法。

除了"读书学习法"以外，还有音乐疗法等有效地消除情感淡漠的心理疗法。比如，当你因各种原因而心灰意懒、悲观失望，精神萎靡、意志消沉，彷徨怅惘、寂寞空虚的时候，你可以时常听听进行曲那样宏伟奔放的旋律，它会给你带来充实、勇气、希望和力量。

上面是从病理心理学角度来分析情感淡漠问题的，下面让我们再从社会心理学角度来做一番分析。

1964 年 3 月 14 日，美国《纽约时报》报道了一则杀人消息：一位年轻妇女夜晚在纽约昆士区自家住宅附近被杀害。由于被杀者奋力抵抗，谋杀者用了半个多小时才将她杀死。事后调查四邻有 38 人曾听到她的呼救声，但无人相助，甚至无人报警。这件事引起了美国舆论界的重视，成为社会心理学家研究的重要案例。为什么见死不救，"无人相助"？这可能有许多复杂的因素，但是旁观者的"情感淡漠"以至"冷酷无情"是一个十分重要的原因。

1983 年 5 月 24 日，我国《光明日报》报道了一则牺牲自己、抢救别人的消息：1983 年 4 月 11 日，福建省建阳县徐市公社中心小学的乡村女教师冯细珠，当一阵罕见的龙卷风席卷而来，教室就要倒塌的时候，她用双手紧紧地撑住大门，结果，学生们脱险了，而她却献出了年仅 31 岁的生命。这位普普通通的小学教师的舍己救人精神，同前述某些人见危不救的淡漠情感，形成了鲜明的对照！

两种社会制度，给人们带来了两种不同的社会心理：情感淡漠以至冷酷无情，在资本主义社会里，几乎成为一种流行的社会通病。

上面讲的这些，是作为一种社会思潮的大众社会心理来分析的。毫无疑问，这是我们必须清醒看到的一个大前提。可是，从心理健康学的角度来观察，为什么在同样一种社会制度下，比如说在我们的周围环境里，大多数的人富有同情心和利他精神，而有些人为何却情感比较淡漠以至冷酷无情呢？

有些病理心理学家认为，淡漠是一种对挫折的退缩式的心理反应。通常人们在受到挫折的时候，先是表现为“攻击”反应；如果攻击反应失败，或者由于攻击反应而招来更大的挫折时，就会表现为“逃避”反应；如果不能逃避，就会表现为“淡漠”以至“无情”的反应。

攻击——逃避——淡漠（或无情），这三种不同的对挫折的反应方式，究竟采用哪一种？这决定于当事人所面临的不同的具体情境以及和它们不同的效果如何而定。因此，这三种不同的对挫折的反应方式，并不是从强到弱地必经的三个步骤。在日常生活里，我们会发现，对待同样的挫折，有的人采取攻击方式，有的人采取逃避方式，而有的人则采取淡漠以至无情的方式。

说起“淡漠”和“无情”，似乎是对挫折情景漠不关心、甘心退让、无动于衷，没有什么愤怒的情绪。其实不然，淡漠只不过是把愤怒暂时地压抑下去，用“间接方式”表现出来罢了。可以说，淡漠在一定程度上是一种“无言的反抗”“消极的抗议”。

应该说，引起淡漠情感的原因是复杂多样的，并不限于我们在开头所讲的那两种类型，实际上还包含有政治、经济、社会、文化等等背景的多变量因素在内。因而单纯地从生理上或心理上查找原因还是很不够的。因而，咱们不仅应该运用病理心理学的知识，也同时应该运用社会心理学的知识，去分析情感淡漠青年的心理特点及其形成与发展的真实奥秘。

国外有一位病理心理学家叫金布尔，他在 1963 年提出，下列一些人容易产生淡漠反应：一、长期遭受挫折的人；二、处于无助和无望状态的人；三、有心理上的恐惧和生理上痛苦的人；四、心理上既不能攻击也不能压抑的人。

我觉得这四类人在情感上容易产生淡漠的共同性基因，还是由于他们所处的社会环境对他们的心理产生了巨大而又深刻的影响所造成的。情感淡漠以至冷酷无情是有强烈的社会性和阶级性的。一个人是否产生淡漠行为，那是取决于他（她）的道德水平和道德信念的。说到底，淡漠行为的核心是保护个人、保护私我。我们如若仔细深究便会发现，情感淡漠的人并不是真的“与世无争”、逃避退缩；如果碰到个人自身的利益受到损害时，他们并不全然表现为淡漠。上面讲的那桩美国纽约昆士区惨案发生后，美国社会心理学家达利等人立即着手进行了调查。他把淡漠的旁观者当时的心理活动，归纳为下面四种：（1）害怕暴徒用刀子捅自己；（2）怕参与干涉后，法院要自己去作证，这样一来，就会费去许多时间或产生其他牵连；（3）由于是突发事件，思想准备不足；（4）也许是一场虚惊，并无其事，自己贸然去救人，太冒失，会被人笑话。

实际上很明显，这桩杀人惨案冷漠无情的“旁观者”（他们当时都听到了年轻妇女的呼救声），所申述的四类见死不救的理由中，（3）和（4）只是一种借口，（2）是次要的；（1）才是主要的、真实的原因。也就是说，袖手旁观、见死不救的淡漠行为的基本原因，是保护个人，“怕暴徒用刀捅自己”。

不过，也有些情况和兆头，值得人们深思。比如说，近几年来，我国法律咨询工作者，在总结父母不负责任地离婚，从而给子女带来了不良影响中发现：父母离婚的子女，因为缺少家庭温暖，而对人生和社会抱冷漠态度，对人缺少必要的信任；他们大多数性情孤僻古怪，道德感不强，要么对什么都漠不关心，要么粗野无礼，缺少应有的教养。这种情况尽管是少数现象，但也不能不引起社会上的足够重视。

因此，为了消除有些青年的情感淡漠，不仅希望他们本人保持心理健康；同时也要向广大的父母、教师和全体社会成员呼吁：要尽力创造使青年们感到温暖、安全、受尊重、有希望的有利环境。

摆脱孤独感

德国著名青年心理学家斯普兰格，在他的名著《青年心理》一书中，曾生动地写道：“没有谁比青年从他们的孤独小屋里，更加用充满憧憬的目光眺望窗外世界的了。没有谁比青年从他们深沉的寂寞中，更加渴望接触和理解外界世界的了。没有谁比青年更加向远方世界大声呼唤的了。”

这段充满对青年寄予深厚感情的话语，道出了青年们的心声。青年渴望摆脱心理上的孤独寂寞感，寻求友谊和温暖；渴望得到成年人对他（她）的理解、关心、爱护、体贴和帮助；渴望作为一个人格独立的人，被社会所承认和尊重等等错综复杂的愿望和情绪。

为什么青年会产生孤独寂寞感呢？这主要是由青年期的心理特点所决定的。青年期是人生发展的重要阶段，随着生理上的急剧发展变化和性成熟；自我意识的增强与自我分析水平的提高；情绪不稳定和易于兴奋；逻辑思维的新发展等等特征，青年正在从未成熟的儿童期向完全成熟的成人期过渡。因此可以说，青年期是处在人的生命发展全程中的半成熟时期，他们刚刚摆脱了天真无邪、无忧无虑的幼稚时期，童心未泯，似懂非懂，世界观和人生观也在刚刚建立和逐步巩固，处在像是孩子又不是孩子，像是成年人又不是成年人的发展阶段。

青年们往往自以为很成熟了，但社会和成年人却仍旧把他们看做是孩子；这样，青年们委屈地感到自己不被社会和成年人所了解，因而常常有莫名其妙的孤独感油然而生。也有的青年把自己封闭在一个小圈子里，顾影自怜，无病呻吟，他不走向广阔的世界，而一个劲儿地抱怨别人不理解他、不体贴他，这就是“作茧自缚”了。

那么，什么叫做“孤独感”呢？心理学家认为，孤独感就是自己感到与世隔绝，内心充满孤单寂寞的心理状态。深沉的孤独感会产生挫折感、寂寞感和躁狂感等等；更为严重的甚至会厌世轻生。十年动乱期间，一些青年人由于家庭破裂或失去亲人，无依无靠，到处流浪；在孤独的生活环境里，他们既不能接受别人的情感，也不能给予别人情感，更谈不上有可能主动地多和别人交流情感；心理上感到孤立，于是形成了孤僻的性格；羞涩、敏感、易怒等交织在一起，在行为上往往表现为目的在于引起别人注意的抗拒行为，轻则会违反社会道德规范，重则铤而走险，走上违法犯罪的道路。因此，孤独感这种病态心理的产生，是有它的社会文化背景根源的。

“没有花，没有光，没有热，没有艺术，没有趣味，甚至没有好奇心，旧中国是比沙漠更可怕的人世”。鲁迅说的这句寓意深刻的话，说明旧社会人情如纸薄，世道多险恶，没有温暖，没有希望，因而富有正义感和远大抱负的青年们，怎能不感到周围生活荒凉得犹如沙漠，怎能不产生孤独感呢？

美国在1982年出版了一本畅销的心理学读物《怎样做一个朋友》，它的作者是美国的一位心理学教授，名字叫做尤金·肯尼迪。这本书之所以在美国得以畅销，受到美国人特别是青年的欢迎，就是因为它迎合了青年渴望友谊，想要摆脱孤独感的心理要求。但是在西方社会，随着物质文明愈是高度发达，整个社会就愈是“以我为中心”，人们互相之间为了个人满足就变得尔虞我诈、勾心斗角，“一个人从来不想念任何别人”，因而很难寻觅到知心朋友。肯尼迪教授在书中写道：“当前的关键问题是，人们拒绝为友谊付出代价，也不理解友谊的真正代价。因为他们首先想到的不是‘给予’，而是‘索取’。一旦朋友失业、重病或声誉扫地而对自己再无用处，甚至还会带来不利影响的时候，就避而远之。这样就不可能结交上真正的朋友，因为真正的朋友往往是在逆境和患难中，用正直和忠诚才能换来的。”肯尼迪同时也谈到了造成孤独和产生内心冲突痛苦的一个重要原因，是对他人的过分多疑、失去信任。

在我国，经过了拨乱反正，已经恢复了人与人之间的信任关系，青年人完全有条件可以摆脱孤独感。不过，从病理心理学和心理健康学的角度来考察，有些人还得当心孤独感对你的袭击。比如，深度内向型性格的人就容易产生孤独感，这是因为他们的自我中心观念比较重，他们往往对外界事物和周围人群，表现得淡漠寡趣，难于合群；思想方法比较趋向于抽象、紊乱；行动上经常终日里忙忙碌碌，显得紧张而又急迫；他们的内心深处有比较强烈的抗拒感；喜欢把自己密封在一个狭小的内心世界的小天地里，因而十分孤寂。那么，有什么“医治”的好办法吗？主要是要设法诱导他们走出自己“画地为牢”的小圈子，多接触社会、多接触人群，变闭锁式性格为开放式性格，培养多方面的兴趣，爱好，经常参加社交活动。

对于当代青年来说，解除孤独感的途径，可以粗略地概括为下面这五条：

（1）应该尽量多和别人交往，密切人与人之间相互联系，不要使人际关系冷淡化和疏远化。

（2）应该尽量缩小和同代伙伴之间的差异。既不要做脱离群众高高在上的“超人”；也不要做脱离群众索然独居的“怪人”。从文化教养到兴趣爱好的各个方面，应该相互沟通、相互学习。

（3）应该尽量增进两代人之间的相互了解。成年人固然应该对青年一代多加体贴和帮助；年轻人也应该多了解、多学习成年人们的优点和长处。填平两代人之间在思想感情上的所谓“代沟”。

（4）应该尽量努力处理好恋爱、婚姻和家庭的问题。幸福美好的婚姻家庭的建立，要靠自己主动地去争取和创造——不是靠金钱，不是靠“一见钟情”，而是要靠健康的心理基础。

（5）不要害怕孤独。孤独并非一定是坏事。有些高层次的思想者，可能找不到可以对话的人，只能向自己的内心世界掘进，这也许正是天才的萌芽。孤独并不等于孤立。著名的女革命家、德国共产党创始人之一的罗莎·卢森堡在狱中给友人的信中写道：“在整个世界上凡是有云彩、有飞禽、有人的泪痕的地方，都如同在家乡一样。”卢森堡把自己的欢乐和希望紧紧地和广大劳苦人民联结在一起，把国家、民族的利益、需要，当做自己的奋斗目标。所以，她虽然身陷牢笼，被关禁在阴暗狭小的单人牢房里，却丝毫不感到孤独，相反地，她觉得有千千万万人与她同在。历史上有多少革命烈士，和卢森堡一样，在他们面临牺牲死亡时，在他们孤身一人时，他们从不感到孤独。为什么会是这样一种精神境界呢？那就是因为他们手中掌握着真理。因此，我愿向青年朋友强调：摆脱孤独感、战胜孤独感的最根本的途径，是要不懈地追求真理，不懈地探索进取。

消除自卑情结

人们为什么会产生自卑感？你也许能列举出多种多样的理由来，但是从心理因素来分析，基本上可以归纳为“害怕失败”和“缺乏信心”这两条主要原因。当然也有因为生理上的某种缺陷而引起自卑感的。

有些人经受不了过多的失败，当大大小小失败累积起来后，便会形成这些人的自卑感。特别是对于那些神经类型比较脆弱的人说来，如果屡次遭受哪怕是很轻微的失败，也会使他在心理上觉得事事不如别人，“自惭形秽”，逐渐地丧失信心，甚至悲观失望，不敢勇于进取。因此，失败是形成自卑感的一个极其重要的因素。

对待失败，我们首先应该明确，在漫长的人生征途上，不可能永远是一帆风顺的，挫折和失败几乎是必然要发生的。有了这样的认识后，就不会在感情上产生很大波动。英国著名教授汤姆逊，一生发表过六百多篇有价值的学术论文，获得七十多种发明专利，被世界上二百五十多所学校或团体授予荣誉称号。在祝贺执教五十周年的大会上他说过这样一句话：“有两个字最能代表我坚持奋斗五十年，致力于科学发展的艰辛的工作特点，那就是‘失败’二字。”显然，汤姆逊教授在这里想要强调的是：正是由于在五十年向科学进军中不断地战胜了“失败”。他才取得了巨大的成就。

革命老人徐特立1956年对湖南第一师范学生讲话时讲道：“青年们不但应该经常锻炼身体，增进健康，还必须抱革命的乐观主义，不把烦闷困累自己。几十年来，我在工作和事业中不知遭遇多少挫折、打击和失败，但我有一种长处，就是不论在什么恶劣的情况下面，从来不发愁，不着急，不唉声叹气。我是这样想的：失败是一种损失，失败后又来一个发愁，着急，不是再加上一层损失吗？这未免太不合算了！我不干这种傻事！一个人走路不小心，摔了一跤，唯一的办法就是爬起来再走。像小孩们摔了跤就滚地、哭脸，有什么用呢！事情失败了，就只有再干。真有决心毅力的人，失败每每真是成功之母，愁什么！急什么！”敬爱的徐老说得多么好，多么中肯啊！

我们需要树立这样的信念：在学习上，有几次考试失败，成绩不佳，并不足以说明自己的智力就不如别人，因为影响考试成绩的主客观因素是很多的。在工作上，一时不顺手，没有取得主观愿望上的好成就，也不必因此而畏首畏尾或者怨天尤人，可以振作精神，总结经验，再接再厉，重新做起。在生活上，爱情方面的失意或挫折，也不必因此而失魂落魄、长吁短叹，胆怯怕羞等等。简而言之，不论是在哪一方面遭到失败，都需要打掉自卑感。

青年人由于知识、经验的不足，在失败时往往找不到恰当的办法去排除自卑感，因而恶性循环的结果，就更加经受不住挫折、困难和失败的打击。成年人由于涉世较久、阅历较深，也就更达观开朗些，他们可以用豁达的态度把失败与“不幸”的苦酒冲淡，借助丰富的生活经验，给予心理上以有力的支撑，泰然处之。我以为这种“磨炼”（有些人把它讥讽为“厚脸皮”）。在心理治疗上还是有效应的。

在过去那些“左”的运动连绵不绝的年代里，一些久经锻炼与考验的老同志，在残酷斗争、无情打击的批斗后，照样工作、学习和生活（他们往往被人们误解地讥讽为“老运动员”）。他们并没有因为强加给他们的种种莫须有罪名，而受挫，而气馁，而产生自卑感。他们把个人得失看得十分淡薄，因而心情坦荡，保持稳定的情绪，成为控制2、主宰自己心理状态的楷模。西方心理学家是无法解释这种“超乎寻常”的对待失败的心理态度的。

美国教育心理学的开创者、也是著名的学习心理学家桑戴克，曾经提出一条学习规律叫做“效果律”，认为人之常情是：不愉快的失败会给人们以不愉快的情绪，使人们对于失败的事情不愿再度尝试。这条规律易为人们所接受，于是乎也就成为碌碌无为的弱者自我安慰的一种借口。但是，如若你要想取得超常非凡的成就，那就得打破所谓的“常规”，反其道而行之，要锻炼自己用“愉快”的情绪去对待那些不愉快的失败，越是失败越是要去尝试，这样才能获得成功。

你听过医学上“六〇六”药发明经过的传闻吧！人们以讹传讹地误认为，是经过606次的试验后，才发明创造成功的。其实，这是埃尔利希和他的同事一道，经过长期试验研究，于1907年发明的第六百零六号化合物，是青霉素未发明前的治疗梅毒和其他螺旋体疾病的特效药。不必管它究竟是不是经过606次的试验才成功的，只就埃尔利希等人“长期试验研究”而论，也必然地是经历了失败→尝试→失败→尝试→失败……这样一个过程，最终才获得成功的。如果按照美国大心理学家桑戴克的观点：失败会给人们带来不愉快的情绪，因而人们对于失败的事情不愿再度尝试，那造福人类的“六〇六”还能试制成功吗？同样的道理，越王勾践经过“卧薪尝胆”式的刻苦自励、发愤图强，吃尽苦中苦、不怕失败，打掉自卑感，最后得以报仇雪恨这段史实，也就不会发生了。

因此，我劝青年朋友们，要抹掉你们头脑里的“失败的记录”，不要总是念念不忘过去的失败，不要担心失败、害怕失败，打掉你的自卑感，勇往直前！

上面说的是由于害怕失败而产生自卑感的种种情况，下面再说说由于缺乏信心产生自卑感的问题。

心理上的畏缩情绪，会使人们对所面临的挫折、困难和失败，感到束手无策、无能为力。如果自己首先丧失信心，自认为已经走投无路，把事情看死，认定绝对不会再改变了，那你在心理上就解除了武装，不会战胜挫折、困难和失败，只有“束手待毙”。张海迪在1981年9月28日的日记中写道：“必须对生活先有信心，然后才能使生活永远继续下去。”讲的就是这个道理。

生活实践生动地证实了，成功和自信是互为因果的。可是遗憾的是，人们常常是只看到成功可以增强自信的一面，却往往忽略了自信也可以促进成功的另一面。不少人由于思想上的惰性或懒汉懦夫心理作怪，因而对“失败乃成功之母”的理解，往往误解为偶尔一两次的失败会成为再接再厉的“兴奋剂”，但是如果屡遭失败，就会灰心失望，丧失了勇气。因此，我们要强调：百折不挠的意志才是成功的真正动力。

在生活中可以看到这样一种情况：一个人愈是成功。就常常愈是成功；而一个人愈是失败，就常常愈是失败。有些青年人认为；这是“运气”——总是成功的人交了“好运”，而总是从失败走向失败的人交的是“坏运”，是“倒霉”。这种理解缺乏心理学上的根据，是唯心的“宿命论”观点。很显然，有了信心你就会成功，成功了你就会更有信心；相反地，丧失信心你就容易失败，愈是失败，你就会更加没有信心。因此，我劝青年朋友，切勿把经常成功或屡遭失败的原因，归之于“好运”或“命苦”上去。

有一位喜爱美国文学的青年人，曾用沉痛的语调问我：“钟为谁鸣？”（《钟为谁鸣？》是美国著名现代作家海明威的一部杰作）我毫不犹豫地回答说：“它就为你而鸣！”我对他讲，也想同样地对更多的青年朋友讲：如果你缺乏时代的大钟时刻在为你敲响，钟声正在指引和鼓舞着你前进的意识，那你便会充满被时代所遗弃的孤独感，很有可能碌碌无为地沉沦下去。

再说说“自惭形秽”的问题。

这是一句成语，“惭”是惭愧的意思；“形秽”是不体面的意思。整句成语的意思就是自己惭愧不如别人。引起“自惭形秽”这种不健康心理的最为明显的原因，就是有些人由于生理上有某种缺陷。例如，有些人由于看不见、听不到、做不到普通正常人能够看见、听到和做到的，就会觉得自己不如别人；或者是在面貌、身材、体型各方面有些缺陷或不足，就会感到“低人一等”。

生理上的缺陷，并不一定就必然地会导致心智上的缺陷，因为自卑感和自尊心往往是同一个“情意结”的两种不同的表现；换句话讲，自卑感和自尊心往往是同一个“情意结”的“两极”表现。就是说，有些自卑感来自自尊心，特别是那些强烈的自卑感往往是强烈的自尊心的反映。有些人自尊心很强，他们几乎绝对地不能忍受自觉不如别人，而这种自尊心常常是隐蔽的、潜在的自卑感的暴露。

这里所说的“情意结”，是心理学上的一个专有名词。“情意结”，也可以简称为“情结”，又可以叫做“观念复合体”。它在人们深藏的潜意识中，以某一种特定的情感活动为中心，缠集夹杂着另外一种心理活动。这种情意结不是一朝一夕或者短期内形成的，而是日久天长、由来已久，大多是从童年起就形成了。人们的许多挫折，往往会被深深地压抑在意识深层，几乎变成了不知不觉的无意识了。一般讲来，情意结伴随有痛苦、厌恶和惧怕的感觉，这种情意结常常是以不同的方式、不由自主地影响着人们当前的思想、情感和行为；也经常会表现为神经质的自卑感等等。

从积极的方面讲，强烈的自卑感，往往会促使人们在其他一些方面有超常的发展，这就是心理学上的“代偿作用”，通过补偿等适应方式来弥补人们的所短，从而发挥人们的所长。耳聋的贝多芬，成为划时代的“乐圣”，就是一个最为有力的证明。因此，生理上有缺陷的青年人要打掉自卑感，把自卑感转化为自强不息的推动力量！

也会有这样的情况：有自卑感的人不一定就水平很差。也有可能是对自己的要求水平偏高，因而产生自卑的劣等感。比如，我认识一位年轻的海员，他对数学很喜爱，并且发表过几篇很有水平的有关现代数学的学术论文，他把全部业余时间都用在钻研高等数学的解题上。但他有自卑感，认为自己的“天分”差，赶不上陈景润。我国有句古语“仁者见仁，智者见智”，仁智各有所长，不必相比，更不必产生“我不如彼”的自卑感。

从心底里打掉你的恐惧感

某化工厂维修班的一位男青年钳工，人品长相都够中等以上水平，修自行车、缝纫机很在行，而且写得一笔好字。人们认为他的条件相当不错，但却到了35岁还找不到对象。这是因为什么缘故呢?

这位未婚大男的母亲来找我，她对我讲，她的这位独生儿子，每次和介绍的对象见面时，总是紧张得脸红、口吃；甚至有时表现得坐立不安、抓耳挠腮，张了半天嘴，脸憋得通红，却说不出一句完整的话，结果使得介绍人十分尴尬，女方没待几分钟就告辞了，大家扫兴得不欢而散。这位母亲为此感到焦虑、苦恼，希望我能讲讲为什么她的儿子会是这样？有没有什么办法可以治好这种“毛病”?

我对这位母亲讲的大意是：在日常生活中，人们有时会发现有些男女青年，并没有面临什么伤害他们或威胁他们的事物或情境，但却由于极度的情绪紧张，产生不应有的恐惧反应。有些男女青年见到生人时，或是一些未婚的男女青年，当他们和被介绍的异性见面时，脸红、口吃、心脏剧烈跳动，这也算是一种“恐惧反应”。由于这种恐惧反应在正常人看来，是不必要的、不合理的、反常的，因而人们把这种反应看做是一种“病症”。

那么，什么是“恐惧反应”? 它是怎样产生的?

学习心理学家们认为，这种“恐惧反应”是一种后天形成的条件（制约）反应，是经过学习过程而建立起来的。也就是说，像介绍对象时，和异性朋友会面这个“刺激情景”，本身并不可怕，但是它若伴随着“被讥笑”“被拒绝”等难堪的痛苦的失败这样一些自认为是“可怕的”刺激性情景多次出现以后，那么，前一种刺激情景（例如，见面、谈话等等）本身也会引起“恐惧反应”，或者说成是“社交恐怖”“赤面恐怖”和“目光恐怖”。而脸红、口吃等表现，就是极度紧张、恐惧的外部表现。这类人害怕公共场合，惧怕和人接触，当和生人相对或要讲话时，就会出现紧张、脸红、出汗、心跳加快、呼吸急促等症状。

这位母亲还说，他儿子在第一次和被介绍的女方见面时，就有“恐惧反应”的表现，他并没有“被讥笑”“被拒绝”等难堪的痛苦的失败等等既往经验历史，这该怎么解释呢?

我对她讲，这并不难理解。有些男女青年，虽然没有本身的直接经验，但是他们可能会有“间接经验”。比如说，看到别人或者听到别人在和介绍对象见面后，遭到难堪的讥笑、拒绝，以至感到很痛苦、很羞耻等等。这就是“社会学习”。甚至通过电影、电视、小说、广播、报刊等途径，也会学习到这种经验。这位母亲的领悟能力很强，她如有所悟似地对我讲：您说的确实有道理，我那宝贝儿子每次考试前，和等待考分公布那段日子里，都紧张得吃不下、睡不好，他常说，考不好会影响他的提级什么的。

由此我联想起曾经谈过的“焦虑”问题。其实，焦虑也是一种恐惧情绪，只不过是焦虑往往没有明确的对象，可是一旦每个人的焦虑固定于某一件事物、或者某一个情景的时候，那么，这件事物或这个情景所引起来的情绪反应。就会成为“恐惧反应”。

有些青年男女，由于爱情上屡遭挫折、失败，就会形成一种心理上的打击、或者“威胁”，使得他们在情绪上产生种种不愉快的甚至痛苦的体验。这些体验、感受当中，很可能包括有损伤自尊心、丧失信心、增加敏感和愧疚感等等，久而久之，就会不自觉地形成一种紧张、不安、焦急、忧虑、恐惧等等“五味俱全”的复杂的情绪状态。这种由于几乎是酸、辣、苦、甜、咸等各种滋味交织而成的、错综复杂的情绪状态，一旦定型下来，形成固定模式，或者说是心理结构，那么，在往后的生活道路上，遇到新的类似的刺激情境时，自然而然地会“穿新鞋走老路”，旧病复发，使得他（她）对于面临的事物、情境怀有恐惧感。正像中国古话说的那样：“一朝被蛇咬，十年怕井绳。”这些男女青年，由于经过了多次的挫折、失败，于是，此后对类似的情境，就会怀有几乎不能克制的恐惧感，从而降低或丧失个人的自信心，结果往往导致更多的失败。

讲到这里，我们是不是可以对这位钳工和有类似心理缺陷的男女青年朋友们奉劝一言：从心底里打掉你的恐惧感！打掉你的自卑感！多参加体育、文艺等社会性的娱乐活动，去掉羞怯、恐惧，使自己成为开朗、乐观、豁达的人；记住“失败乃是成功之母”这句古训，总结经验教训，拆掉人为地给自己设置的这些心理障碍，振奋精神，再接再厉，必会成功！

“惧怕”是正常的心理现象

从来都不惧怕，对什么都不惧怕的人几乎是没有的；人人都会惧怕，而且每个人都有他特别惧怕的事物。这是因为惧怕是属于正常的心理现象。

惧怕，可以分为正常的惧怕和反常的惧怕两种。

“如临深渊、如履薄冰”，这句话形象地表明了一个人小心翼翼，百倍提高警惕的心理状态。一个正常的人当他面临深渊和走上薄冰的时候，害怕跌进万丈深渊或者跌进湖泊、河水里，这种惧怕的心理，你能说不是正常的惧怕吗？

“当心触电！”这个告示牌，对有电学基本知识的人来讲，意味着“触电身亡”。其他如“小心火车！”“有剧毒，请勿内服！”等等，人们承认、接受这些告诫，并有意识地躲避这些威胁生命的事物，都是正常的心理。相反地，如果有人对这些一概置之不理，他从来不怕考试不及格、不怕工作上的失败，不怕落后、不怕犯罪……那你能说这样的人，他们的心理是正常的吗？

惧怕可以说是人类情绪之冠，而且惧怕往往会决定一个人一生的命运，甚至会影响社会和历史的发展进程。事实也确实如此，有不少人由于惧怕而改变了他的主意、观点、信念、信仰，以致影响了他的一生、甚至一个家族的发展道路。有些人怕死、怕困难，于是叛变了革命、脱离了革命。锐意革新，就可以使社会发展前进；害怕革新，抱残守缺，就会使历史倒退。日本的明治维新运动，使日本国强民富；我国正在进行的经济体制全面改革，也必然会使中华腾飞。如若惧怕，这些都必然不能实现。

虽然说惧怕的作用相当大，但是你也不必过分紧张。因为每个人在主观上，都是尽量有意地回避惧怕、防止惧怕起作用。实验心理学证实：人们对于惧怕的敏感程度，远不如对于希望的敏感程度。因此，由惧怕所引起的悲哀、焦虑、烦闷、苦恼等，相对地比起由希望所引起的幸福、快乐、愉快、喜悦等，要弱得多、小得多。从这个意义上讲，人生不是“悲多喜少”，而是“喜多悲少”。况且这些“悲”，还可以用种种方式，比如，文学艺术等加以转移、排泄掉。

当然，也有“砍头不要紧，只要主义真”这样正常的不怕。那是由于崇高的信念和革命的人生观，使得烈士们无所畏惧，视死如归，他们在就义前照样谈笑自若，从容地写下激励活着的人不要怕、要将革命进行到底的遗嘱。

但是，也有另外一种不正常的、反常的惧怕心理。比如说，有些人无缘无故地或者是异乎寻常地怕痛、怕羞、怕疾病、怕雷声、怕强光、怕黑夜、怕污血、怕蛇、怕鼠、怕生人、怕高地、怕旷野、怕水等等。也就是说，正常人不怕的，他怕；正常人稍微怕的，他特怕。这些，都属于不正常的反常的惧怕心理。“杞人忧天”是句成语，源出于《列子》的寓言：有个杞国人，老是怕天会塌下来，自己活不成，因而吃不下饭、睡不好觉。

这位杞人的这种不必要的忧虑和担心，就是不正常的惧怕心理。

值得注意的是，在日常生活中，有些青年人往往表现出另外一种不正常的惧怕心理。比如说，实际上从来没有人笑话他（她）、斥责他（她）的情况下，但他（她）却在想象中认为别人在“讥笑”他（她）、“申斥”他（她），因而由于怕，使他（她）从来不敢和别人交往、共事群居，自己一个人像蜗牛那样，躲在自己的“小窝壳”里，尽量和外界隔绝，不敢轻易地出外闯荡，不敢积极勇敢地在现实中追求和奋斗。

这些青年人由于心理上的胆怯和惧怕，因而不敢像海燕在暴风雨中振翅翱翔那样，在广阔的天地里摔打、拼搏，也就因此而失去了很多能锻炼和考验自己的智慧和能力的大好机会。很多人就是在这种失去常态的惧怕心理支配下，左顾右盼、裹足不前、坐失良机、碌碌无为地虚度了一生。

这种不正常的惧怕心理，是缺乏“现实验证”，也就是说，是一种没有“真实检验”的神经质的惧怕心理。这种惧怕是没有真实依据的、是主观臆想的、平白无故的、不该怕的惧怕。它无疑地是一种不健康的心理！

那么，通常人们究竟怕什么和为什么怕呢？这可以从人们惧怕的对象去寻找原因。因而，为什么怕和怕什么是紧密相关的因果关系。

“愚昧是产生惧怕的源泉，知识是医治惧怕的良药”。这是一位西方心理学家研究的结论。人们害怕的对象绝大部分是自己不知道、不理解的东西，当然也包括将来可能理解、但是现在尚未理解的东西，由于无知或未知，就会对一些事物或现象产生惧怕。比如说，在天文学知识未发展未普及的时代，人们由于不了解雷电、彗星、日食、月食等等天文气象上的现象，就会把它们的出现看做是灾难临头的恶兆，异常惊恐，又比如，由于对生理卫生知识的欠缺，对一些疾病不是疏忽轻视、漫不经心，就是草木皆兵、恐惧万分。当今之世，“恐癌症”席卷全球，也是因为至今还未能查找出真正的病因，因而也就无法对症下药，根治好这种“不治之症”所引起的。因此，凡是那些人们迄今还不理解的事物，就容易引起心理上的惧怕。

谈到很多惧怕是由于无知所造成的时候，也有一个耐人寻味、令人沉思的新情况。在现代文明昌盛、科学发展的今天，不是由于愚昧落后。而是由于机器代替了人脑，以致使得人们产生了新形态的无知，从而在心理上形成了惧怕感。这也可以成为在现代化社会里，很多心理疾病是文明病、社会病的又一个有力的佐证。

比如说，1982 年，英国的一个调查机构“盖洛普”，应政府委员会的委托，对 3000 名成年人进行了调查，调查后发表了一份调查报告说，不少英国人得了一种名叫“数目恐惧症”的毛病，他们不会简单的加减乘除，

3000人中有一半在接受调查时都慌神了。在每10个人当中有3个人不会减、乘、除，50%的人不会看火车时刻表；1/3的人不会简单的百分比或者阅读图表；60%的人不懂通货膨胀率；很多人对一杯17便士的咖啡，和一个24便士的三明治应该总共付多少钱，回答不出来；对8张14便士的邮票加起来应是多少，也回答得支支吾吾等等。对于这些令人惊讶的现象，“盖洛普”调查组分析原因的结论是：英国近年来，由于计算机的广泛应用，人们缺少起码的算术知识的训练。你看，这种所谓的“数目恐惧症”，不正是因为新形态的“无知”所造成的吗?！在加减乘除这样的算术基本知识方面，人们经历了无知→有知→无知，这样曲折的历程；而随着这一演变历程，人们在心理上也相应地出现了怕→不怕→怕，这样一个哲学上的否定→肯定→再否定的反复过程。

上面讲的“恐癌症”，说明了凡是危及生命的不能治愈的疾病，就容易引起惧怕。为什么会是这样？就是因为缺少信心，从而产生惧怕。

临床观察发现，病人如果认为自己活不成了，那么他恢复健康的机会，比起一个有自信必能康复的病人来，要迟缓得多。这就说明了由于缺乏信心而产生惧怕，由于惧怕而引起心理上的紧张、焦虑，由于紧张和焦虑就势必会直接造成对身心健康的威胁。

思想保守是惧怕的必然结果。这主要表现在三个方面：

（1）人们对待不了解的东西，通常会产生两种迥然不同的态度。思想革新者会由于好奇心理，而不断地去探求、创新；思想保守者会出自戒备心理而抗拒、逃避乃至迷信。

思想保守者为什么会产生戒备的心理呢？那是因为他对不了解、不熟悉的东西产生了惧怕心理所引起的。所以说，破除迷信可以增加胆量。

（2）思想保守的人，除了惧怕不知道的事物外，他还惧怕事物的改变。改变是习惯的对立面，人们对于不习惯的事物就需要伤脑筋、费精力，分外注意；对于不习惯的、改变了的处境，一时就难于应付自如，因而往往引起思想保守者的惧怕。

人们说，有些老年人思想比较保守，就是因为他们的精力差了，注意能力和适应能力都减弱了，所以他们最怕改变而安于现状。其实，现实生活里，很多老年人、特别是一些斗争经验极为丰富的革命老前辈，他们锐意改革，思想并不保守；而有些青年人，反而怕改革，偏于保守，这就涉及了我们在下面要谈的人生观等问题。

（3）思想保守的人，除了怕不知道的事物和怕事物的改变以外，他们还怕公众的批评。

做一个革新者，往往容易招来人们对他的怀疑、批评、讥讽、反对和打击；从世俗的眼光看，革新者往往会被讥为“怪人”“疯子”和“叛道”。思想革新者对这些不怕，而思想保守者却怕这些。因此，惧怕是革新的心理障碍。

惧怕还来自学习。美国心理学家尼尔·埃尔加·米勒做过这样一个试验：在白色屋子里屡遭电击的老鼠，以后即或到了无电击的白屋里仍然有竖毛、奔逃、排尿等惧怕症状。于是，米勒认为惧怕来自学习。

其实，认为动物和人的惧怕是学习到的这种主张，并非是米勒的独创。人们从日常生活经验当中，早已觉察到了惧怕很少是天生的，而是后天学习到的。前面谈过的缺乏“现实验证”的神经质的惧怕心理，经过现代心理学的实验证实，这种神经质的惧怕心理，也是由于对先天性质的一些惧怕，经过后天学习，从而产生条件作用的结果，并且这种惧怕可以改变，以至消失。

所谓“先天性惧怕”，它的作用很小，而且还有争议。例如，幼儿见到寺庙里的神佛塑像，或者看见京剧舞台上的花脸之类奇异景象，他们只是觉得好奇不解罢了，并不知道怕；幼儿跌伤流血或者打针时，不过稍觉疼痛罢了，也不知道怕。但是，父母等成年人如果这时若是表现出敬畏、惶恐或者紧张、惊慌的表情，幼儿就会改变态度，逃跑或者啼哭等等。

有些幼儿一听说要给他打针，以至看到穿白大褂的护士，就会号啕大哭不止；有些年轻姑娘在等待拔牙时焦虑不安，恐惧万分，以至走进诊室时全身抖动不已，这些都是属于神经质的惧怕，而非先天性的惧怕。神经质惧怕之所以产生，就是由开始第一次的不太强烈的些微疼痛刺激（或者是由于对即将来临的事情经过想象作用），经过有关知识经验（例如，打针、拔牙等）消极意义的累积与扩展，以致最后不幸成了心理上的负担，成了一块“心病”。由此可以看出，这些反常的惧怕，完全是经过学习而造成的。

人们的知识经验可以形成和加深惧怕的心理，这是消极作用。反过来，知识经验也可以有助于消除那些盲目的、无科学根据的惧怕心理。比如说，幼儿往往会对一个人待在黑屋里、站在高处、面对陌生人、面对大声吼叫的动物等等产生惧怕的心理。尔后，待到年龄增长后，惧怕的对象会从表面、显现的东西转移为潜在的、隐蔽的东西。比如，有可能由于担心强盗的闯入，或者是意外伤亡事故等“潜在的”危险产生惧怕心理，像担心坐飞机会失事，怕做手术会出错等等。再后，随着年龄的越发增长和能力的增强、社会生活实际经验的丰富，往日的一些惧怕心理会逐渐消退。甚至当回首往日怕这、怕那的情景时，自己会哑然失笑。这就是因为人们已认识到了，或者是掌握到了克服惧怕或对付惧怕的办法。

通常来讲，人们对于惧怕的形成和消失的过程，大体上就是这样三个步骤。这个“三部曲”，说明了惧怕是学习的结果。知识经验对于惧怕起消极的或积极的作用，而知识经验本身也就是由学习而得到的。

青年人的惧怕心理，往往是和焦虑心理混杂在一起的。由于青年人的理解能力的发展，对于未来可能会发生的危险征兆（象征、信号）的预测和估计能力提高了，因而他们的惧怕心理，就从所面临、逼近的危险转向到担忧未来将会发生的危险上。他们更多的是惴惴不安地担心、害怕将会发生什么意外的险情。有些心理学家说，青年时期的惧怕，与其说是惧怕，不如说成是焦虑。所以，青年人的惧怕和焦虑是经常相互伴随在一起的，形象地讲，二者犹如一对孪生的“双胞胎”，几乎分辨不出它究竟是在惧怕，抑或是在焦虑着。

第四章　消除心理压力

消除惧怕心理

惧怕的外部表现是十分显著的，往往给人以“可怕”的印象。根据生理心理学家的实验报告以及生活经验的观察，人在惧怕时，由于所惧怕的刺激物的强度不同，每个人的体质和性格特点的不同，因而外部表现也不尽相同。不过，一般讲来，普遍寻常的惧怕，几乎都表现为：（1）随意筋肉变得疲软，有时会产生痉挛，语音变粗，张口结舌或说不出话来；（2）口干舌燥，出冷汗虚汗，还可能使乳汁暂停分泌，月经和唾液的增多，皮肤生粗粒（俗称生鸡皮疙瘩），毛发耸立，呼吸困难或暂时中断；（3）外周血管收缩、忽急忽慢，战栗不已，心猛跳，面色变白。

人在惧怕时之所以脸色苍白（通常所谓的“脸没血色”“面无人色”），是因为惧怕时除心脏外，各处都亏血，由于心跳几乎停顿，输入面部的血液变少或减少了的缘故；而惧怕时会战栗不已，有人说是由于全身血液容易变冷，战栗可以产生热量，使血液温暖。

如果引起惧怕的刺激过强，那么在极端惧怕状态时，甚至可以使人全身软瘫，手足失措，寸步难行，“呆若木鸡”。

以上这些惧怕时的外部表现，我们可能程度不同地都体验过，因为这是正常惧怕的正常的外部表现。

正常的惧怕是人们对事物的一种正常的态度，属于一种正常的心理现象，它对于每一个正常的人来说，是不可免除的、正当需要的惧怕，因为这种惧怕对于身心的正常的、健康的发展是必要的。

但是，也还有和正常的惧怕相反的另外一种不正常的惧怕。这种惧怕是指怕一般正常人不怕的，以及怕一般正常人不那么怕的。这种正常人不怕、而有些人却怕的怕，正常人稍怕而有些人却怕得很厉害的怕，就是不正常的反常的惧怕。每个人都应当极力地设法消除这种不正常的惧怕心理，因为这种惧怕危害身心的正常的、健康的发展。我们这里要谈的“怎样消除惧怕心理”，主要就是谈怎样消除这种不正常的惧怕心理。

那么，应该怎样消除不正常的惧怕心理呢？这在前面已经涉及了一些。如像扩大知识面，增强信心，解放思想，加强学习，改变心理状态，树立革命人生观等等。下面，再进一步做一些补充和归纳。

（1）“实践疗法”。消除惧怕心理的最有成效的治疗方法是“实践疗法”。实践疗法亦可称之为“行动疗法”。我们要有迎着上的心理攻力，要坚持在实践行动中消除你所怕的惧怕心理。比如说，你如果怕在大庭广众下讲话，那你就得下决心，坚持练习在众人面前讲话的本领；你想学会游泳吗？那你就只能在游泳中学会游泳，手持《游泳指导》一类书，在床上练游泳是练不会的。初学游泳喝几口水是免不了的，但却不要因怕喝水而放弃练习的机会，使自己不自觉地产生惧怕心理。

临床实践和生活经验都已证实，行动疗法比起“劝说脱离”惧怕的方法，要有效得多。因为行动疗法可以使人适应、习惯，比如，惊涛骇浪可以使旅客胆战心惊，但船长却处之坦然。

（2）增长知识。很多惧怕是由于不良环境的影响和训练所人为造成的。比如，在一间小黑屋子里对儿童进行威吓，就往往造成这个儿童对任何黑暗的地方都惧怕的病态心理；及至年长之后，许多惧怕都可能由和这一情境相类似的不愉快联想而引起。

有些独生子女，由于父母的过分保护，也会促使他们形成胆小怕事的惧怕心理。比如，父母对于子女离开自己，独自一个人出外旅游以至穿过马路或夜晚回家过迟等等，总是放心不下，提心吊胆，唯恐他们会遇到什么危险、发生什么差错，于是对子女千叮咛、万嘱咐。在这样的环境熏陶下长大的青年，他们在父母的这种态度、情绪的间接影响下，怎能勇敢起来而不养成惧怕的心理呢？

怎样解除由于不良环境的影响和训练而产生的惧怕心理呢？那就要依靠知识，因为很多惧怕，是由于人们对自己所惧怕的事物缺乏必要的知识所引起的。因而，为了解除惧怕心理，就要增加和这些所惧怕的事物有关的知识。例如，当人们分析研究了有关地震的起因、规律以及预测、防备等基础知识后，人们就不会在震前恐慌万状，在震时慌乱一团了。同样的，当人们分析研究了有关黑暗、旅游等等的知识后，也就不会再盲目地、无根据地惧怕这些事物了。

这里，还须注意：一个人如果惧怕惯了，就往往会形成性格上过于胆怯和羞涩，从而产生心理障碍。他们可能处处疑心，事事戒备，缺乏自信心和主动性；在学习和工作上，常常会表现得随大流，缺乏闯劲和首创精神。而当他们逐渐地意识到惧怕和胆怯是造成他们在工作、学习和生活上失败的原因时，也可能会养成一种“自我中心的态度”，用来“克服”和“解除”他们的惧怕。具有“自我中心态度”的青少年，往往会表现为易于顶撞、冒犯和侵害他人的不良行为。

（3）“对症下药”。对于惧怕成性的人来说，可以从个人经历上追根溯源，查找在他（她）的既往生活史上，有无受惧怕刺激的经历。俗话说得好，“解铃还需系铃人”。追根挖底，查清原因后，可教导以有关知识，解除他（她）的惧怕心理；或者让他（她）参加实际活动，习惯于接触他（她）所认为的“有害刺激”，直到不再产生敏感或病态反应。这是解除惧怕心理的一个治本方法。

经人介绍我结识了一位见水就晕的“怪人”。他只能在专用的脸盆里放少半盆水洗脸或擦身，他从来不敢躺进有水的浴缸里或淋浴。后来熟识后，他信任地对我谈起他童年的一段经历。原来他童年时期在白洋淀旁的家乡，和隔壁一个他喜欢的女孩，曾经一块下河游泳，他不慎踩了一块苔石，冲进靠近漩涡的区域，几乎丧命，在女孩帮助下挣扎好久才得救。他把这段往日不愉快的经历深埋在心底，认为是“毕生的奇耻大辱”，在喜欢的女孩面前丢尽了脸面，又和险些丧命的恐惧交织在一起，成为复合的“情绪”，也就是精神创伤体验的“症结”，于是慢慢地得了畏水的病态心理。他和我经过几次诚恳、坦率、信任的交谈后，逐渐消除了惧怕心理，后来成为一名游泳健将。

这个事例说明，用心理疗法中的“打扫烟筒”的办法（也就是“排泄疏导法”），“对症下药”，使堵塞了的心理通道经过清扫后，畅通无阻，解开他们心里的疙瘩，是可以治愈某些惧怕心理的。

已逝的意大利心理学家莫索，曾经询问过一位身经百战的将军：“你平生最怕的是什么？”这位将军回答说：“我已七十岁，一生大半时间都在战场上度过，出生入死地和敌人周旋，所遇危险不可历数，但都比不上我在某一次经过某一个深山的孤庙时，所体验到的惧怕。因为我在幼儿时曾在这所庙里见到一具被杀的男尸，不久后的一天因为我淘气，家中女仆人恐吓我，要把我和那具尸体一起关闭在这所庙里。这件事情已经过去几十年了，想不到还是这样的害怕！”莫索所引证的这个实例有力地说明，治疗惧怕的心理的第一个步骤，就是要深入了解惧怕是由什么样的刺激因素所引起的。另外，也说明了很多神经质的重大惧怕，往往可以探查出幼年时期有精神伤创的“症结”。那么，采用“寻根”的办法，协助他们追忆起在幼年期心理发育过程中，被潜抑在心底深处中的那些伤包体验，分析这些惧怕的性质，指明形成惧怕的原因很多是荒唐可笑的、没有什么意义的，因而是“不值得”惧怕，也就是说，完全没有必要惧怕的。经过这样的“医治”后，惧怕的心理就可以逐渐地消除了。

保持良好的记忆力

青年朋友们，你也许没有看过美国好莱坞制作的、连续达十九部的电影《人猿泰山》吧？新中国成立前，在我年轻的时候，曾经被美国人约翰尼·韦斯摩勒主演的《人猿泰山》的精彩表演所吸引。他那精湛的游泳技术和美妙的游泳姿态；他那魁梧的身材，翩翩的风度以及大肆宣传他保持67项自由泳世界纪录，1924年和1928年奥运会上获得五块金牌的广告说明，等等，确实扣人心弦、轰动一时。

但是，被认为“人猿泰山”的韦斯摩勒，晚年经济困窘，沦为游泳池售票员，后来心脏病发作后，身体彻底垮下来，精神错乱。他不分白天或黑夜，不时地突然发出他主演的人猿泰山的吼叫声。1984年1月21日这位名噪一时的游泳健将死于墨西哥的阿卡普尔科。由于他心身尽瘁，脑子长期衰退，到最后，他只能对来看望他的人说，他曾经是最伟大的“人猿泰山”，而一切往事，都忘得一干二净了。

资本主义社会吞噬毁掉了多少出类拔萃的人物，暂且不去谈论；韦斯摩勒的个人遭遇和结局，说明心理上失去常态的人，记忆力往往会急剧减退。

一个人的记忆力并不是一成不变的。一般来讲，“老年多忘事”，老年人的记忆力比起青年人来相对地较差。有些学者认为这可能和记忆的物质基础——人脑内核糖核酸的供体减少有关。有些青年人忘性大，他们记不住不久前发生的事情，经常会丢三落四地遗忘东西，有些人靠一个小本子来记录要做的事情，有些人要靠别人的提醒，才能够想起他计划要做的事情等等。这些都属于记忆差，是一种正常的现象，还够不上什么反常的、病态心理。

但是，如果记忆力明显地一天天坏下去，轻则对于刚刚发生的事情、激动人心的非常事件、重复发生的事情都记不牢，重则会重复地购买相同的物品，迷失方向走不回自己已经居住了多年的家，以至于像韦斯摩勒那样，把一切往事都忘得一干二净等等，这种记忆力急剧减退的现象，说明已经走向病态心理的边缘，或者说，这已经是病态心理了。

记忆心理学上有所谓的“健忘症”，或称之为“遗忘症”，它是人们的意识与现实的联系由于来自某些内心刺激的干扰，而接触不良或暂时中断所形成的。健忘症患者“丧失”记忆力，常常表现为愈是他们希望回忆的事情，愈是回忆不起来。他们当中有的在较短的时期内可以恢复记忆，而有的则要持续很久。

健忘症的病因，是由于心理上的强烈冲突而引起记忆历程（包括对各种信息的输入、储存和输出）的障碍。比如，不愉快的心理威胁压力或者痛苦的威胁压力，经过过度的压抑后，患者对于现实和自我联系的理解能力发生障碍，因而会对过去已获得的信息资料，尤其是意识上想极力摆脱、不愿接受储存的信息资料，忘掉一部分或忘掉了全部。一个离婚的人，或者失恋的人，或者丧偶、丧亲、丧子的人，由于经受不住过分痛苦不快的心理压力，就可能对某些过去的经历变成一片空白。这就说明，健忘症的人多半是由于对痛苦经验压抑的结果所造成的。他们企图把痛苦的经验从记忆中排除掉，结果连带地遗忘了其他一切。例如，曹禺的成名作《雷雨》序幕，描写了鲁大妈由于几乎在同一个时间里，失去了几个她心爱的儿女，在强烈的痛苦中，她痴呆呆地把什么都忘记了。

有些心理学家说，可以把健忘症叫做“心理上的自杀”，也就是说企图在心理上毁灭自己。国外一本有关记忆的专著里，曾经举了一个虽说足够典型但却比较罕见的事例：一个因失恋痛苦，打算跳河自杀以求心灵解脱的人，在去河边的路上，由于内心的极端痛苦，突然忘记了一切。当然，他没有死成，因为他把自杀的事情也忘掉了；但是在心理上，他自己已经不再存在了，也就是说他用心理自杀代替了身体的自杀。

在日常生活中，更为常见的是记忆力减退。迟睡、睡眠不足，缺少运动，缺少新鲜空气，烟酒过量等等，都会导致记忆力衰退，这是生理上的原因。长期过分地焦虑、忧郁等等，也可以使记忆力减退，这是心理上的原因。像前面讲的“人猿泰山”韦斯摩勒死前记忆力几乎完全丧失，是脑力衰竭，记忆力的衰竭是人们脑力衰竭的前兆信号，我们不可不慎重对待。现在医学已经证实，“心跳和呼吸停止”不算是死人，而“死”的新定义是“脑死亡”。因为事实上，人在心跳和呼吸停止以后，也有能够复生的，而大脑死了以后却绝对不能复生。这就表明，只有脑死的人才算是真正的死人。

为了长久地保持良好的记忆力，为了不使记忆力急剧地减退，就应当很好地保护大脑。

因为大脑是物质的东西，所以它的发育就需要由营养物质来供应，它的良好的工作状态也要由营养物质来保证。为此，要及时地补充足够的糖类、蛋白质、脂类、维生素和盐类等营养物质。

国外现代流行的一种记忆理论，认为长时记忆和蛋白质分子的合成有关。有人提出为了保持记忆力，应当及时给脑提供足够的蛋白质。日本生活医学研究所所长川畑爱义教授在他写的《健脑五法》一书中指出，多吃牛奶、沙丁鱼、菠菜、胡萝卜、橘子这五种食品，有利于改善脑功能。因此，我们在任何情况下，都不要不吃东西、或者只偏食某一种食物。这位日本教授所提出的有利于改善脑功能的食品，从我们的日常主食和鸡蛋、瘦肉、鱼类、大豆、新鲜蔬菜、水果等等多样化的食物中，都可以摄取到。

有些青年人认为自己记忆力不好，是因为“用脑过度”所造成的。有了这样的想法后，也就不再愿意勤奋刻苦地学习了。其实，这完全是一种误解。根据临床观察和科学研究，一个人的脑力是无限的，大脑越用越灵、而不是越用越衰退。多用脑、勤记忆、勤思考，不仅不会损害脑，反而可以保护和促进脑的功能。生理心理学家发现，勤学习、勤记忆可以使大脑皮层的神经细胞的微细胞结构发生变化。这主要表现为树突上会“长芽”，从而扩大脑这个庞大信息储存库的储存量，即扩大了记忆的容量，而这个记忆容量是相对稳定的。举例来说，如果把18～35岁时的记忆力以100作为基数，那么，36～60岁的人平均记忆是95；61～85岁的平均记忆力则为80～85。这就表明，人的记忆力即使到了耄耋之年，衰退得也不甚明显。如果一个人在青壮年时期努力学习，渴望追求知识，勤于思考，勤于记忆，那么他的脑的老化程度和智力的衰退程度就会慢得多、轻得多。另外，实验证明，年轻时工作紧张多用脑的人，要比那些懒散的“饱食终日，无所用心”的人，智力要高出50%。

因而，年轻的朋友们，为了现在，也是为了将来，我劝你要多用脑，多学习、多思考、多记忆。这样，你现在的智力就会提高得更快、更好，你将来也不会变成一个智力迟钝、脑力不济的老头或老太太了。

当然，万事万物都要适度，否则便会适得其反。有些年轻的家长对子女进行“超前”教育，这是无可非议的。但是万万切不可因为“盼子成龙”、“盼女成凤”心切而操之过急。著名历史学家顾颉刚，曾痛苦地回忆他幼时受“拔苗助长”式的封建家庭教育的惨痛教训说：“予生于封建家庭，2岁即认字，5岁即诵经，以长者期之殷切，脑力摧残过剧，7～8岁时即陷于神经衰弱之苦况，读时虽了了，掩卷旋茫然。”结果，他为了增强记忆力，不得不借助坚持抄写大量的笔记来代替记忆。

看来，顾颉刚先生的父母可能忽略或者缺乏关于大脑功能的一条基础知识：从人的大脑发育来看，胎儿期以及出生后半年到两年内，是脑细胞分裂增长、形成突触联系的关键时期。在这个时期，特别要注意加强蛋白质和维生素的供给，给大脑的发育与成长保证营养，打好扎实的基础，而不是过分地要两岁前的幼儿来识字、背诗、学文。拔苗助长，噪之过急，反而会走向事物的反面。因而，我劝年轻家长们莫要步顾颉刚家长的后尘。我以为，最好是在3岁以后，开始由少到多，循序渐进地去训练你的子女识字、背诗、学文。因为人的大脑发育基本定型要在3岁以后。因此，我们必须在观念上明确如下一点："多用脑""大脑越用越灵"是有一个前提条件的。这个前提条件就是：需要在大脑发育基本定型的3岁以后。

此外，为了不使记忆力急剧减退，还应当注意稳定情绪。因为情绪不稳定者的大脑皮层的功能也是不稳定的，而大脑皮层的功能不稳定，就不容易接受（输入）和记住（储存）由外界传入的种种信息。另外，心理疲劳会显著降低脑细胞的机能，结果就会使头脑变得迟钝。因而你也得当心不要使自己心理疲劳。

"抗拒心理"和"攻击行为"

"抗拒心理"和"攻击行为"是社会心理学和病理心理学都关心的一个重要研究课题。在日常生活中，有些人被叫做"反对派"；或者他们自己干脆就以"反对派"自居。他们的抗拒心理比较严重，几乎成为"反对癖"，无论对什么事或什么人，都表现出抗拒的行为。这种人往往具有下列一些特点：自以为是，夸夸其谈；固执己见，振振有词；不能和别人合作，干什么事都别别扭扭；事情还没有做，意见就一大堆；谁不同意他的意见，他就反对谁，只能听奉承吹捧他的话，而听不得反对他的正确意见或善言劝告，等等。

这究竟是因为什么缘故呢？他们这样做，究竟是为了什么？

社会心理学认为，所谓抗拒心理是一种失常心理，它是用抵抗、反对集体或者别人对自己的一切要求、指令的形式，来逃避外界的压力，从而维护自己的个人尊严、面子。有抗拒心理的人，当他的需要受到挫折的时候，他就会对阻碍他的人、阻碍他的需要不能实现的规章制度和周围环境等等，产生攻击的行为。比如说，他们往往用摔坏器皿、脚踢桌椅、重重关门等等行为来发泄攻击情绪。有些人没有这样做，但是愤怒、敌意和破坏的情绪却长期地积压在心头，没有发泄出去，那么，就很有可能导致他们进一步地心理失常，并会用社会所不允许的、人们不能接受的方式，把他们的抗拒心理表现为攻击行为（例如打架、破坏工具等等）。

西方《青年心理学》一类书籍里，大讲特讲“逆反心理”，并认为逆反心理是青年心理的一个特征。青年们的逆反心理，有些是由于好奇心所形成的。比如，专门爱看受到批评或批判的作品、影片、电视片等等，他们辗转相传、争相传阅。我认为这种出自好奇心理的逆反心理，不能和抗拒心理与攻击行为等同看待。但是，在青年人中也确实有少数一些人，总是爱“唱反调”“对着干”，喜欢充当“反派角色”。有些人甚至走向极端，充当与众不同的“英雄好汉”角色。这就是不正常的抗拒心理了。

对于这些青年，需要诱导他们多参加有益的社会活动，来排泄攻击性情绪；帮助他们把攻击性情绪转化为竞赛性的、奋勉性的和觉醒性的意念。这样，他们就可以把消极有害的攻击情绪，变为建设性的积极心理活动了。

至于“攻击”，它是愤怒情绪的一种表现。所谓“攻击行为”就是当一个人受到挫折后，往往会立即表现出种种反应当中的一个明显的反应。因此从这个意义上，可以把攻击行为的表现方式区分为两类。

（1）直接攻击。有谁敢于“虎口夺食”吗？我想人们不仅不敢从虎嘴里夺去它正在吃的肉食；就是一条狗正在啃骨头，也不大敢轻易地去夺取吧。因为谁如果这样做，谁就会遭到“护食”者的直接攻击。人类也有种种攻击，只不过比起一般动物来更加复杂罢了。敌我双方“狭路相逢”，你若是挡住对方的去路，他必定会向你发动攻击，这是最明显、最直接的攻击方式。在平日里，当我们遭受到挫折的时候，不一定采取打斗的方式，也许是口头的咒骂、书面的诋毁，甚至用怒目而视的面部表情，以至紧握拳头的手势、动作等方式，来表示我们的愤怒情绪。至于有个别的人失去理智地开车乱撞人，以至用机枪扫射人等凶杀性质的攻击行为，那就是属于极端严重的事例了。

直接攻击属于一种低级形式的抗拒心理表现，正像在幼儿时期，被一块石头绊倒后，哇哇大哭，反过来再去用脚踢这块石头，进行“报复”那样，对构成挫折的物（或人）直接地、立即地进行反应。但是在成年人的社会里，这种直接的、立即的攻击方式，通常是被社会、集体所不容许，会遭到大众舆论否定、反对和谴责；同时，这种做法，也常常是“于事无补”，不能解决实际问题，甚至后果不堪设想。因而，在现实社会里，当个人受到挫折的时候，就会出现变相的攻击方式。

（2）间接攻击。又可以叫做“变相攻击”或“转向攻击”。“文化大革命”期间，有些人无辜地被批斗后，回到家里会把玻璃杯摔个粉碎，发泄心中的愤怒；有些人白天工作不顺心，人事纠纷搞得他头昏脑涨，晚上回到家里，会“迁怒”于妻儿老小，把他们当做发泄心头怒火的“撒气筒”。像这样一些表现就属于间接攻击。通常，在遇到下面这两种情况的时候，人们往往会采用间接攻击。

①理智上认识到对某人不能直接攻击的时候，就会把愤怒情绪发泄到其他的人或物上去。社会心理学认为，这种情况常常是慑于对方的权势，敢怒不敢言，不敢直接攻击；或是碍于自己的身份，不便直接攻击。但是不管是怎样的情况，由于挫折而产生的愤怒并没有消失，于是就会变着法儿地迁怒于别人和别的事情上。

②心情不佳，陷入所谓“莫名的烦恼”的时候，也容易采用间接攻击。攻击的对象不明显，挫折的来源也不明确，甚至当事者自己也不知该如何攻击是好的时候，往往会采用间接攻击。

造成这种情况的原因，很可能是由于长期以来，经常不断地遭受某些小挫折积累的结果。这些小挫折很可能是来自心理上的愤懑不平，或者来自生理上的内分泌失常，或某些慢性疾病的痛苦折磨。虽说挫折不算是激烈的、严重的、“狂风暴雨”式的，但是日积月累，郁集在胸、愤愤不平。因而会常常表现为闹个小别扭、发个小脾气，噘着嘴巴、皱着眉头，嘟嘟囔囔、骂骂咧咧，不听话、不合作，而且常常会把愤怒情绪发泄在别人身上，或者发泄在别的事情上。

成为间接攻击对象的人，值得人们深表同情。他们是些无辜的人，代人受过，被人泄怒，心理学上把这类人叫做“替罪羔羊”。为了家庭和睦，社会安宁，友爱相处、团结协作，他们忍受了这一切，默默地作出了牺牲和贡献。这些人是很值得尊敬的。

那么，咱们应该怎样正确地对待“攻击行为”呢？我觉得是不是可以归纳为一句话：所有这些攻击行为，不管是直接的攻击也好，间接的攻击也好，都只不过是发泄愤怒情绪，或者是进行自我防卫的一种手段罢了。虽然说这些攻击行为都有社会心理学上的依据，可以理解，可以谅解；但是话又说回来，在和平建设的日常生活里，在人和人之间交往联系日益频繁的今天，我们毕竟应该也有可能用理智来战胜情感，应当提倡谦虚忍让的美德，大家互相多体贴、多谅解、多帮助、多团结，和睦相处，共同进步！

羞怯是消极心理的自我防御

在我们的周围，有些人表现得特别羞怯，其中女孩子为数较多，但也有个别的男孩子也爱羞怯。小说《福大接亲》对一位到女方家相亲的农村小伙子，有如下一段描写："一路上，母亲不断教他放大方点，别缩头缩脑的，叫女方瞧不起。可一到月桂家，他就像得了勾脖子病，怎么也抬不起头来了。……福大听得脚步声响到了他跟前，满脸涨得血红，头埋得更低了……"这个小伙子在特定的情境中所表现出来的羞怯，是一种合乎常性的害羞，我们还不能就此断定福大"羞怯成性"。

但是，有些人确实给人以"羞怯成性"的印象。因为他们遇事、遇人总是羞羞答答、怯怯懦懦。有些性格心理学家认为，这可能是由于他们在童年时期经受压力，或在青年时期遭到心理创伤所形成的后遗影响。

童年时代害羞或胆怯的性格倾向，不仅有可能延续到较大的年岁，而且有可能持久地影响到他们选择职业、教育子女的方式等等的成年行为。在人际交往方面，一个"紧张不安"类型的人，比起"镇静自若"型人来，社交能力要差得多。美国哈佛大学心理学家丁·凯根曾经对儿童的羞怯进行了系统研究，结果表明：10%～15%的美国儿童在遇到陌生人或不速之客时，明显地表现出一种不正常的羞怯感或"受压抑感"；其中1/3左右的儿童看来是由于生物学上的缺陷，而有"先天性"的羞怯感。当然，所谓"先天性"的羞怯感这种说法能否成立，在性格心理学上还有争议。但是大家根据平日的观察和接触，由于先天遗传的影响而形成羞怯性格的人，毕竟是极少、极少，不能把凯根的约占1/3左右的结论，扩展到整个社会人群的比率。而且，即或是生来显著地表现为害羞胆怯性格的孩子，在他后来的长期适应社会文化要求过程中，也必定会逐渐地发生变化。这是因为一个人的性格特征的定型化，主要是在后天的实践活动中逐渐形成与发展的。凯根本人也承认这一点，他说："有证据表明，儿童（至少美国儿童）的性格可能随着年龄的增长而变得温和起来。"他并说，原来开朗性格的婴儿，长大后没有一个会变得羞涩胆怯；而约1/3异常怕羞的婴儿，以后会逐渐不再怕羞。这是因为"在美国，我们不喜欢胆怯的孩子"。这就最终表明，由于适应社会的要求，自小羞怯的人，必定会程度不同地成为接近开朗的人。

羞怯型性格的人应该怎么办？他们应该加强独立自主的能力，不要从幼小起缠住父母或亲人不放，要甩开处处事事依赖别人的“心理上的拐棍”，独立行走！走向社会，走向人群，多和别人交往，尤其应和那些性格比较开朗的同龄人交往。

自幼就表现得有严重羞怯感性格倾向的儿童，很可能是和他们对周围环境过于警觉的认识偏向有关系。上面讲的凯根，根据他的实验证实，最羞怯的儿童，当他们在接触陌生的事物时，他们的心脏搏动往往较快但却稳定。凯根认为，由于心率受到交感神经系统的影响，从而引起心理上的羞怯感。他并且进一步阐述他的这个观点说，非常羞怯的儿童，可能感到他是被迫地去了解周围的一切事物的。他的心搏加快的原因，是因为他们的思想负担较重，为了完成理智上的要求（比如，你必须这样做或者那样做，等等），他们需要开展较多的思想活动，付出比较大的精力代价去适应现实。由于他们可能小心翼翼，孤僻离群，胆怯拘谨，抑郁焦躁，所以不大可能成为运动员，或者选择传统上由男子从事的职业。另外，虽然在智力上，羞怯的儿童和性格开朗的儿童差距并不明显；但是，有一小部分羞怯的儿童在进入成年期以后，却很少选择从事脑力劳动的职业，等等。

上面谈论的这一些，就是当代西方有代表性的性格心理学研究专家们，对“羞怯”这个心理现象的比较新的理论阐述。他们做了大量的实验研究，他们得出来的结论，可以作为我们考虑这个问题时的参考意见。我想他们的实验研究结果，可以启发我们认识到：

（1）羞怯心理不能算作是健康的心理，因为羞怯有碍于更好地适应现实社会，对人际交往、选择职业等等都很不利。

（2）有些人生来就表现为比较强烈的羞怯倾向，但却不能说羞怯是先天遗传的。所谓“先天性”的羞怯，固然有一定的生物因子原因，但主要还是由于后天的家庭教育影响以及接受周围环境的影响所造成的。因此，固然应该追忆一下自己幼年时代的经历，正视这一既往的历史影响；但是，往者逝矣，过去的毕竟已成为过去，现在就应更加倍地努力培养自己独立生活的能力，多经风雨、见世面，多在生活的实践中锤打锻炼，应该主动地多创造条件，改变自己过于拘谨、胆怯和羞涩的性格，不要对紧张过于敏感。

从心理健康学上看，羞怯的一些行为表现，是属于消极性的心理上的自我防御。有羞怯性格倾向的人，往往使用退缩、回避、离群、依赖等等行动策略，来减轻心理紧张。为了克服这样的消极的自我逃避式的心理防御，我建议采取一种积极地、能动地反作用于外部世界的自我防御方法——积极的补偿方法。那就是，依靠你个人的艰苦努力，改变你所存在的弱点，补偿你的某方面的缺点，转弱为强、转败为胜。德摩斯梯尼幼小患口吃，经过顽强努力练习，而成为希腊闻名的雄辩家；格伦坎宁安双足受重伤，几乎失去步行能力，但因不懈努力，终于成为世界闻名的竞走健将。这些都是有说服力的例子。

克服不健康的嫉妒心理

有一幅漫画耐人寻味：在个人奖授奖大会的领奖台上，领奖人悄悄地对手捧电视机的发奖人说："能不能换别的？这个不好分！"

你觉得这幅漫画，有些渲染夸大、脱离实际吗？我可以明确而肯定地告诉你：这幅漫画的主题思想并非虚构，在现实生活里，确实存在着这类情况。

不久前，有一位年轻的工人朋友问我：为什么有些人嫉妒心那么厉害？他说在他们厂子里，有一位师傅为了怕得罪别人，日子不好过，宁肯不要奖金；另一位师傅拿了奖金后立刻请客，把奖金变相地平分给了大家，目的也是为了"平息众怒"。

嫉妒心理当然不只是表现在患"红眼病"的分奖金问题上，它有各式各样的表现。那么，从心理学上看，嫉妒心理究竟是一种什么样的心理状态？在日常生活里，嫉妒心又有哪些主要的表现？应该怎样来克服这种不健康的嫉妒心理？

嫉妒心理是一种比较错综复杂的混合心理。它包括有焦虑、恐惧、悲哀、猜疑、羞耻、自咎、消沉、憎恶、敌意、怨恨、报复等等不愉快的情绪。不仅是别人天生的身材、容貌和逐日显示出来的聪明才智，可以成为嫉妒的对象；其他诸如荣誉、地位、成就、财产、威望等有关社会评价的各种因素，也都容易成为人们嫉妒的对象。

对谁会产生嫉妒心理呢？常常是对周围熟识的人，例如，同学、同事、朋友、亲戚、上级、下级以至夫妻、兄弟、姐妹、恋人等等。有嫉妒心理的人，最容易和他们比高低、分上下、不服气、争输赢。被人称为"铁女人"的英国首相撒切尔夫人，成就不小、声誉颇高，你我嫉妒她吗？诺贝尔奖金获得者的杨振宁和李政道，你我嫉妒他们吗？不，不嫉妒。那是为什么？因为这些人离你我太远，和你我关系不大，所以谈不上什么嫉妒。

有些人对于自己已经获得、并且想要永远占有的东西（人、物等等），如果被别人夺去，或者感到有被他人夺去的可能性的时候，往往会产生强烈的嫉妒心。尤其是那些自尊心和优越感比较强的人，在他们认为被别人“不公正”地低估、评价的时候，嫉妒心会油然而生。

嫉妒通常会表现为两种情况：一、如果一个人对于他所嫉妒对象的重视和关心，比较淡薄时，那么，他很可能只是陷到一种焦虑不安、或者悲哀的情绪状态之中，仅此罢了；二、如果情况相反，一个人对他的嫉妒对象越是强烈地重视和关心，那么，就越加可能会被绝望感和恐惧感所袭击。于是就有可能发展成为憎恶、敌意、怨恨和复仇这样一些恶劣的情绪，在行为上可能对对方加以恶意中伤；在极端情况下，有些人甚至会发生伤害、杀人等等攻击性的和破坏性的行为。

在日常生活中，你也许会看到有一些人，因为嫉妒而不甘落后，发奋有为的；但是，也有些人却被嫉妒的魔火所吞噬，无法扑灭心头上燃烧起来的嫉妒火焰，有的因此而咬牙切齿、愤愤不平；有的消极沉沦、一蹶不振；有的因不可遏制的嫉妒心理，铤而走险，毁灭了自己的光明前程，甚至自杀身死等等。在日本电视连续剧《命运》里，那位杀人犯岛崎荣次的亲生女儿，不理解被她误认为是自己生身父母的双亲为什么十分关心疼爱岛崎荣次的“女儿”，也就是从小和她一起长大的女友。由于强烈的嫉妒心理，以至使她离家出走、跳楼自杀（未遂）。

（1）有哪些嫉妒类型。

从形式上看，大体上可分为三种：

①发生在“我——你”之间的嫉妒。“我”对“你”所具有的生来价值，比如，容貌、智力、阶级出身、个人身份、家产、特殊的才能等等产生嫉妒心理。不过，如若“我”和“你”的差别过分悬殊，可望而不可即的时候，我也只有停留在羡慕与向往的阶段就完结了，一般地发展不到嫉妒的程度。

②发生在“我、你——它”之间的嫉妒。“我”和“你”围绕对“它”（那个）所具有的社会价值，例如，地位、财产、荣誉、成绩等等，相互竞争角逐，当“我”因为有了“你”而不能获得这些对象，或者有可能不能获得这些对象时，“我”往往会对“你”产生嫉妒的情感。

③发生在“我、你——他”之间的嫉妒。比如说，“我”和“你”两个同性者，对于一个异性者的“他（她）”，所展开的爱情上“三角”之争等等。

此外，如若从嫉妒的内容上来看，也可分为正常性的嫉妒、病态性的嫉妒、妄想性的嫉妒、竞争性的嫉妒等等。

但说来说去，从本质上看，嫉妒是一种不健康的心理状态。嫉妒心理不论是形式上的差别，还是内容上的差别，都只不过是在程度上有轻重的不同，或者表现形式的不同罢了。然而，不管是哪一种嫉妒，也不管是程度如何，它们都有害于保持正常的人际交往和健全的社会生活。

嫉妒既然属于一种不健康的心理，那么就应该注意加以防范，制止它的产生。

（2）有嫉妒心的人，必须自勉自励地做到以下两点：

①为了摆脱嫉妒这种恶劣感情，最好是首先做到停止自己和别人的较量，正视自己的差距，然后扬长避短，去发现和开拓自己身上所具有的潜能。这些潜能包括你已具有的和可能具备的优点、长处、价值等等。然后，不断地充实自己、提高自己，努力争取改变自己的现状，开创新局面。

②达观一些，冷静地对待事态的发展，不要成为情感的“俘虏”，从病态的自尊心和自卑感中解放出来。他若达到了这样高超的思想境界，那就会意识到，每个人都“自得其所”、各有归宿；甚至会承认他的对手，确实比自己要高明些、优越些，而自己也就会有勇气重新认识自己、发现自己和创造自己。这样，就可能会心平气和、心安理得，就会从嫉妒这种不愉快的泥潭中自拔出来。

谈到这里，我请有嫉妒心理的朋友万勿误解，我绝不是让人们“与世无争”地放弃奋斗，不去学习效法他人的优点和长处，不断找差距，激励自己发奋有为，不断向上进步。须知进取心和嫉妒心，它们是有本质区别的。

避免“双重人格”

美国文学传记作家安妮·爱德华兹1976年出版的《费雯·丽传》，是一本深受读者喜爱的畅销书。他在书中写道：“费雯·丽可以是一个风度高雅、谈吐得体的女人，也可以成为最荒唐、令人生畏的女人。她可以是最安详、最仔细周全的伴侣，也可以是一个粗野的、不可驾驭的疯妇。她可以做到最善良、最细密、最体贴，也可以撒泼打滚、残酷无情。”你觉得作家笔下刻画的这位闻名世界的电影明星费雯·丽的“性格”很奇怪吗？明明是一个人，但却有时表现得是这样，有时却又相反地表现得是那样。你或许会迷惑不解地发问：这该怎样解释呢？

像费雯·丽这样的性格表现，就是病理心理学上所讲的“双重人格”（亦可称为“二重人格”），它是一种病理性的变态性的人格。它的形成原因是一个人的人格失去了应有的和谐性与完整性。所以在同一个人的身上，两种迥然不同的性格特征，可以在不同的情境下交替出现。

你看过电影《骆驼祥子》吗？这部脍炙人口的影片是由老舍先生的同名小说改编而成的。小说《骆驼祥子》也是世界闻名的一部杰作，40年代，美国著名畅销杂志《读者文摘》把它译成英文，改名为《人力车夫》，在美国读者界引起了轰动。我记得当时教我心理学的一位美国教授，就曾经对我用肯定的口气说过：虎妞的性格是典型的“双重人格”！如果你翻阅过这部原著，你会发现名为车厂老板刘四爷的干女儿，其实是他的姘妇的虎妞，爱上了诚实而健壮的车夫祥子后，她的性格表现大为不同，不再是对刘四所表现出来的那样泼辣、粗野，而是温柔多情、体贴入微，前后判若两人，成为鲜明对照。虎妞对待刘四和祥子这两种不同的人格形态，不断地交替出现，越发使人感到，由于她内心深处充满了深刻的恨与爱，故而她的性格特征往往是矛盾的、冲突的。

尽管费雯·丽和虎妞的“双重人格”表现程度不同、形态不同，但当我们仔细地深究她们的身世、遭遇和经历时，就会发现“双重人格”往往不是由于生理上的病变所引起的，而更多的是由于心理上的痛苦与创伤所造成的。因而治疗与矫正“双重人格”，就要从“医治”、弥补人格着手，使一个人的人格稳定地保持完整、和谐的状态。如果一个人能用统一、和谐的人格来主宰自己的言论和行动，那么，他（她）就不会使自己的人格分裂。

具有“双重人格”的人，往往会表现出程度不同的失常行为。在日常生活里，一些人的“双重人格”有两个主要的表现特征：（1）一个人在他的一生当中，有时会和过去判若两人，完全变了。（2）把过去的事情全部忘得一干二净。

为什么会有这两种表现？原因有病理上的，也有心理上的，而更多的是属于心理因素。我在前两年，曾经听亲友讲过一件真人真事：一位中学教师性格活泼乐观，惹人喜欢；而在被错划为右派分子后，由于妻离子散，变得十分孤僻沉默，前后判若两人，以致使人不敢相信：“怎么？他就是当年那个生龙活虎的小伙子吗？”另外，在我谈记忆力急剧减退问题时讲到，本世纪40年代，轰动世界影坛的影片《人猿泰山》男主角约翰·尼·韦斯摩勒，晚年因贫病交加，心身尽瘁，脑子长期衰退，到最后，他只能对来看望他的人说，他曾经是最伟大的“人猿泰山”，而一切往事，都忘却得一干二净了。西风落叶、沉沦没落时期的韦斯摩勒和红得发紫、显赫腾达时代的韦斯摩勒，真是变得令人难以置信原来竟是一个人。

在社会上，除双重人格以外，还会有三重人格、四重人格，以至更多的人格同时共存的现象，不过这样的人不多见。据国外1983年发表的一篇报道说，美国有一个得“怪病”的24岁男青年，名叫麦克，他身上具有27种性格，随时都能发生变化。他有时像婴儿，有时像老人，有时像女服务员，有时像运动员，有时却“成”了律师……他的这种多变的性格也会交叉反应，叫人捉摸不定。他本人抑制不住有时想害人，有时又想害自己这种矛盾的念头，弄得他十分苦恼。于是麦克求助于医生，医生诊断他得了世上罕见的“多种性格病”，即“多重人格”症，这种病例，在历史上有记录的只有二百宗。麦克的病，倒真的是实属罕见，堪称“怪病”。这种病人，恐怕绝大多数人都没有碰见过，因为他委实是太极端、太严重了。

“双重人格”也好，“多重人格”也好，都是一个人的人格失去了完整统一的性质，分裂为两个或两个以上的人格，从而支配他的行为。也可能会在不同的时间里，每个分立的人格交替出现，使得他的行为失去了前后一致性，因而往往给人的印象是：一个人前后判若两人，或者是判若数人。

你也许碰见过这样一类人吧？他刚刚在电话里，对上级毕恭毕敬地讲完话，转过脸来却对他的下级，声色俱厉地训斥不停，这种“前恭后倨”的表现，使我们感到可笑而又可鄙，感到此人是“人格太次郎”（这句词，也是一位青年朋友告诉我的）。这类人和上面讲过的费雯·丽或虎妞是不一样的，他们不是病态心理或变态心理的表现，而是属于丧失人格或品格缺陷方面的道德品质的问题，我请你不要把这两者混淆起来等同看待。这是两类性质不同的“双重人格”。

这后一类“双重人格”，往往是由于利欲熏心、道德败坏造成的，以致给人以人格分裂的伪君子的印象。你看过《天云山传奇》这部电影吧？由著名老演员仲星火扮演的那位“一贯正确”“不倒翁”式的领导干部吴遥，他的人格是多么卑鄙，多么令人憎恶！他在外边对下级摆出了一副冠冕堂皇、正人君子的模样；但回到家里却显露了卑鄙无耻、下流小人的嘴脸。最后他露出了狰狞的真面目与肮脏的灵魂，终于对他以变相欺骗手段霸占来的年轻妻子（也就是被他陷害了的他当年“好友”的未婚妻）下毒手，一记耳光把她打倒在地、口吐鲜血；可接着他又跪倒在地、苦苦哀求他的妻子不要去告发他。你对这一幕图景印象深刻吧？你也一定同多数观众一样，感谢仲星火把这个伪君子的“双重人格”表演得如此深刻有力！

综上可见，造成双重人格以至多重人格，既有病理学上的原因，也有心理学上的原因。而在心理原因当中，又不能忽视政治上的、社会上的、文化上的背景。如果抛开人的心理的社会制约性这一决定论原则，你就会认为吴遥之流人物是“怪人”而不是“罪人”了。因此，双重人格是一种心理失常，而造成心理失常的原因是由于他们同时有两个不同的动机，但这些不同的动机却不可能协调一致地和平共存，而是经常处于相互矛盾、相互冲突的状态中，这样，久而久之就会形成双重人格。正是因为有两个相互矛盾、冲突的动机同时并存，彼此互不相容，因而只能在某一段时间里满足其中一个，而压抑其他别的；于是这个人就会在不同动机的支配下，表现出前后极不一致的行为。

说到底，为了不让自己的人格分裂为双重人格，那你就得让自己的人格永远稳定地保持统一、完整、和谐的状态；让自己的动机、需要、愿望等服从于统一的人格的支配。使自己的欲望不要背弃信念，使自己的私欲不要和良心相冲突，使自己的行动不要和思想相矛盾。我国古代先哲孟子曾经说过一句发人猛省的警世名言："生，亦我所欲也；义，亦我所欲也；二者不可得兼，舍生而取义者也。"我想，这对于我们保持完美、高尚的人格，从而避免人格分裂，该是有帮助的。

矫正和改变病态性格

我不知道你对"从小看到老"这句话，是怎样理解的。我想，起码有两点值得注意：一、如果把这句话理解成为，一个人的性格是从小形成的，做父母的应当从小时起，就重视培养儿童的良好性格和健全的心理，那么，这句话确实是有些道理的。二、可是，如果你把这句话看死了，认为一个人的性格从小形成后，一辈子就不会再变化了，那就错了。

过去有些心理学家和精神病医生，曾经断定人们的性格从三岁左右形成后，就不会再变了。这是把话说绝了，因为事实上并非如此，性格在后天生活环境中，是不断地发展变化着的。不仅正常的性格可以变，就是乖僻的、偏离常规的一些性格，也是会变化的。

乖僻的、偏离常规的性格，可以分为生理上的和心理上的两个方面。生理上的乖僻性格，比如，由于大脑炎和觉醒剂药物中毒而导致的后遗症，脑部外伤后的人格变异，癫痫患者以及大脑器质性病变所引起的性格乖僻等等。这种乖僻性格改变起来是相当困难的。当然，根据病因和病情，也不能说是绝对改变不了的，比如，长期服用镇定药，也能够帮助患者适应社会环境。这种由于大脑病变所引起的性格乖僻，是神经精神病医学家所要研究和诊断治疗的任务，不属于我们在这里所要讨论的范围。

除上述外，一般的性格乖僻不能归类到精神病范围里，它是一种异常性格，属于一种广义的心理障碍。德国精神病学家施奈德把病态心理的性格乖僻，分为下面十种类型：

（1）昂扬型性格。表现特点为：爽快、轻率、凡事都插足、爱惹是生非、爱说谎话等等。

（2）抑郁型性格。表现特点为：厌世、闷闷不乐、感情脆弱、不愉快等等。

（3）缺乏自信型性格。表现特点为：对自己的言谈举动和能力没有信心，容易产生依赖思想等等。

（4）盲目自信型性格。表现特点为：言论行动总是受伴有强烈感情的某种思想的支配。

（5）显示型性格。表现特点为：喜欢向别人表示自己的强烈的、超越实际的欲望。癔症等患者大都属于这种类型。

（6）情绪易变型性格。表现特点为：无缘无故地郁闷不乐、心神不定无所寄托、爱喝酒、乱花钱等等。

（7）爆发型性格。表现特点为：微不足道的细小琐碎事情，也会使他爆发性地兴奋起来。

（8）寡情型性格。表现特点为：对人冷淡，缺乏同情心、缺乏共鸣感、缺乏羞耻感和良心义务感。

（9）缺乏意志型性格。表现特点为：缺乏意志的一贯性、独立性和持续性，很容易受别人的暗示影响。

（10）无力型性格。表现特点为：疲劳、头重、失眠等，经常有所谓的神经衰弱症状。

上面这十种属于病态心理的性格乖僻类型。在日常生活里，很少是单个出现的，它们几乎都是以复合型的形式表现出来。

像上面这样的分类，也只能是提供参考罢了，因为除了施奈德提出的这十种类型之外，还有不少学者提出了其他不同的类型分类，而且每个学者对他自己提出的类型分类，从病因分析上都各自有一套理论主张。不过，比较起来，施奈德提出的这十种类型分类，更合乎实际情况一些，因而被人们一致公认为，这种分法可信度比较大。因此，人们无妨把它作为依据来个“自我鉴定”，或者作为考察别人性格的“线索”。在性格上，如果有这十类当中的某些表现，那就应该提高警惕，设法加以改变，说不定对你保持心理健康和预防心理疾病，是会大有好处的。

从性格心理学上看，矫正与改变如性格乖僻等这样一类病态性格，有无可供参考的一些措施、办法呢？下述四条改善性格的途径，是我研究现代性格心理学的理论和实践后的心得体会。

（1）重新组织认知框架。改变你对人、对事、对己的观点和看法。倘若你能从崭新的视野角度来看待别人、看待自己、看待事物，那么，你就会发现过去未曾注意到的“新大陆”“新气象”，感到“柳暗花明又一村”、豁然开朗，于是，你的性格也就随之而逐渐地产生变化与改善。在这里，重要的一点是，务必要使你的思想与信念和现实保持一致性与和谐性。因为实际生活向我们指出，自我观念和实际体验之间的不一致的结果，就容易引起情绪上的焦虑不安等种种不适应的表现。1979 年 8 月，北京燕化公司前进化工厂的一位 21 岁的总公司先进生产者、优秀共青团员突然自杀了，她留下的遗书中只有一句话：“面对生活中的一切，我无法解释……”这位年轻女工，工作积极，思想单纯，周围的人们一致说她“思想进步、心地善良、要求自己严格”，但由于她只是看到了事物的光明面，而容不得半点阴暗面，因而当她发现事与愿违，叹息“现在的人怎么都是这样”后，终于自寻短见。对她的死因，我们没必要去深究，但至少有一点值得注意：每个人都必须努力地打破僵固的自我观念，要不断地向大脑输进新的知识与经验，从而改变原有的自我观念；要使自己和周围环境保持谐调一致，从而防止性格乖僻。

（2）重新学习人际关系。由于性格主要是在人际关系的接触与交往中形成、巩固和变化的，因而必须留意促进增强人际关系的方法。为此，要打破闭关自守的狭窄局面，加强社会性学习，从情感上改变自己对人、对己和对事的态度。应当多渠道地通过相互交往，来促进人与人之间思想感情交流的广度与深度，让性格乖僻等性格病态的人们，逐步加深地体会到生活的乐趣和人间的温暖，感到自己有可施展奉献的潜能，在群体中占据一席重要位置，等等。

（3）重新安排行为活动。由于性格是在和周围环境相互影响、交互作用过程中形成与发展起来的，因而必须不断地改变、调整自己的行为方式。比如说，有的人因为自己经常好有攻击性的言论行动，因而和周围的人们常常处于紧张敌意的状态，如此恶性循环下去，为了对抗他所自造的紧张处境，就会越发怀有敌意。与此相反地，有些人受到周围人们关心温暖的对待，他们就势必会更进一步地表现与发展亲密性的行为倾向。因而，影响行为的环境若是发生变化，那么，行为也就会随着变化；于是，作为决定行为倾向和约束习惯的性格，也就会相应地发生改变了。

（4）对行为与认知的自我控制。每个人都可以设法改变自己的性格，比如，在大庭广众、众目睽睽下容易心慌怯场的人，就可以通过练习调整呼吸法或自我暗示法，而逐渐地得到克服与改正。像这样依靠主观努力采用一些相应的办法，来提高完成任务效果的技术，就是我们通常讲的“自我控制方法”。“自我控制方法”作为一种自我心理疗法，现在已被普遍采用，并取得了很好的“疗效”。人们不妨一试。

性格需要全面发展

前面讲了“十类病态性格”，那是指人们在性格上所表现的失常心理或失常行为，从广义上讲，也可以说是心理疾病。下面谈谈一般正常人的性格。

如果从每个人对待生活的态度，即对环境的不同适应方式来看，人们的性格基本上可以分做内向型和外向型两种。这一主张，是瑞士的著名心理学家荣格提出来的。

荣格原来是心理学精神分析学派创始人弗洛伊德的得意门徒，后来因为和他的老师弗洛伊德的基本观点分歧，于是分道扬镳，另立门户了。荣格认为每个人都有一种生命意志，那就是“欲望”，欲望就是人们一切行为的原动力，而“欲望”活动的方向，既可以是内向的，也可以是外向的。根据这种观点，荣格就把人们的性格分做内向型和外向型两类。

（1）内向型性格。一般说来，内向型性格的人，他们的行为的原动力，也就是说他们的欲望主要是向内倾斜的，表现为更多的是闭关自守式的关心自己的倾向。

这种类型的人，往往是朋友较少，谨小慎微，独善其身，和街坊四邻几乎没有什么交往；在会议上也很少发言，专心地充当听别人讲话的“旁听者”的角色；喜欢做老一套的已经习惯了的事，而不愿意干什么创新的工作；不愿意外出旅游，觉得外出不如在家里舒适；认为参加交际性的聚会，不如在自己家里和家人共享乐趣好，等等。总而言之，内向型的人。大多数不喜欢抛头露面，喜静不喜动，反应较慢，沉默多思，不愿意多讲话，非讲不可的时候，也是三言两语地只讲必须讲的就完了。

内向型人当中，大部分是神经质的人。这种人由于缺乏自信，所以往往遇事消极；有些事情他们本来完全可以做得好，但是因为缺乏自信心和消极态度，就会踌躇不前，因而往往一事无成。他们尤其是不敢轻易地创新，对于自己没有经验过的事情，在心理上会经常处于疑虑不安的状态。因此，对于内向型的人，更应当鼓励他们增强信心，发挥闯劲。

（2）外向型性格。和上面讲的内向型的人正好相反，他们的行为原动力，主要是向外倾斜的，表现出很容易接受外部刺激影响的倾向。

这种类型的人往往是向外开放性的，他们善于交际、朋友多，而且各界的朋友都有；愿意外出活动；干起新鲜事来很起劲；活泼开朗，活跃好动；决断快，很少深思熟虑后再行动，很少疑虑不安，适应困难比较容易；一般人不愿谈的事，甚至“不可告人”的有关个人私生活的隐秘，也毫不顾忌地津津乐道；不断地寻求新奇；喜欢成为谈话时的中心人物，听他（她）一个人在那里滔滔不绝地讲下去；经常乐于帮别人的忙。

当然，内向型和外向型这两种性格类型，又可以细分为很多种不同的类型。有些人比较内向，内向的倾向占优势；有些人或许外向些，外向的倾向更多些。现在国际上流行一种大众化的说法是“五种性格类型”，分别用英文字母 ABCDE 来表示它们。A 型是极端的外向型，E 型是极端的内向型，也就是说，A 型和 E 型是常态分配曲线上的两个极端。一般地说，具有这两类性格者是心理不够正常的人。而大部分的人则是两种类型兼有，或者是比较倾向于二者中的某一个类型。

性格和人格不一样。人格包含有道德性的意义，性格则不带有道德性的含义。性格不用“善恶”的标准来区分，因此说，性格内向型和外向型的人，都各有优点和缺点，不能绝对地说哪个好，哪个坏。不过通常认为，过分内向的人更容易得心理疾病或心理不健康。我们应当把这两种类型性格的优点吸收过来，把它们的缺点加以排除。

中国有句成语“静如处子、动如脱兔”，意思是说，该安静的时候，应该像大姑娘那样文静下来；该行动的时候，就应该像奔跑的兔子那样行动敏捷。同样的，人们应当做到：需要内向的时候就内向；需要外向的时候就外向。比如说，需要你讲话的时候，你就要侃侃而谈，把你的思想感情尽量表达出来；该你静听别人讲话的时候，你就不要总是插嘴、打断别人的话，一个人唱独角戏似地说个没完没了。我想，这样做就会比较好地适应周围环境，就不会产生种种病态心理，心理也就会保持稳定的健康状态了。

目前，许多学者认为，以素食为主的东方人在性格方面，诚然具有温文尔雅的品性，但也趋向于保守，属于内向的性格。而以肉食为主的西方人，虽然容易激动，豪放不羁，但却富于创新、冒险，属于外露的性格。这当然纯属“一家之言”，但也不能说它完全是“无稽之谈”。这段话显示了很多学者都在下工夫努力想揭开性格这个“谜”，想要查明影响人的性格因素都有哪些？但是我认为，也不能说东方人就完全是属于内向型的性格，而西方人就完全是属于外向型的性格。因为绝对内向或外向的人，是比较少见的。任何国家、任何民族，都有或偏重内向、或偏重外向的人，内向与外向只能是相对而言。不过多吃些肉食来改变你的内向性，是否会收到效益，也无妨试试看。人类是食肉动物，原始人经过肉食，特别是发现火后吃熟肉，人脑就更加发达起来。现在，许多心理学家都认为，青少年多吃些肉类食品，有助于智力的发展。因而，对待一些新的学说、观点，不要采取虚无主义的态度，简单生硬地加以否定。我手头上有一份资料：1983年，有人对天津一所重点中学高中生的性格特征进行了调查研究，其中，学生家长对自己子女的性格评价，可分类为：（1）内向型的占总人数的59.8%，表现特征为：①沉稳、自尊心强，但缺乏青年人应有的活力；②胆量、魄力、毅力都不足；③多沉静、少热情；④多稳定、少变化；⑤心胸不够开朗；⑥组织能力不强。（2）外向型的占总人数的40.2%，表现特征为：①乐观、开朗、急躁、遇事爱争辩、盲目自信；②办事无恒性、单纯、幼稚、不成熟。对我国当代青少年的性格，做这样的评价，当然不能算做是十分科学的定论，因为它的代表性和说服力毕竟有限，不能就此推而广之，去证明我国当代青少年一代的总貌，只能供做参考。但是，从中却可以明显地看出两点：a. 内向型与外向型的性格特征，委实差别很大，它们的表现特征几乎恰恰相反；b. 我国当代青少年的性格特征，从一个局部来看，内向型的竟然超过了外向型的，这该引起我们的关注和深思。因为内向型的人，存在着一定程度的不利于心理健康的缺陷。所以我们应该尽力去克服与纠正内向型的不利方面，为四化建设的需要，改变保守、胆怯、缓慢、疑虑等等消极的内向性格特征，从而更加有胆量、有魄力、勇于进取，不断地去创新、去改革。

善于交往

“唉，还是家里的人好处！”这是我隔壁一位青年朋友从他们的厂子回来，和我见面时经常发出的第一声感叹。他这一句充满“难言隐痛”的叹息，代表了一部分青年现在的感受。为什么在和别人的交往中会发生这种尴尬的以至痛苦的局面呢？这就涉及了在现代化社会里，人们相互接触频繁时，如何处理好人际关系的社会心理学问题。你想躲避人群是躲避不了的，而你又不善于与人和谐地相处，那么，种种烦恼、苦闷便会接踵而来。

人是社会性动物，“人按其现实性说来，乃是社会关系的总和”（马克思语）。人是不可能离开社会、离开人群而独立生存的。苏联《消息报》

1981 年 4 月 28 日曾发表一篇题为《鲁滨孙·克鲁索的真人是谁?》的文章。文章指出，英国作家笛福写的《鲁滨孙飘流记》中的主人公原型，是一个名叫塞尔柯克的海员，他脾气不好，在一次航海中因为同船长发生争吵，从此滞留荒岛，孤独地生活了四年，当 1712 年这个漂泊儿回家后，脾气更怪了，四年孤独生活的习惯，使他看到别人时怕得要命。老是想方设法找个僻静无人的地方躲起来，过隐士生活。结果在九年后（1721 年），死于他自己挖的地洞里。

或者是文学典型鲁滨孙的原型塞尔柯克，或者是人们所熟悉的印度“狼孩”，他们由于长期脱离人类社会集体生活，以致变得失去了人性，生存不下去。这些事实雄辩有力地告诉我们：任何人也休想离开人群，逃脱不了人际交往关系；有的青年由于种种原因想孑然一身、离群独居的想法是十分不现实的。

人们都是在集体中生活着和发展着的，而且社会分工越加细致，相互依赖的要求也就越加强烈。从广义上讲，人类应该是“相依为命”和协调适应的，人们几乎时时刻刻都在和别人彼此交往中生活着，既受别人的影响，也影响着别人。正因如此，每个人就必须保持健康的心理状态去和大家一起设计筹划、讨论研究、协商合作、共同学习与共同工作。必不可少的人际交往，是每个人保持心理健康的重要内容，通过彼此间的相互交往，提供信息，增进了解，诉说各人的喜怒哀乐，增进彼此之间思想感情的交流，鼓舞情绪，产生一种合群的亲密感，发生相互依赖的依恋之情，从中吸取力量，增强团结。而且在有组织的集体当中，经过互相启发、反馈，才能够更好地增加才干和发挥智慧。

心理健康的目标，在于形成和促进完美的与和谐的人际关系；培养社会所能接受的做人态度，对自己、对他人和对整个社会的适应态度。人们都爱说青年人的“本性”（也就是“年龄特征”）是喜欢热闹、渴望友谊。因此，如果有哪一位青年人不愿意与人相处，或者不善于与人相处，那倒很有可能是心理不够健康的征兆，人们往往把这些青年人看做是“怪人”。青年人更需要在和别人，尤其是和同龄人的相互往来、相互认知中交流情感、促进友谊。比如说，现在强调青年男女们要通过广泛的社会交往来促进实现美满的婚恋，从而达到家庭和睦、促进社会的安定和社会生产力发展的目的。这些都说明，对于青年人说来，乐于和人交往并善于和人交往，是十分迫切和必要的一项基本需要。

那么，怎样和人交往?

古话说：“天时不如地利，地利不如人和。”这是说无论是想在战争中取胜，或者是想在事业上有所成就，都应该重视“人和”这个重要因素。

所谓“人和”也就是要善于和别人交往。

要做到“人和”，根据古人的经验，就是四个字两句话：忍让、克制。在和别人交往时，应当努力做到宽容大度、容人之过，以“宰相肚内能撑船”自勉。遭到别人的非议或者触犯自己的尊严或利益时，不计较个人恩怨，以团结为重，泰然处之。《明史·夏原吉传》中记载，有人问户部尚书（“户部”是唐代六部之一，掌管全国土地、户籍、赋税、财政收支等事务，长官为户部尚书。后来，历代相沿不改，直至清末才废除）夏原吉：“量可学乎?”他回答说：“始忍于色，中忍于心，久则无可忍矣。”意思是说，开始时要克制自己不发怒，不怒形于色；进而克制自己不怀恨积怨于心中，打心里不发火；这样下去，时间一长，就可以忘却前嫌，化干戈为玉帛，和平共处了。

从夏原吉这位相当于现代部长级的古代“高干”身上，我们是不是可以得到这样一些启发呢？当你遭到别人误解甚或诽谤的时候，如果不是大是大非的原则性问题，那就要容人之过，而在生活中的小是小非方面，就要善于妥协，该忍则忍，该让则让。

西方一些应用社会心理学研究专家认为，如果你能具备下列一些思想修养条件，那你必将会善于同别人交往。

（1）认真地倾听别人的谈话。即或有不同的意见，或者使你感到恼火，也要克制自己忍耐地听到底；然后再发表自己的看法，或者有分寸、有礼貌地反驳。

（2）眼睛注视对方的表情，仔细观察辨认说话人的一切“无声语言”的表现，诸如叹气、停顿、沉默等等。你对这些“无声语言”要及时地、适宜地给予应答性的反馈表情。

（3）如果发生争吵，先冷静五分钟，然后经过友好地辩论，迅速了结，不存积怨。

（4）对别人要多加体贴、尊重和帮助，要有和别人团结协作的愿望。

（5）保持善意的幽默气氛，面带微笑，切忌挖苦讥讽或贬低别人。

除开这五条以外，还可以列举出一些其他类似的条件。但从这五条中，你就可以“举一反三”式地联想起其他一些条件来。因为这些条件几乎都是属于与人相处时，个人在思想修养与心理保健方面的必备要求。它们的原则都不外乎是：要与人和睦相处，要多加尊重别人、体贴别人等等。因此，你可以依据这些必备要求、基本原则，参照你本人的和所要交往的对方的性格特点、人格特质，拟定出其他一些善于同人交往的条件要求或方法技术。

上面讲的与人交往时，应具备的一些所谓的思想修养条件，或者说与人交往的方法技术，其实也就是“思想交流”。在人际关系中，思想交流十分重要。思想交流是人与人之间最复杂、最微妙的联系，这种联系主要是信息的沟通，它靠各种信息的传递来实现。所以说，人们之间相互交往的过程，也就是把各自的感受、体验，用不同的方式、途径来加以表露，从而使对方感知到并且进而做出反馈的过程。可是，人际关系中的思想交流是双向性的、反射性的；交流的双方既要向对方表露自己的感受，同时又是在感受对方感受的表露的相互交叉过程。因此，在人际关系的思想交流中，我们要防止出现由于矛盾冲突以至发生口角争端而导致的关系破裂，或者是关系僵化的不平常状态。这就涉及社会心理学中所强调的在人们相互交往过程中，还存在着“心理相容”的问题。

什么叫做“心理相容”？它是指个人和集体之间、个人和个人之间最协调的结合；它保证个人对工作的满意以及对事业的完成。那么，为什么人们在相互交往的过程中，会出现心理上互不相容的现象呢？社会心理学家认为主要有下面两个原因：

（1）双方的观点和信念不一致时，彼此间的关系就会趋向紧张；分歧越大，紧张的程度也就相应地增大；观点分歧若是严重到毫无弥补的可能性，不能求大同而存小异地加以协商解决的时候，双方关系就会破裂，甚至会互相歧视、仇恨。

（2）有些性格特点是造成彼此间在心理上互不相容的根源。比如，有些人爱吵嘴抬杠，有些人难以相处，有些人孤僻得很，有些人纠缠不休，有些人高傲自大，等等。有这样一些性格特点的人，是很难和别人心理相容的。

除上述外，在日常生活中，也会看到有些自发组合起来的小团伙，由于缺乏高尚的理想和愿望，只是由于一时的“臭味相投”，而彼此聚拢在一起。他们一旦厮混的时间长了，熟悉到互感乏味烦腻时，最终就会破裂分手，原因就是一开始交往接触的时候，就缺乏坚实的交往基础。这说明“志同道合”也是心理互容的一个重要条件。若是志不同、道不合，就必然地会出现心理上互不相容。

如果彼此之间心理不能相容，那就得从双方查找原因，想方设法地去纠正、弥补。但是，如果做不到这一点，也不宜生硬地非得保持相互交往不可。因为在心理不相容的情况下，人的自尊需要和自我价值评估的需要，得不到承认、满足与实现，那么，久而久之就会造成情绪恶劣或身心疾病的出现。所以，由此可以得出如下两条原则：①最好心理相容，而不要心理分离；②非得心理分离不可的时候，也不必过分勉强，还是得暂时地、或者永久地心理分离。有人也许会认为这后一条原则多少有些悲观论的味道，但从心理保健角度看，这也是必要的。

当然，从心理健康学上来看，最好的办法也是最根本的办法，就是要极力地避免彼此心里不相容现象的产生。那么，有什么办法可以防止和避免人们在交往中产生彼此心里不相容的消极后果呢？除开上面讲到的一些条件要求和方法技术外，我还可以再提供如下一些参考意见。

心理失常的人，往往和别人失去了和谐的关系，他们在行为上经常表现为退缩、回避，有的甚至对别人表现出怀疑、敌视、畏惧和憎恨等等不正常的态度或情绪。这类人就更有必要多参加社会交往活动，养成主动积极地和别人建立良好的正常人际关系习惯。心理治疗专家建议，这些人可以采用“团体治疗法”，用这种方法可以消除心理失常患者的内心焦虑和冲突，改进人际关系，从而能和别人和睦相处。这主要是因为在集体生活里，可以增加和别人交往的机会，在别人对他的反应中，犹如“照镜子”一般，启发了自我认识和自我了解。这样，就会防止自以为是、孤僻多疑和敌视抗拒的心理与行为。

“团体治疗法”比较简单易行，通常是把同类心理失常的患者聚集在一起，让他们自由交谈，互相来往。开始阶段，也许他们彼此戒备或敌视，但久而久之，他们就会互相接触、互相交谈，自由自在地、无所顾忌地诉说自己内心的苦痛和经历，彼此之间可以互相同情、互相激励，从而减轻孤独、寂寞、恐惧、忧郁等等心理负担，增进了对自己的了解以及信心和勇气。

有离群独居倾向的青年人，应当和同龄伙伴多接触。因为同龄的人由于年龄特征相同，因而在思想感情上彼此容易接近，能够谈得来、能谈心里话。而这些心里话，有时甚至对自己的父母都不肯说。这样，离群独居的青年人，就不会把他（她）的大部分时间都用于默默地沉湎于独自的遐想中，他们就可以不再陷入自我编织的想象网套里，用幻想来代替现实了。因此可以说，对于克服和改正那些落落寡合、性情孤僻、有意地逃避社会等等心理失常和行为失常的青年人，多和年纪相近的“同龄”伙伴相接触，是一个很见效的培养和别人和谐相处态度与习惯的途径。

我主张青年人应该多交朋友，多和朋友交往，多参加集体活动和社交活动。因为这样做好处多：①可以调整和丰富生活内容，缓和或消除紧张心理，避免孤独感；②可以互相交换意见，增进见闻，扩大和充实生活的知识经验；③可以增强关于交际、礼节以至服饰、风度等方面的知识修养，更好地适应时代潮流，应付自如，从而使心理保持正常状态。

法国著名作家罗曼·罗兰很重视友情，他曾说过：“有了朋友，生命才显示出它全部的价值。智慧、友爱，这是照明我们黑夜的唯一光亮。”罗曼

·罗兰这句话固然说得绝对了些，指引人们前进的当然不仅仅是友爱或者智慧。不过，他强调友情对于人的心理生活的重要意义；友情对于预防和避免“黑夜”般的不健康心理的发生的重要作用，是完全可以理解和接受的。

青年人在交往中，当然也得注意有所选择，不可乱交往，不可乱交友。西方有句谚语：“只要对我谈你的朋友，我就能说出你是什么样的人。”中国也有句老话：“近朱者赤，近墨者黑。”西方的谚语讲了一个人所交的朋友是一些什么样的人，人们就能判断出他的为人；中国的老话说明了和什么样的人交朋友，你也就会变成和他一样的人。这就是说：伙伴是会相互影响的，所以你在交友时就得加以选择。

消除爱情带来的烦恼

你熟悉这句歌词吗？“只要偎依在你怀抱，我是那样宁静无烦恼。”是的，你说对了，这是曾经引起我国广大青年男女很大兴趣的日本电视连续剧《血疑》中，女主角幸子姑娘唱的该剧主题歌中的一句歌词。这句婉转动听的歌唱，博得了很多正在热恋中的青年男女的共鸣；也引起了顺利地完成了恋爱阶段、结成终身伴侣的男女青年的美好回忆；当然，也激起了那些正在向往并准备谈恋爱的青年男女的热情。

然而，在恋爱过程中，并不总是“宁静无烦恼”的，几乎每个人都会遭遇到各种不同的挫折；而爱情上的挫折，又往往会造成心理上较大的焦虑不安。你该知道，很多心理疾病恰恰就是由焦虑不安所引起的。因此，对于青年人说来，在恋爱过程中，如何保持心理健康，尽力避免心理上的挫折，就显得分外重要。

恋爱是一件正当的无可非议的事情，因为对于爱情的渴望和追求是一种正常的“心理需要”。人们的心理需要范围很广，比如，要求别人承认你存在的价值；要求发挥自己的潜能，向社会显示“我并不比别人差，我也能干好”的需要；不仅要求从父母、亲人方面得到爱的温暖，而且还要和很多人保持亲密关系，相互交往、理解，保持友好、互助的关系，等等。现代心理学甚至提出，正像婴儿在接触母体时，才会有心理上的宁静安全感的基地那样，青年人程度不同地也需要通过男女双方肌体的接触，使得心灵得到宁静和安定。《血疑》中这句歌词“偎依在你怀抱”，恰好论证了这一点，因此可以说，正常的恋爱是对爱的需要的正当的追求，没有任何理由去反对它。

不过，由于爱情上的挫折而造成焦虑不安时，我们就应该考察一下这些受挫折者现在以及既往历史中爱情关系的变化和发展的情况。她为什么失恋了？他为什么要求离婚了？他们为什么产生隔阂以及由于男女青年在婚恋的不平坦道路上所产生的种种令人烦恼苦痛的争吵、破裂、“背叛”、反目、抛弃、变爱为仇……严重的甚至会因此而产生抑郁寡欢、喜怒无常、精神分裂等等心理疾病；更为严重的则会导致轻生自杀的恶果。

虽然男女爱情的悲剧情况是错综复杂的、原因也是多种多样的，但这些都可归结为恋爱的失败与不幸这一基点上。有些医学心理学家说，心理疾病的背景，就是由一个人一生当中爱情关系的变化和发展情况如何所决定的。当然，他们讲的“爱情关系”的意义很广泛，并不仅限于狭义的男女之间的爱情关系，还包含有父母双亲的抚爱以及同性朋友、伙伴之间的友爱等等，但男女爱情占据的比重确实要更大些。

那么，在恋爱过程中，怎样才能够保持健康的心理状态呢？我认为最根本的问题，就是要消除因爱情问题而带来的烦恼。

是的，爱情的确常常和烦恼相伴随，而烦恼又是破坏爱情的大敌。德国大文豪歌德在他的名著《少年维特之烦恼》一书扉页上写道：“青年男子谁个不善钟情？妙龄女郎谁个不善怀春？啊，这本是人性中之至圣至神……”歌德这句诗，看来虽然只是表达了恋爱是神圣的正当事情，但他却在这句引论之后，向读者展示了小说主人公维特因爱情而遭遇到的种种烦恼情景。

为什么爱情会经常伴有烦恼呢？这和青年男女心目中的“理想伴侣”条件有密切关系。谈到所谓“理想伴侣”条件，并非某一位青年男女“异想天开”的独创见解，它具有很大的社会性，在阶级存在的社会里，无疑问地也存在着很大的阶级偏见。比如说，人们所生活着的周围环境、社会传统以及习俗规定等等，就对选择对象的年龄、学历、身材长相、家庭情况、经济收入、风度气质等等，都有形无形地起着制约、束缚的作用。那么，青年朋友们应该怎么办？是屈服于这种世俗的传统旧观念，自我烦恼？还是敢于冲破这些束缚的牢笼，独立地去争取真正幸福美好的爱情？

我作为一个多年的教育心理学工作者，同时也作为一个尝过甘苦的“过来人”，向你提出如下两方面的忠告：

（1）你的“理想伴侣”条件该是什么？你应该找一个什么样的对象？①找一个对爱情持有严肃、忠诚、坚贞态度的人；②找一个能相互尊敬、相互信任和相互谅解的人；③找一个能善于自我控制，严于责己的人；④

找一个文化程度与你相当的人，这对于保持夫妻心理上的平等是很重要的；⑤找一个双方性格特征多少有些相似的人，脾气相投才能和睦共处，家庭生活也才会幸福美好，最好不要找想凌驾对方之上、“奴役”对方的人；⑥找一个朝气蓬勃、平易近人、心地善良的人，不要找斤斤计较、性情孤僻、唯我独尊和自私自利的人；⑦找一个年龄适当的人，双方在年龄差别上，不可过大、也不可过小，否则，在思想感情上容易产生隔阂，不利于家庭生活和谐。至于男大些好、女大些好，这都无关紧要。我国传统婚配习俗是男大女小，这主要是出自生理发育条件的考虑，如今营养条件好了，身体发育条件改善，同时也普遍都长寿了，这些都不必过分计较。

（2）那么，你该怎样去寻找“理想伴侣”呢？

①扩大自己的交往范围。你可以在广泛接触和深入了解的基础上，选择自己的伴侣。我认为相互接触和了解的时间，最少要在半年以上，否则是来不及真实地了解你未来爱人身上存在着的、影响以后彼此情感和谐的性格特点的。因此，最好不要追求“一见钟情”式的爱情，因为没有经过一定时间考验的爱情，以至一切社会因素都不加考虑的爱情，往往是不稳固的。爱情需要理智，而不能单靠激情来处理。

②不宜过早地谈恋爱。现在，有一种恋爱时间提前的倾向，不少女青年惶惶然急于在二十岁前找到对象。因而有些青少年在高中、甚至初中读书阶段就开始谈恋爱，这对于身心健康发展和学习掌握知识都是有妨碍的，有的甚至为此而遗恨终生。

③充实、丰富自己的精神世界。随着全民族文化水平和素养的提高，男女青年都愿找一个精神世界、文化修养和兴趣爱好充实的对象。因而，你要在谈吐、情趣修养上下工夫，而这些是不能伪装成功的，要靠平日里的勤学苦练才能做到。至于对方，不要单纯着眼于他或她的家长的职业、地位、收入等情况，也不要只注意对方的身材、相貌，而忽略对方的思想品德。否则，容易造成本来可以避免的种种悲剧。

关注“个性特征”觅爱侣

许多青年朋友都认识到，任何完美成功的婚姻，都可能有因为夫妻意见分歧，而相互误解的时候，但是经过互谅、互让之后，就可以消除彼此间存在的矛盾，而不断地相互了解适应。可是有些年轻夫妻却做不到这一点，他们吵闹不休，感情破裂，最后导致离婚散伙，各奔东西。这从心理学上应该怎样解释呢？

造成不幸婚姻的心理因素有很多，其中一条主要因素，就是不能够很好地在个性上“知己知彼”。实际上，无论是丈夫对妻子，或者是妻子对丈夫，他们在个性心理上对于对方，都默默地保留有一个“理想的”标准要求；同样的，婚姻上的不愉快，以致最后演变成破裂局面，也有许多是由于男女双方在个性上的失调所形成的。因此，为了保持美满和谐的婚姻生活，青年夫妇有必要客观地了解并应努力地弥补自己个性心理特点的不足。

美国著名心理学家刘易斯·麦迪逊·特曼，在他研究幸福的婚姻条件的报告中，曾列表指出不幸福婚姻有如下的心理因素。

丈夫对这样的妻子是抱有反感的：

（1）碎嘴子，唠唠叨叨没结没完；（2）枯燥乏味，缺少生活情趣；（3）自私自利，不懂得体谅别人；（4）反对或干涉自己的兴趣嗜好；（5）衣着邋遢不整齐；（6）脾气急躁不安静；（7）干扰自己对子女的管教；（8）自夸、逞能、好炫耀表现自己；（9）焦虑不安，缺乏安全感；（10）情感脆弱，容易激动；（11）心胸狭窄，好计较；（12）不理家务，忽略对子女的照看；（13）说三道四，喜欢争论；（14）有使自己感到厌烦的嗜好或习惯；（15）对自己不忠实；（16）干扰自己的事业；（17）过分地娇纵溺爱子女。

妻子对这样的丈夫是抱有反感的：

（1）自私自利，不懂得体谅；（2）事业上平庸，不能出人头地；（3）对自己不忠实；（4）怨天尤人，不懂得情趣；（5）不愿坦率地交谈；（6）对子女冷淡；（7）对子女过分严厉；（8）不热爱家庭生活；（9）举止粗鲁，不文明；（10）神经紧张，缺乏耐心；（11）爱评头论足；（12）不善于理财；（13）心胸狭窄；（14）懒散、松垮；（15）不耐烦于谈论日常生活。

上述两表的顺序，都是依照严重程度排列而成的。丈夫和妻子对于对方的反感重点，是不太相同的。另外，作为妻子的女方，对男方的要求只是15项，比起作为丈夫的男方，对女方的17项要求要少两项。这也意味着，丈夫对妻子的要求，比起妻子对丈夫的要求更苛刻些。这也可以说是男女不平等，“男子立业、女子持家”“男尊女卑”的社会传统观念的具体表现。

由于社会制度不同，国情不同，上面的研究结论，对于我国当代青年的婚姻观念，不一定合适。不过，从要求双方应该心理沟通、心灵呼应，保持心理上的平衡状态，注意每个人的气质、涵养，保持相互协调、个性相容，从而达到互敬互爱、互谅互助的角度出发，这些条件，都是可以作为参考的。

有人在1984年4月，对我国武汉市35岁以下的部分青年工人恋爱、婚姻情况，进行了调查研究。他们发现青年工人选择对象时的主要条件为：

未婚男青工，往往希望自己未来的妻子是一个贤惠（占16%）、体贴人（占13.6%）、温柔（占11.2%）、尊重老人（占8%）和勤俭持家（占7.2%）的姑娘。

未婚女青工，则希望自己未来的丈夫：肯学习、求上进、有事业心（占20.4%）、体贴人（占16.7%）、有大专文凭（占10.2%）、为人忠厚（占6.5%）。

已婚青年工人，认为找对象最重要的条件应为：人品、道德（占40.2%）和双方感情、性格相投（占25%）。

这后一类已婚青年工人的择偶标准特别值得注意。他们是过来人了，经过风风雨雨的实际生活严峻考验，打掉了恋爱时期的不切实际幻想。因而，他们对于选择对象要求的认识比较深刻、实际。他们不是仅仅看重外部的条件，而是着重对方人品和个性特点等内在因素。这可以说是过来人的忠告，颇值得广大未婚青年深思参考。青年男女在恋爱阶段，往往把注意力和兴趣放在长相、职业、经济条件、家庭状况等方面。但是结婚以后，由于时间的推移，接触的增加，孩子的出生，家庭生活的建立等等，双方所考虑的内容以及要求对方的条件，就越来越偏重于对方的人品、性格、爱好、感情等等内在的东西了。而这些内在的条件，如果在恋爱阶段不很好地加以考虑、衡量，就有可能造成婚姻生活的不和谐甚至不幸。

我因为工作关系，认识不少青年工人朋友。通过相互无拘束的交谈，我发现在已婚的青年工人当中，对于自己的婚姻生活，一多半都是感到满意和比较满意的，只有将近三分之一的人感到自己的婚姻不够美满、或者很不美满。感到婚姻生活满意或比较满意的当事者，主要是因为相互结识的方式不是经人介绍，而是自己认识的缘故。我想，这可能是由于自己结识，双方感情自然形成，了解的时间比较长些（起码是半年以上），接触机会多些，因而相互了解得比较全面细致的缘故。

在和青年朋友们谈论恋爱、婚姻问题时，我一贯偏重于强调青年人在找对象时，应该把注意力和兴趣，放在了解对方的个性心理特点上。在外部条件和内在因素二者不可兼顾时，我主张，宁肯放弃外部条件较好，而内在品质较差的。我常对未婚的青年朋友玩笑地讲：“长相与人品，皆我所欲也，二者不可得兼，舍长相，而取人品！”根据很多人的经历证实：为了有利于婚姻美满和家庭幸福，必须深入地了解和准确地把握对方的个性特点！因此，应该鼓励和提倡青年们在学习、工作和生活过程中，自己去找对象、觅“知音”。和事业上的成功要靠拼搏一样，生活中的“知音”也要靠自己去寻觅，美满的家庭要靠自己去创造。

但是，从我国当前实际状况看，大龄未婚男女青年的数字相当大。由于特定历史背景下所造成的反常现象，使得青年们真正经过由自己认识对象的“自由婚姻”，比例数还不太大。1984 年初，中国婚姻家庭研究会对北京工业、商业服务行业、文教卫生科研单位、大专院校学生以及街道居民一千三百多人婚姻家庭情况作了调查。调查结果表明，经由自己认识对象的自由婚姻，只占 32%；其他，经人介绍而成婚的有 705 人，约占总人数的 50% 多；另有 10% 的人，仍是由父母包办而成亲的。

这份调查报告再次说明，直到目前为止，未婚青年男女之间的正常交往机会还不普遍。这就使得他们缺少更多自己相识的机会，妨碍双方感情的培养与交流，以致使很多青年人感叹自己“在生活中遇不到知己”，总是感到介绍的方式不自然、被动、自尊心受到挫伤，心理状态失调；“缺少一个交友的准备阶段”“违背感情的发展规律”。

所以说，应该多增加一些社交活动的场所，适当多组织一些社会活动，为未婚青年创造更好的接触条件。

知己知彼，百战百胜

孙子说过一句名言：“知己知彼，百战不殆。”中外古今的军事统帅们，都把它作为作战取胜的一条基本原则。我想，也可以把这句话借用过来，指导人们战胜心理疾病、保持心理健康。“知己”就是认识自己、了解自己，还有承认自己、把自己摆在正确位置上的意思；“知彼”就不仅仅是知道、了解别人，也包含有对你所处的客观环境和周围现实的认识、了解和承认的意思。

大量地临床观察和生活实践证明，心理疾病的产生，往往是由于不善于了解自己，或者没有能够正确地了解自己。人类有个很大的弱点，那就是不容易了解自己，缺乏“自知之明”，往往要靠“旁观者清”的别人，帮助你来了解自己。你可不要低估、轻视这个弱点，正是因为有了这样的弱点、缺陷，才造成了人们的种种心理失常。你了解你自己的优点、缺点、能力、兴趣、气质、性格吗？你也许了解一些，可那是不是真实可靠、准确无误的呢？是全面深入的了解，还是片面肤浅的了解？我想你未必能回答出来，特别是对你自己的缺点与弱点，你可能是不自觉地出自心理防御习惯，而“讳莫如深”。可偏偏正是这些情况、这些因素，对你的生活、学习和工作以及“待人接物”、人际交往的成败都关系很大。

人们都爱说，既不要狂妄自大，也不要妄自菲薄，而要不卑不亢，对自己要做出恰如其分的、适宜的估价。但是，做到这一点谈何容易！很多青年人在心理健康上发生了问题，往往就是因为不能准确地把握自己、估量自己，没有摆正自己的位置，因而不是不自量力、想入非非；就是过分自卑怯懦、丧失信心。但是仅仅能够了解自己还远远不够，还得进一步做到心平气和地承认自己的不足和差距。这样，才能虚心地向别人学习，扬长避短；才能不会自欺欺人或者憎恨，咒骂自己；也不至于觉得自己“怀才不遇”而“愤世嫉俗”，徒然增加焦虑、愤懑和痛苦。

我在这里，丝毫没有让人“认命”的意思。大家都很喜欢贝多芬在1802年写的“遗嘱”中的一句话：“我要扼住命运的咽喉。它绝不能使我屈服……”是的，向“命运”屈服投降的人，绝非好汉！但是，大凡一个人的成功，除开能力和努力之外，还有个“机遇”的问题。当然，机遇所占比例很小，即或有了机遇而无能力又不努力，那也会像古代的“守株待兔”、坐等机遇那位蠢材那样不能获得成功。然而说到底，机遇毕竟还是个“条件”。辩证唯物主义者不是“唯条件论”者，但也不是“无条件论”者。你能说在你的求学、谋职、恋爱、婚姻等等政治上、生活上、工作上、学习上……各个方面，机遇不起着一定的作用吗？

郭沫若在新中国成立前写的《海涛》里讲道，他本来已将去苏联的一切准备就绪，但因为突然害病没走成，“真是一个大遗憾！一个偶然的因素。可以影响人的一生一世，甚至一家一族。……自然，我是不相信命运的，但这一偶然的拨弄，怎说的好呢？它确确实实地影响了我乃至一小簇人的半生。”苏联研究拿破仑传记的权威叶·弗·塔尔列在他的《拿破仑传》里，几处写道：“拿破仑总算侥幸，没有上断头台……”“忽然他又命该得救”“胜利者幸运的是……”毛泽东对美国作家斯诺讲：死神几次从我身边绕过……像这样的事例举不胜举，迫使你不得不承认，每个人一生当中确实存在着“机遇”这个现实，而且机遇甚至会影响一个人的一生发展的命运前程。

你若是认识到这一点、承认这一点，你也许就不会发出“怀才不遇”“红颜薄命”等等感叹了，也就可以理解“人比人、气死人”这句谚语的真谛了。因为每个人的容貌、体型、生理缺陷和父母职业、社会阶层、身世地位等家庭与社会的背景，是无法选择，甚至是很难改变的；在实际生活中，你个人的发展和前途，并不总是由你个人的主观意志所能把握和决定了的。因而，你得首先面对这个严峻的现实，不必为碰到了不好的遭遇而灰心丧气；其次要相信自己，相信在自己的身上，也许还有若干“胜任潜能”迄今为止尚未发现、有待挖掘。你可以根据心理学上讲的“补偿作用”的原理，扬长避短，另谋他途，向适合自己发展的方面去奋斗、去拼搏，照样可以获得成功。关键在于绝不要灰心、气馁，不要认定自己从此“没戏了”“完蛋了”。只要你能把握现实、站稳脚跟，因势利导，发挥最大的主观努力，总不会一辈子没有出息。若想做到这一点，你就得首先承认和接受“现实的自我”，然后才能创造“理想的自我”。否则，你会终日陷进数不清的烦恼、苦闷、焦虑、抑郁的痛苦深渊里而不能自拔；你会不断地产生各种各样的心理冲突，不断地招来各种各样的挫折和失败。这样一来，心理就难免失常，更难保持健康。

正视现实生活

很多青年人往往从自己不同的喜怒哀乐出发，去看待社会。获得成功的时候，可能觉得冬天有如春天；遭受失败的时候，又可能觉得春天有如冬天。但是，春天终究还是春天，而冬天依旧还是冬天，现实终究是现实。所谓的“冬天里的春天”，或者是“春天里的冬天”，不过是人们情绪的主观体验，或者是作家们笔下的小说名字罢了，它丝毫也改变不了现实的真实面貌。

正因为客观现实不以人们的主观好恶而改变，所以，一个心理正常的人，他的认识和行为是不脱离现实的，而会和现实保持紧密的和谐的接触。相反的，一个心理失常的人，他却会逃避现实，脱离现实，甚至终日沉溺在空想和白日梦中。

我们的时代发生了什么样的变化？现实社会有了哪些改革与创新？你所生活着的周围环境，向你提出了什么样的新要求？人们公认的价值观念和价值标准是什么？所有这些你了解吗？如果不了解，那你就去努力了解吧。只有这样，你才能适应这个日新月异、发展变化着的社会环境，进而才能谈得上改造这个环境。

因此，咱们每个人的理想、愿望、动机或目的，都得和社会的理想、愿望、动机、目的同步合拍，“我行我素”，一意孤行是不成的。每个青年人在求学、谋职、恋爱、婚姻等方面，都有权力对自己“设计”一番，但是这些设计，却不能脱离现实。

比如说，报考大学专业虽说是“自觉自愿”，可是也有身体健康状况等条件限制的。由于现实条件限制，你就得“忍痛放弃”一些你想要追求的目标。在人的一生里，挫折和冲突往往是无法回避的，如果不能很好地认识到这一点，承认它、接受它，对自己所向往、喜爱的人、事、物做必要的牺牲和放弃，不肯做强迫性的取舍抉择的话，那么，也许会从此悲观失望，或者愤愤不平。如若真的产生了这种态度，那就不仅对解决问题没有益处，而且往往会造成心理上的失常。

这些人也许会因此觉得“世道不公”“人间不平”“生活残酷”“人生无聊”等等，于是企图用各种方法逃避、对抗现实，比如，信仰宗教、铤而走险、沉沦堕落等等，结果心理上的困扰、冲突和挫折就会更多，心理也就会愈来愈失常。

有脱离现实生活倾向的青年人，往往过分强调所谓的“理想”生活。其实，他们的所谓“理想”，是脱离现实生活、不切实际的幻想，并不是作为真正能够激励自己奔向美好未来动力的理想。真正的理想是生活的动力。每当社会在前进、在变革的时候，每当生活环境中有些东西应该弘扬或者放弃的时候，理想便向人们提供了改造现实生活的具体模式、框架。有了这些具体的轮廓、追求的目标，就会更加吸引人们进步，增加奋斗的勇气和毅力。这样的理想是应该提倡的。但是，一些心理失常的青年，却往往会自我筑起一道围墙，把自己和周围现实隔离开来，抱怨人间没有“温暖”与“友谊”等等。实际上，他们是人为地制造了自我心理上的障壁，沉溺于逃避现实、超脱现实的幻想之中。这种幻想只是心灵上的临时“避难所”而已。有些青年们说，他们的（精神）生活，就是由“追求、动摇、幻灭”三部曲所组成的，我想其原因正是源于逃避现实的退缩态度。

由此可知，预防和治疗心理失常以及心理疾病的一个最好办法，就是“重返社会”，用“生活疗法”去医治。所谓“生活疗法”，是使治疗者和患者亲密融洽、感情沟通的一种治疗方法。这种“疗法”可以说是更富有心理治疗的味道，因为它会使心理疾病的患者感到人们对他的温暖与友好。

青年朋友，你我所处的这个大时代在激烈动荡，在不断地改革前进。时代要求我们必须用积极进取的态度来看待生活，具有敢于拼搏的大无畏精神。古希腊唯物主义哲学家赫拉克利特说过：“一切皆流，一切皆变，人不能两次走进同一河流。”中国的孔老夫子，站在河边上也感叹地说过：“逝者如斯夫，不舍昼夜！”既然生活按着自然规律前进、变化、发展；既然每个人都不能够两次站在同一条河里，不允许你悔恨过去，也不允许你总是想着明天、还有明天。那你何不面对现实，用奋发有为的态度来认识和面对现实生活呢！

奋发向上展望美好未来

我国唐代卓越的散文家、诗人韩愈，在《送高闲上人序》里写道："张旭善草书，不治他技，喜怒、窘穷、忧、悲、愉、佚、怨、恨、思慕、酣醉、无聊、不平，（凡）有动于心，必于草书焉发之。"意思是说，古代书法家往往把自己的情感，特别是把那些消极的情绪，用书法来疏导排解，以保持心理健康。这种"疏导"情绪的办法固然有效，但它多少有些消极被动，可以说是一种消极的适应方法，消极的"自我防卫"。

心理学的实验证实，消极的自我防卫，会使生命力大量地消耗在逃避威胁的上面，因而所剩余的精力，就往往难以用在"创造性的适应"上。而正常的心理适应却应当是，不仅能够消极被动地适应环境，而且可以积极主动地改造环境，进行创造性的适应。

消极被动式的心理适应，可以叫做"顺应"。中国有句俗话说"逆来顺受"；基督教宣扬耶稣在被别人打了左边的脸部时，不仅不反抗，反而送上右边脸部，以示耶稣的"宽容大量"的气度；还有被印度人民尊称为"圣雄"的甘地，曾提出"非暴力抵抗"口号等等，这些看来都可以算做是消极被动形式的心理适应。

为了更好地保持心理健康，在心理上适应周围社会环境，需要采用一些更富有积极主动意义的办法。其中最主要的一个方法，就是提高斗志。培养奋发向上的志向。

心理健康专家D·B·克莱因在1944年出版了《心理卫生》专著。他在这本书里，把心理卫生的意义解释为提高士气、促进士气的"士气"。他说：士气是一种经常保持独立自主的态度，有了士气，人们就能乐观地、勇敢地、有效地去面对各种困难与危机。士气的对立面就是失望、忧郁和畏缩。这种士气，在学校可称之为"校风"；在军队里则可称之为"斗志"。这也可以说明心理健康学的意义，主要在于积极地引导人们保持心理健康，增强斗志，而不是消极地防范或治疗心理疾病。

由士气所产生的激发行为力量，往往比由纪律所产生的约束行为力量更加稳定、持久。工业心理学的实验证实，生产效率和士气的关系非常大。

工作条件和管理方式对生产效率并不起直接的决定作用，起决定作用的是，看来对提高生产效率不是直接相关的“中间媒介”的士气。在集体劳动中，士气就是“风气”“道义”，道义感比起金钱物质刺激的力量要大得多和持久得多。

西方工业心理学家，曾经不止一次地用“问卷回答法”，列出各种重要的工作诱因等级，让青年工人回答，结果“酬金”一项都不是首位，而“同事友谊”却总是居首位。有些青年工人表示，宁愿同自己喜欢的同事一起工作，或者宁愿在“志同道合”的友好气氛中工作，即使降低薪金也不在乎。从这里可以看出，集体的士气就是自发的凝聚力。有了这种“凝聚力”，能使集体一致合作，为实现共同的目标而共同努力。因此，可以说集体的士气又是集体的精神、集体的意识。

士气，实际上也就是“信念”。有了信念，就会排除万难，无往而不胜。1921 年，法国人维克多·格林尼亚获得了诺贝尔化学奖。有人描述他怎样由一个纨裤子弟变为卓越科学家的历程时指出，由于他年轻时遭受别人的羞辱和讥讽后，幡然悔悟，立志要摘掉生活奢侈的、不务正业的、没有出息的“二流子”帽子，在悔恨和羞愧中奋发图强，历时八年便成了著名的化学家，不久后又获得了诺贝尔化学奖。我国新中国成立以来北京大学培养出来的第一位理学博士，42 岁的张筑生，谈起他的往事时说：“上小学时，我的作文常名列前茅，可是算术成绩却很糟糕，有一次珠算还不及格。当我走进补考的教室时，脸烧得像熟透的柿子，从那以后，我发奋而起……”

“发愤而起”，就是昂扬的斗志、奋发向上的志向，也就是推动人们前进的动力。由此可以得出一条规律性的结论：士气高的标志就是面对困境而不屈不挠；而提高士气的重要因素，就在于展望美好的未来。“为中华之崛起而读书”“志在四方”“愿相会中华腾飞世界时”——有了这样一些崇高的、奋发向上的志向，就能激励我们有所前进、有所发明、有所创造。说上面这三句话的是青少年时代的周恩来，周总理光辉战斗的一生，也的的确确地是实现了他为“中华之崛起”和“中华腾飞世界”的崇高志向。

也许有人会说，昂扬的斗志、奋发向上的志向，不一定是人人都能有的。其实，高尚远大的志向，只不过是属于高层次的个体需要，而“需要”，则是人人都会有的本性、天性。在现实生活中，一般地说，每个人都有“我并不比你差”的心理需要。这种心理需要经过有意识的培养、提高，就可能升华为奋发向上的志向。古语说：“人患无志！”只要我们树立了奋发向上的志向、信念；在心理上设立一个积极的、富有吸引力的、优越的奋斗目标，从而点燃起心头上的希望之火，就会保持健康的心理，也就会成为能对社会、对民族有贡献的人。

培养心理耐力

在日常生活中，人们可能会发现这样两种迥然不同的情况：面对相同的困难情境，或者是在同样性质的问题面前，有些人会很容易地引起心理挫折，并导致不适应的行为；而另外一些人却相反，他们能够沉着地对付这些问题或困难，并且冷静地去解决它们。

这种现象说明，对于来自外界的挫折的抵抗力是因人而异的。心理学实验和生活实践也证实，人们对于挫折的"抵抗力"，或者说对于挫折的"容忍力"，实际上存在着很大的个别差异。这就如同当外界的病菌侵入人体时，对病菌抵抗力强的人不易发病，而缺乏抵抗力的人，却会很容易地病倒那样。

心理学把对于挫折的抵抗力（容忍力），叫做"挫折耐力"，或简称为"耐力"。这也就是通常所讲的坚忍不拔的精神。如果再具体些讲，所谓"耐力"就是指一个人在遭遇到挫折的时候，可以防止、避免行为失常的能力；换一个说法，耐力是一个人可以承受来自环境的各种打击，或者是能够经受得住各种挫折，从而更好地适应环境的能力。

耐力和习惯、态度等十分相似，它也是经过学习、训练而获得的。它和每个人的人格整体有密切关系。如果一个人的挫折耐力低，那么，经过几次挫折的打击后，这个人的人格就可能会失去完整性，甚至会分裂。这样一来，就有可能造成行为失常或产生心理疾病。

最初使用"耐力"这一概念的是，美国性格心理学测验专家罗森茨威格。他给耐力下的定义是："能够战胜、驾驭心理适应。也就是说，可以抵抗挫折而没有什么不适应反应的能力。"可见对于挫折的抵抗力，也是心理健康的一个特征。有耐力的人不会轻易地产生不适应的行为，不会表现为行为失常；他们和周围的人们可以保持与创造和谐的圆满的人际关系；他们的生活是愉快的、轻松的。相反地，缺乏耐力或者丧失耐力的人，则会恰恰相反。因而，耐力是心理健康的一个主要因素、主要标志。

那么，应该怎样培养心理耐力呢？首先可以从缺乏心理耐力的原因讲起，看一看为什么会缺乏心理耐力，从而也就可以了解应该从哪里入手、怎样培养心理耐力。

缺乏心理耐力的主要原因有三条：

（1）“挫折经验的不足”。这可以从那些自幼娇生惯养和过分受保护、被溺爱的孩子身上明显看出来。这类孩子在家里，因为经常可以容易地、而且及时地满足要求，因而当他们到了伙伴集体中时，就往往会经受不住哪怕是稍微一点阻抑个人要求、愿望的刺激。当他们的要求和愿望遭到挫折、碰壁时，就常常会表现为逃避、抗拒、攻击等反常的反应。特别是那些生活条件优裕的独生子女，从幼小时起，父母对他们提出的任何要求，几乎都是“有求必应”，达到了所谓“要月亮不敢给星星”的地步，因而长大后，如果缺乏必要的锻炼，听任他们娇惯任性地恣意发展下去，当他们走向社会，独立生活后，遇到“风风雨雨”或“磕磕碰碰”的时候，就往往会表现为适应能力很差，成为不合群的、被人嫌弃的人。

（2）“挫折经验的过剩”。比如，那些家庭穷困、双亲不和的孩子们，由于父母对他们过分地管制，或者干脆放任不管，他们在物质上、精神上的要求经常受到阻抑，以致使他们从幼小起就具有了较强的防御机制。这些自卫性行为，日久天长地持续下去，就会逐渐地成为习惯，最终难以适应日后的生活。这类儿童长大成人后，往往表现得蛮横无理、不讲道理；或者作出一些违背社会规范的反常举动，借以引起别人对他们的关注。也有的人与此相反，表现为孤独、内向、阴沉的性格，很少与人交往，情感不易表露，抑郁寡欢。

（3）“挫折经验的断续”。这是指这样一种情况：比如，一些在情绪变化无常、没有准脾气、而又不坚持管教的双亲养育下的孩子，由于同样一件事，父母昨天可能许诺、答应了他们的要求或愿望，可今天又变卦不允许了，致使他们对自己的需求或意愿为什么会受到阻抑，不知就里，感到茫然不知所措。在这种不正当的家庭教育培养、熏陶下的孩子，往往由于莫名其妙地克制自己，思想上不明确规范的标准究竟是什么，于是久而久之就会丧失了耐力。这类孩子长大后，往往会表现为优柔寡断、胆小怯懦、反复无常的不良性格。

针对上述三种不利于培养心理耐力的因素，培养训练心理耐力的办法，主要是要让儿童、青少年经受适量的挫折经验，让他们适当地去“经风雨、见世面”。

这里所谓的“适量”或“适当”，意思是说：如果挫折经验过多、过强，会失去信心，觉得“高不可攀”“永无希望”；因而，在心理上会经受、招架不住，导致消极不良的后果。相反地，如果挫折经验过少、过弱，会麻痹斗志，引不起足够的重视和注意，往往会养成人们吊儿郎当、敷衍了事的性格倾向。总而言之，挫折经验不可没有，但既不要不足、过多；也不要断断续续地变幻不定。

不论是做父母的、或者是当事者本人，掌握这个“适量”的挫折经验的分寸、火候，委实是一种艺术，也是一种心理技巧。至于怎样才能做到“适可而止”地不多也不少、不强也不弱的心理抑制状态，留待后面专门讨论。

另外，心理耐力的基础是健康的身体，因为生理上的能量，可以转化为精神上的能量。一个人若想能够妥善地、现实地解决外界的阻力，排除心理上的抑制状态，那在很大程度上，要依赖于身体的健康状况，这也就是人们经常讲的“健全的精神寓于健全的体魄中”的意思。

增强心理进攻力

1984年6月17日上午，河南省淮阳县齐老乡大王村21岁的女共青团员孙桂梅，在铁路桥上，从火车前一米多处抢救素不相识的65岁的农民刘树林老大爷的事迹传出后，报社记者采访了火车司机，请他谈谈他当时目睹的情况。

这位火车司机激动地对记者说：“列车和姑娘同老人的距离差不多，她怎么能赶到火车的前面？火车虽然滑行，但速度还是不慢；而且前面那座狭窄的铁路桥几乎和机车一样宽，到桥上救人又怎么救法？……孙桂梅仍以最快的速度同列车展开了一场抢救生命的特殊竞赛，终于提前跑上桥头。当她跑到老人（耳聋）身边时，滑行中的列车离她仅有一点五米。只见她伸出双手，用尽全身气力把老人推出铁道，随即向后一个退步，还未站稳，机车推障器就把她撞倒，机车弹簧吊杆又把她推到桥下……”

这位司机在向记者介绍孙桂梅舍己救人的壮举时，所提出的疑问，（即“她怎么能赶到火车的前面?”“到桥上救人又怎么救法?”）是完全可以理解的。这也就是说，在通常情况下，孙桂梅的这样行动是很难做到的。从心理学上应该怎样解释这种现象？简单说来，它显示了人们具有心理上的“进攻力”，或者叫做“爆发力”。一般地说，每个人在心理上都储存有足够的这种拼搏进取的“心理能量”。比如，在火灾、地震等危急时刻，或像孙桂梅那样在十分危急情景下抢救别人生命的短暂时刻，人们会显示出异乎寻常的力量。这也就是说，在激烈的应急行动时，心理上也会“壮起”胆量来，所以，这种心理上的进攻力，又可以叫做“应激力”，或者叫做“紧张反应”。

实验证实，当人们产生激情后，大脑皮层会发出信号，加强心脏搏动的能量，增进肌肉的供氧和营养物质，于是就会提高进行高度紧张的工作能力。这也就是人们为什么能够在遇到危险时，时常能做出奇迹般的行动的奥秘。报纸上曾介绍过许多这类感人的事例，诸如：有的青年人在火车就要驰来前，奋力搬走被雨水冲到火车轨道上的几百斤重的大树。从而保护了人民生命和国家财产；十几岁的女孩奋不顾身地扑向叼走婴儿的猛虎，打跑猛虎，救下遇难的婴儿等等。这都是心理上的“应激力”的表现。

心理学上有一种理论，叫做“应激学说”。这种“应激”的理论，是由加拿大一位叫做H·塞利埃（1907年生）的生理学家首先提出来的。塞利埃认为，当人们的身体在接受外来的紧张刺激（压力）后，为了自卫会产生生理上强烈的反应。他认为这种反应，是由于脑下垂体稻副肾所分泌的荷尔蒙（激素）的控制作用而形成的。

在塞利埃提出应激学说之后，很多心理学家们、尤其是一些社会心理学家们，应用并发展了这个学说来解释一些社会心理现象。他们认为在经济危机、社会不安、甚至噪音等等紧张刺激（压力）之下，引起心理上的烦恼、挫折和焦虑等等，就会产生心理上的应激反应。而这些应激反应，往往是引起人际关系纠纷、冲突的起因。而且，如果对这种紧张刺激（压力）的应激状态持续不断，就必然地因积蓄过多，从而产生种种疾病。这些疾病在心理上的表现就是“神经症”；在身体上表现为“心身症”。心身症的典型表现就是高血压、胃溃疡（尤其是十二指肠溃疡）、风湿症等等。

对应激学说的理解和解释，我们和西方的生理心理学家的一些主张不完全相同，甚至对“应激”这个词，因为理解的不同，也有争议。比如说，塞利埃认为人在接受来自外部的紧张刺激后，为了“自卫”，会产生应激反应，这当然是不错的。但是这仅仅是说出了问题的一个方面；另外，还有一个事实不容忽视，那就是像孙桂梅那样，虽然自己在生理上并没有遭受任何紧张刺激或威胁，但心理上接受外来的紧张刺激、威胁后，为了“他卫”，也会产生心理上的应激反应。所以说，不能把“应激”单纯理解为机体对紧张刺激做出生理反应，从而发出的一种力量；“应激”还包括对来自心理上的、社会上的紧张刺激，做出心理上的反应所发出来的一种力量。

谈起“应激力”，或者叫它“心理能量”，其实并不是什么神秘的东西。它是物质能量的一种形式。因为人的心理活动，是由神经生理活动过程和肌肉活动过程所构成的，而人体的各项生命活动都需要能量，人体中的能量是从糖类、蛋白质，脂肪等食物中分解获取的。若是形象一些讲，人体内的能量，往往会自行“炮制”而成小型的“燃料库”——三磷酶腺苷(ATP)，以备人们紧急需要时，随时取用。一旦人体面临紧急需要情况的时候，人脑这个最高指挥部，就会发布“紧急动员令”，于是全身会立即处于紧急应战的高昂状态，可以说是临战的一级战备状态。三磷酶腺苷就会转化为大量的能量，以供应身体的急需，从而使人体迸发出一股平日从未有过的特大能量。

“应激力”作为一种系统的理论学说，虽然是由塞利埃首先倡导提出来的，但是发现人有应激力，并利用这种应激力去医治心理疾病，这在中国古代的医书里，早就有记载了。

我国古代名医，经常利用人们在紧急情景下所产生的“特殊”力量，来进行心理治疗。例如，据《浙江通志》的《医部全录》记载，明代(1368~1644年）名医俞用古就曾使用这种“治疗方法”，治好了一些心理疾病患者。有一位年轻妇女打哈欠时，两手伸直不能取下，俞用古便谎称要想治愈此病，必须用艾去灸丹出（肚脐下三寸的地方），于是一边说着、一边灼艾，并动手去解她的裙带。这位妇女一看要她当众裸露下体，十分着急紧张，便不顾一切地用双手来护裙，那原来伸直不能取下的双手就这样地放下来了。明代另一名医徐迪，也是利用妇女极端怕羞辱的紧张心理，治愈了一个心理疾病的女患者。一孕妇仰身取物之后，便不能再俯身弯腰了，徐迪于是令家属给她穿上10条衣裙，然后拉她到人群中，当众给她解裙，每解一裙，便抛到该妇女面前。当解裙到中层时，这位妇女非常紧张害怕，便情不自禁地用力去护内裙，因而也就能够向前俯身并可弯下腰来。

以上这两例病案，当然是在特定的社会文化背景下，对特定的人们的特殊心理状态施以治疗的方法，并不是一种“万应灵丹”。但却可以说明一点：每个人的确存在着一种心理上的进攻力量。这也就是大约在三百年后塞利埃提出的所谓“应激力”。我们应当由此受到启迪：每个人都应当在平日里就锻炼能够在各式各样的困难情境中变被动为主动，变不利为有利的抵抗进攻的能力；锻炼对于一切自卑、怯懦、忧郁等心理上的“传染病菌”的强大“抗菌”能力。不要总是嘀嘀咕咕地认为：“我不成!”“我办不到!”从而失去自信力。那么怎样才能增强心理上的进攻力？主要有两条：

（1）要树立高尚的信念。不是为了一己的私利，而是为了国家、集体的荣誉，有了这种信念就必将会激励你克服困难、顽强拼搏，实现最终目的。

1981年，我国年轻的女科学家韦钰在西德获得博士学位。为什么她能够做到没日没夜地、以超人的毅力刻苦学习和钻研呢？她自己说得很清楚：“外国人总是具体地从一个中国人身上来衡量中国的社会制度、教育制度和妇女解放等等，我不能因为自己的言行让人家对中国失望。”韦钰就是在“外国人是从我身上看中国的”和“为了祖国下定决心争荣誉”的坚强信念引导下，才在电子学界开辟了科研新领域，取得了巨大的成就和荣誉。

在日常生活里，为什么有的人在“与己无关”的紧急情况下，可以发出应激力？而另一些却办不到呢？比如说，大学生张华能舍身忘我地抢救一位老农民；而有些国家干部在歹徒行凶时，却站在一旁退缩不前？说到底，这就是因为对人生的看法和态度不同，即信念不同、人生观不同，于是就会形成鲜明的对比。所以说，应激力并不单单是什么天生的“本能”。

（2）要靠平日勤学苦练。人们的心理耐力和心理攻力，都不是靠“养”，而是靠“练”出来的。“要想取得超人的成绩，就要付出超人的代价”，这是我国女排前教练、现任国家体委副主任袁伟民喜欢对女排运动员讲的一句话。的确如此！精神上的必胜信念也好，心理上的强大进攻力量也好，都要靠雄厚的实力基础，靠平日的勤学苦练。

如果一个人平日里总是认为自己有病了，自己是个“弱者”，遇事就畏惧退缩；或者把自己装扮想象成是一个不幸者，借以博得别人的同情、安慰和谅解，那么，当他（她）遇到重大的打击、挫折或困难的时候，就很有可能很快地自己解除了心理上的武装，一败涂地、一事无成。因此，如果平日缺乏坚持从点滴做起的刻苦磨炼功夫，那么，在需要发挥你心理上的进攻力量时，你是会“上不去”的！春秋时的思想家老子曾说过“九层之台，起于垒土”的话，也是告诫人们要有从点滴做起的求实、踏实精神。

消除紧张靠信心

我曾经听过一位“不会歌唱的女歌唱家”的故事。她在第一次正式登台表演前，认真地反复练唱，歌声婉转如夜莺，声音优美又动人，但是临到她在热烈的掌声中登上舞台的时候，面对听众的几百双注视的眼睛，由于情绪过度紧张，当钢琴伴奏的引曲弹完了，该她张嘴歌唱时，她竟然一句也唱不出来。

类似这样的事例，还有不少。比如，第一次讲课的年轻教师，本来把讲稿准备得“滚瓜烂熟”，可是当他正式讲课时，由于紧张，讲不出来，或者讲得丢三落四、前言不搭后语。他们在讲完这堂课后回忆说：“我好像腾云驾雾一般，不知道自己都说了些什么。”

医治这样的心理失常，不需要什么手术或者药物，靠积极性的自我暗示就可以。如果在心理上坚信自己“我经过了刻苦的练习，完全有把握可以像平日那样”，在头脑中浮现出自己唱成功、讲成功时候的情景来，你就会从紧张的心理状态束缚中解脱出来，充满信心地唱下去、讲下去。相反地，如果你的自我暗示是消极性的，总是胆战心惊地想着“错过了这次机会，我就一切都完蛋了！”或者“不行，这次准不灵，没戏了！”那你准会“砸锅”、以失败而告终。因而迈出紧张泥潭的第一步，就是要有信心，要相信自己的力量。

成功和信心关系至深，无论是考试或者表演，都是按照记忆（计算之类的思维性记忆、游泳之类的运动性记忆都包括在内）规律办事的。你要相信你自己的记忆和熟练动作。如果你按照记忆规律办事，已经记住了某些材料、动作的时候，却还在嘀嘀咕咕，信心不足，那么这种心理上的重担必将大大损害你的记忆的再现能力。因此，每个人都应该充分相信记忆的自然定律，相信自然定律绝不会失信于你。信心对于考试、体育比赛等等激烈的争夺尤其重要，这就是心理学上讲的临场时的精神上的竞技状态。

获得1976年奥运会十项全能金牌奖的运动员詹纳，在被记者询问他获奖后的体会心得时，他讲了这样一段话：“奥林匹克水平的比赛，对运动员来说，20%是身体方面的竞技，80%是心理上的挑战。”詹纳讲的百分比，只是一种约略的估计，不一定有什么科学测验的依据，不必过分认真地计较；可是他强调在激烈的竞赛争夺中，运动员们的不同心理状态，远比差不多同样的技术水平更为重要这点，我认为是很中肯的。而且，我们还可以把詹纳的心得体会扩展到工作、学习、生活的一切领域里去，也就是说，无论干什么事情，如果你想取得成功，那就必须首先保持心理上的高度健康水平。

在现实生活中，有很多人就是战胜了“心理上的挑战”后取得成功的。你还记得中国女排1982年9月25日，在秘鲁的利马市阿毛塔体育馆，以3:0（15:1、15:5、15:11）击败南美劲旅、东道国秘鲁队那场惊险的比赛报道吗？“秘鲁队昨天击败美国队后，利马市一片欢腾，今天阿毛塔体育馆座无虚设，观众为秘鲁女队欢呼打气，场内喊声震天。中国队面临这一特定形势，情绪稳定，信心十足，经受了一次严峻考验。”“在震耳欲聋的呐喊和喇叭助威声中，她们同样表现了沉着冷静，应付困局的精神……”中国女排排除了激烈的心理干扰，消除了紧张的心理压力，终于夺得第九届世界女排锦标赛冠军。

消除紧张靠信心，而“信心”又靠什么呢？我想有两点值得注意：

（1）防止过重的心理压力，也就是通常所说的不要思想负担太重。当然，“过重”的界限不好统一规定，对你讲来可能是“过重”，对他讲不一定是“过重”。一般所谓“过重”，是指对某一个特定的、具体的个人来说，超越了他（她）心理上可以负担的重量。正像不要“强人之所难”那样，也不要强己之所难。过犹不及，一件任务如若超过了自己的能力，或者相反地对自己的能力来讲微不足道，那就会收不到好的效果，就会失去学习或进取的兴趣和信心。如让诸葛亮去和张飞比举重，诸葛亮会说“真要命！”张飞则会说“真没劲！”

由此可见，理想的心理压力界限应是：既不要过重，也不要过轻，经过一定的努力可以完成工作任务时所应付出的心理力量（俗称“心力”）。这样做可以巩固信心、增强信心，然后再循序渐进地增加心理压力，使心理压力的重量逐步增大。

（2）把信心建立在熟练基础上。信心不是单凭默念“下定决心！”所能得到的，它靠平日的流汗以至流血的苦练。运动健将、艺术大师、表演名家，伟大的思想家，发明家、文学家以及各行各业的专家、学者的成功，都凝聚着他们平日辛勤努力的汗水。

美国哈佛大学的精神病专家乔治·E·维兰特博士，用了将近40年的时间，对二百多人的情况做了跟踪的调查研究，他把他的研究结果写成报告，发表在1979年出版的《新英格兰医学杂志》上。他在报告中指出：一个人若是能够应付日常生活中的紧张，就可以有助于保持身体健康。长大后适应能力差的年轻人，得重病或者中年夭折的机会，比长大以后适应能力好的年轻人要大得多。

另外，维兰特又制订了一份调查表，根据一个人在事业上是否有成就，婚姻是否美满，每年度假几次等项因素，来评定一个人的“成年适应能力”。维兰特让40年代初期在哈佛大学上过学的204名男生，填写了这份调查表。结果表明：凡是那些能够妥善处理日常紧张事务的人，当他们活到54岁时，身体仍然健康；而那些处在紧张状态下，觉得精神上压力很大的人，他们的衰老程度就要比前者快得多。204四名男生当中，在21岁到46岁这段时期，精神最舒畅的有59人，其中只有两个人得了慢性病（慢性心脏病），或在53岁时死去（心脏病发作）；有48人精神压力最大，其中18人得了重病或在53岁前死去（分别患有心脏病、癌症、肺气肿、高血压以及背部有毛病和外伤史等，个别人自杀）。

维兰特由此得出一条规律性的认识：不能适应紧张状态的危害程度，也许大于精神紧张对人们的危害。照维兰特的研究结论说来，不怕精神紧张，就怕不能适应精神紧张。至于怎样才能很好地适应精神紧张，我在这本小书的有关部分里，都程度不同地涉及了，请朋友们留心翻阅琢磨。

保持心理健康的秘诀

美国心理健康专家、颇有些名望的精神医学家乔治·斯蒂芬森博士，根据他多年的临床实践得出结论说，保持心理健康的首要任务是预防，而预防就是从理智上找出一些办法来，解除心理上的压力。如果说有什么秘诀的话，这些办法就可以叫做保持心理健康的“秘诀”。斯蒂芬森提出的保持心理健康的“秘诀”共有十一条。

（1）坦率地交谈。找你所信任的、谈得来的、头脑冷静的人交谈，如果他是医生当然很好，找不到这样的医生，找一位能相互交心的亲密知己也可以。你可以把你的喜怒哀乐尽情地向他倾吐，彼此思想交流、感情共鸣，“君忧我亦悲、我喜君亦乐”，因同情而引起相对流泪，因高兴而相对开怀大笑，不让内心积存任何消极不利的情感和情绪。

斯蒂芬森的这第一条“秘诀”，照我看来，就是传统心理治疗法里讲的情感疏导（排泄）方法。把你心中的郁闷早早发泄出来，免得积压成病；也可以避免因为狂怒、狂喜等等的强烈刺激，而引起大脑皮层的高级神经活动兴奋与抑制功能的失调。受到我国广大青年欢迎的日本电视连续剧《血疑》的主题歌中唱道：“你心灵的苦痛深深，更增添我愁绪纷纷……时而哭泣，时而欢笑，时而又喧闹，只要偎依在你怀抱，我是那样宁静无烦恼。”这就说明了在每个人的生活当中，知己好友是不可缺少的。

（2）暂时地逃避。如果你遇到了紧张的刺激冲击，或者遭到挫折、困难、失败而陷入深深的自我烦恼状态，那么，这种自我烦恼无异于是一种自我惩处。可是，内疚、自我谴责或自我惩罚都是于事无补，不能解决问题的。自我诅咒：“我真该死！”“我真混蛋！”“算是我八辈子倒霉！瞎了眼！”或者是赌气不吃饭了，躺倒不干了等等。所有这些都是没有什么用的。一个有效的办法是不妨暂时离开你所厌烦的情境，转移一下注意力，经过一段时间之后，就会恢复心理上的平静，或者把心灵上的创伤抚平。

（3）把思想情感转移到其他活动上。当你的情感遭到激烈震荡的时候，你可以把心思暂时放在谋求“第二职业”上，比如专心致志地写字、绘画、雕塑、做木工活、拆修自行车和缝纫机等等，总而言之，去“忘我”地热衷于一件你可以干的事情。这样，就可以把你的苦闷、烦恼、愤怒、忧愁、焦虑等等情感转移替换掉。

(4) 对人谦让。一个人如果总是好自我表现，干什么都想抛头露面，那就会使他忙碌不堪。如果你经常地甘当配角和后台工作人员，那你就会感到时间充裕，就会享受到从紧张感里解放出来的乐趣。

(5) 为别人服务。多为别人着想、多为别人服务，可以帮助你消除自己的烦恼。做好事会使你心安理得，心满意足。

(6) 做一件事要善始善终。当你面临很多难题的时候，先解决一个问题，而且要从最容易解决的问题下手。有了成果就会有信心，成果越多、越大，信心也就会更足、更强。

(7) 避免超乎常态的行为。不要做力不从心的事，不要一个一个地连续承担难题，否则你会一事无成。尤其是性情急躁的人处在烦躁情况的时候，更应当注意这一点。认为“没关系!”把什么事都一股脑儿地包揽下来，结果往往会招架不住。这样一来，就不仅仅是“大伤脑筋”，而且会使你感到非常紧张、烦躁，严重时甚至会走向精神崩溃的边缘。

(8) 对别人要宽容大量。不要对别人要求过甚，让别人一定得按照你自己的想法去做。对别人的批评、责难要合情合理，给别人一个考虑反省的机会。否则，会增加自己的烦恼、愤怒、焦虑等消极情绪。

(9) 给对方机会。有时你可以处于被动的守势状态，给对方一个表现他自己的机会。这样做，可以避免因人际关系的紧张，而使自己烦恼苦闷。

(10) 自己动手。不要总是停留在观望阶段，不要推诿说自己“我忽视了”，或者说“我正想要去做”等等。路是要人走的，应该自己动手去做，要破除依赖心理。

(11) 制订一份休闲计划。如果你能制订出一份既愉快而又切实可行的休养身心的计划，那么在这个时间还没到来之前，你的心情会是愉快的、有盼头的。

斯蒂芬森认为，如若能做到上面讲的这十一条，就可以使人保持心理健康，能够预防心理疾病，也可以治疗心理疾病。他这话多少说得过了一些，不过也确实是有一定道理的。我这里再作一些补充说明。

(1) 一个人应该善于利用自己的闲暇时间，开展一些有益于身心的文娱活动。文娱活动将和体育活动一样，可以促进大脑的血液循环，有利于排除损伤大脑的二氧化碳。

(2) 每个人最好都要有几样兴趣爱好。有了兴趣爱好，可以增加你的活力和情趣，使你的生活充实、生机勃勃。青年人要敢于向未来挑战，对未知的东西产生兴趣，从你喜欢的未知事物入手。比如，假若你对语言学、文学、历史、艺术等等不了解而又喜爱的话，那你就可以无畏地闯进它们的“宫殿”，这对保持心理健康，预防心理疾病大有好处。

心理学上做过这么一个试验：把松鼠放在滚笼里，让它自己任意欢跑的时候，每天跑上 8 公里，血压也不会升高。可是，如果你用人工转动滚笼，强行让它跑的话，跑上两公里它的血压就高了。人类同样如此。自己高兴干、主动干的事，比起不高兴、不情愿干的事所引起的疲乏程度来，前者仅占后者的四分之一。所以说，我们应该尽量地把那些“必须做”的想法变成“我愿意做”的，因为强迫做和自愿做的工作相比，它们的效率是大不相同的。

著名排球女将孙晋芳在一篇获奖作文里，曾谈到她把“要我练”变成“我要练”的思想转变过程，这也就是变强迫为自愿的过程。有了“我要练”的要求动机以后，她锻炼得就更加刻苦，成绩也突飞猛进了。当然，眼前的兴趣也好，对未知的兴趣也好，并不限于一定是什么大目标，或者是什么了不起的大“事业”，只要是于人于己有益的自己乐于去做的，哪怕是点滴小事也可以。

三是斯蒂芬森讲的保持心理健康、预防心理疾病的十一条“秘诀”，说来说去，可以归结为一点，那就是每个人都应该想方设法地去消除心理上的压力。心理压力会增加人体血液里的有害的胆固醇（LDL），减少有益的胆固醇（HDL），这样，动脉就会容易硬化，人就会过早老化。所以说，为了让青春常在，永远保持旺盛的精神状态，我们每个人都应当善于对付心理压力。

勤于用脑，健康长寿

青年朋友也许听过有人把神经衰弱，甚至把早衰和早亡，都归结为“用脑过度”。其实，这是一种误解。所谓“用脑过度”，应是指没有节制地，或者说是没有节奏地、持续不断地用脑，违反科学所造成的。如果你是有张有弛地、有节奏地用脑，那么绝对不会得神经衰弱，更不会短命夭亡的。

我手头有一份资料，足以说明上面讲的这种看法的可信性。有人曾对 400 名 16 世纪欧美伟人进行分析研究，发现最长寿的是一些发明家，他们平均年龄 99 岁；而另外 400 名 16 世纪普普通通的知识分子，平均年龄却是 66.7 岁。这就表明，越是用脑，越会长寿。还有一份是中国的资料：有人曾经对秦汉以来的 3088 位著名知识分子进行分析，结果发现他们的平均寿命是65.18岁，而其中比较著名的、在学术上有大成就的名人，寿命反而更长些。例如，东汉思想家王充70岁，六朝的数学家祖冲之71岁，唐代诗人白居易74岁，他们的享年都超过了平均年龄。

你也许觉得这真是令人费解，怎么越是用脑，反而会越长寿呢？这是因为人脑有“用进废退”的特性。脑力劳动只要适当，那么越是多用脑，中枢神经系统的传导就越是不会受阻抑，各种器官的生理功能也就越是不会失调，各种神经细胞之间的联系也就会越多，形成的条件反射也会越多。这样一来，神经联系、条件反射就可以不断地得到强化和巩固。于是脑子的反应就会显得越加灵敏，精力也会显得越加旺盛。精神上有了寄托，就不会意志衰退，也不会感到寂寞无聊、烦闷抑郁了。这样一来，还会不健康长寿吗?!

20世纪80年代，研究人的大脑的一些生理学家们，经过多年的苦心研究钻研，提出了关于大脑功能衰退的新见解。过去脑神经学家认为，人类从30岁开始，每天大约有10万个脑细胞死去；而近年来美国一位生理心理学家发现，人们大脑里的神经细胞不仅不会“死”得那么快、“死”得那么多，而且旧的神经根还能在新环境条件的刺激下，生长出新的神经细胞来。另一位日本的科学家用超声波测量不同生活方式的人的大脑，他发现勤于思考的人，脑血管会经常处于舒展的状态，使大脑神经细胞得到良好的保养，这样就可以使得大脑不至于过早地衰老。

相反地，一个人如若从青年时代起就不注意发展智力，不勤于用脑，那么，他（她）就很有可能被精神病学家称为“慢性脑病”的病魔所征服，这样一来，情况就会大变。这种变化可以分为三个阶段：开始，会出现对周围环境的一切兴趣减退，逐渐地感到厌烦甚至敌视；接着，一切心理机能将会逐步衰退；最后，智力衰退，神志不清，将进入生理学家所谓的“迷雾”阶段。到达“迷雾”阶段时，也许会伴随着出现情感冷漠、记忆力混乱以及大脑机能“山穷水尽”，身体也将会跟着垮下来。这也就是通常讲的“身心尽瘁”。这是不能不引起警惕的。

因此，为了保持你的心理健康，为了使你益寿延年，我劝你要勤于用脑。

第五章　心理疗法面面观

心理疗法概述

在中国古代医学典籍里，就曾指明了，心理因素既可以使人发生疾病，同时也可以治疗疾病的事实及其原因等问题。比如说："心者，五脏六腑之主也，……故悲哀忧愁则心动；心动，则五脏六腑皆摇。"就把心理因素可以导致心理疾病讲得很清楚。现代精神医学临床诊断的大量统计，已经完全证实了我国古代医学这种论断的科学可靠性。例如，调查研究表明，在经历过"人生剧变"的人们当中，发病率为4/5；而在未经剧变、挫折的人中，发病率只有1/3。丧失眷属者发病死亡率，要比正常人高出7倍。日本一位医生统计内科患者，其中包括恐癌症患者在内，大约有44.6%是属于因心理因素致病的患者。美国一位医生统计，在一般临床中，大约有50%的症状是心因性的，或者是伴有大量心理因素的。这两位医生统计的百分比数字，很相接近。这也就是说，在内科病患者当中，大约有一半的人，是由于心理因素而致病的。

另外，大量观察和调查证实，积极的情绪、完善的人格、和谐的人际交往、开朗的性格、清晰的思路等等，已不容置疑地被认为有助于防病、抗病和健康、长寿。古今中外的许多病例证实，有些病症单靠药物是无法治愈的。比如焦虑性神经症，它的致病原因既和一个人的性格特征有关系，又有精神因素的原因，因而单靠药物治疗便很难奏效。

有些病症根本不需要药物治疗，采用心理疗法就可以"不医而愈"地康复。比如，运动员们在比赛的关键时刻，怎样才能很好地解决心理压力的问题，就不是单凭药物所能解决的。

我国跳水名将陈肖霞，在第五届全运会上获得全能和10米跳台比赛两枚金牌后回忆说，在全运会前，她之所以能够排除烦躁不安等心理障碍，顺利参加比赛；出国乘坐飞机途中，她之所以能够应用调整呼吸和放松技术，消除了呕吐现象；去比赛场地途中，她之所以能够运用“呼吸守点”（只看一个固定目标）方法，消除了过去头痛晕车的毛病，这一切，都是她接受心理训练后所取得的明显效果。

1984 年 9 月 19 日《北京晚报》“科学长廊”栏，刊登了一封读者来信。信里讲道：“我曾（求答）治疗眼睛不会转动的病。信刊登后有七位医生给我提供疗法和药方。……鲜鱼口的张智忠大夫认为我的眼睛没有毛病，我的患病心理是由于精神忧郁造成的。平时，我总是自我怀疑眼睛有病，张大夫使我走出了迷宫，我现在精神好多了，也不感觉眼睛有病了。”这位读者的“病”，就是只用心理治疗达到治愈目的之又一例证。

那么，究竟什么是“心理疗法”呢？心理疾病的治疗方法，按照它的做法，大体上可以分为两大类：（1）心理治疗法。可以简称为心理治疗。这种治疗方法不是用药物去治疗，而是根据心理学的原则改变心理失常人的行为，让他们的心理恢复正常的状态；（2）身体治疗法。可以简称为生理治疗。这种治疗方法是根据生理学的原则，用药物或其他物理、化学的方法，改变心理失常人的行为，让他们的心理恢复正常的状态。现在我们要讨论的，主要是第一类方法，也就是心理治疗法。

（1）心理治疗法也可以分为两类：

①心理分析治疗法。这种治疗方法不是以心理失常人表现于外部的外显症状，作为诊断和治疗的目标，而是只把外显症状作为线索，来探求追查他（她）所潜隐的心理问题。这种疗法认为，患者内心深处潜藏隐状的问题一旦被揭露出来，而且患者本人能够自己接受和了解这种隐私的病因之后，他们心理失常的原因就可以被解除，这样，就可以在思想上豁然开朗，病也就会“豁然痊愈”。

你听说过“打扫烟筒”疗法吗？把心理疾病比喻为堵塞了的烟筒，用谈话等办法，使患者清扫干净心中的积郁和烦闷，吐露出隐藏在内心深处的思想问题，使他们解除思想疙瘩，豁然觉悟、茅塞顿开，病也就立刻好了。这种俗话讲的“扫烟筒”疗法，就是心理分析法。心理学上把这一种心理分析治疗法又叫做“顿悟治疗法”，其道理也就在这里。

②行为治疗法。这种心理治疗方法和上面讲的心理分析治疗法正好相反，它是直接地以心理失常患者表现于外部的、失常行为的外显症状作为治疗的目标，给以直接治疗。这是因为行为疗法者认为，人们的一切心理疾病或者反常的病态心理，必然地要在身体的外部行为上，表现出与其相应的各种症状来。这些身体外部症状就是某种异常（失常）的行为。而这些异常行为正是“病人”对周围环境不协调的表现。行为疗法认为，异常

行为是可以通过学习来进行调整和改变的。因此，行为疗法工作者们又把他们的这种心理疗法，叫做“行为矫正疗法”。

行为疗法是一种新兴的疗法，它比起古老的心理分析法来，有很多先进之处。行为疗法的指导思想是：把人看作为一个整体，大脑的高级神经活动支配人这个整体，因此，每个人都可以通过学习，自己控制自己，改变、调节自己的一切行为。而通过学习调整了行为，就可以使身体的生理状态和周围环境保持平衡、稳定的状态。这个原理经过医疗实践，证实确实有效，于是就创建了这门新兴的行为疗法。行为疗法在美国现在很时髦，因为行为主义心理学在美国现在依然有广泛的影响。

不过，行为疗法是有缺陷的。那就是这种疗法，过分偏重于依靠行为上的矫正来治疗病态行为和心理疾病，从而忽视了人的认识作用。实践表明，如果不解决病人认识上的问题，而单靠行为上的矫正，是不能从根本上治疗好一些心理疾病和失常行为的。

除了上述两类主要的心理治疗方法以外，还有很多常用的其他方法。

这些行之有效的具体方法，对治疗心理疾病和保持心理健康都有一定的帮助。至于究竟哪一种方法最好，这就不好讲了。因为任何方法都不是唯一决定治疗成败的因素，比如说，年龄不同、性别不同，患病的时间长短不同、患者每个人人格特质不同等等，都是影响治疗成败的重要因素，而且这些因素又很难加以人为地控制。但是，有一个大家都公认的“秘方”，那就是防止心理疾病或者说防止心理失常的最有效的方法，是经常地保持心理健康。

心理疗法之所以能够生效，就是因为通过意识的能动作用，可以对于行为活动加以控制，通过人格可以对整个身心加以调整，通过情绪状态可以对机体加以协调影响。这样，每个人就可以保持主观的个体和客观的环境之间、生理与心理之间、自己和他人之间的稳定和平衡，从而使身心更加健康起来。

心理疗法在近半个世纪以来，已经被人们普遍公认为是行之有效的医治疾病的方法，它甚至可以解决医学上很多老大难的顽症痼疾，收到常规医疗措施所不能比拟的效果。心理治疗通过影响患者的心理活动，可以有效地矫正一些异常行为，比如，精神失常、犯罪行为、不守纪律，不肯学习，甚至说谎、口吃、遗尿、吮指等等怪癖恶习。所以它在各国盛行起来，被广泛加以应用，并且逐渐摸索出了多种多样的心理治疗的具体形式。

比如，音乐治疗、催眠暗示、生物反馈、行为矫正、心理咨询等等。在这些具体方法中，我们将选择一些行之有效，“屡建奇功”，而又简便易行和适合当前我国国情的方法、技术，介绍给青年朋友。

当你运用各种心理疗法时，都需注意一点："心理疗法"并不是单一式地、对症下药式的"对症疗法"，而是各种因素、方面配合起来的综合疗法。因为心理疗法的总目标，是改变一个人的属于病态心理的人格。

这是因为很多患有心理疾病的人，往往是由于从幼小的时候起，在人格发展上有缺陷，不能很好地适应周围环境，于是就会引起各种精神上的症状和反常行为。而这些症状和行为又都不是生理上的病变，而是人格缺陷所造成的。心理疗法的任务，就是想方设法弥补他们的人格缺陷，使他们的人格不断地充实、丰富和完善化。比如，心理咨询，就是由医生和社会心理学工作者们联合起来，综合研究病态心理的起因和治疗疗法，帮助心理疾病患者的人格完美起来。

当然，心理疗法绝不是"万能"的。心理疗法曾经一度被人们误解为唯心的，甚至被歪曲为"挂着科学招牌的迷信"，其中一个重要的原因，就是把心理疗法的作用、疗效，说得过了头，弄得神乎其神、不切实际的缘故。

那么，究竟怎样运用心理疗法？

如果你进行自我治疗时，应当注意：

(1) 要对心理疗法充满信心。你可以先不去考虑它们的疗效究竟会是怎么样，但是确信试试看总会有益无害，这样的自我暗示作用本身就是心理治疗。

(2) 坚持"治疗"下去，持之以恒，不要因为很快就收到疗效而停止，也不要因为还看不出成效就中断。坚持本身可以使你磨炼意志，它本身也是心理治疗。

(3) 如果某一方法收效不大，或看不出什么显著的效果，那就无妨改用另一种方法。也可以几种方法交替使用，或者同时使用。

如果你扮演"医生"的角色，对你的朋友、伙伴、亲人进行心理治疗时，你应当注意：要让对方对你产生信任感、亲切感和安全感，你首先应该设法使他们增强治愈的信心和决心，对他们多加体贴和鼓励，在相互思想沟通交流的气氛中进行。俗话说："心病还需心药医"。对于心理疾病患者，除了适当用药之外，还要有针对性地做好他们的思想工作，帮助他们用自己的意志和理智去战胜疾病。无论是谈话，或者是帮助他们采用一些具体的心理疗法时，从语言到表情，都要避免种种不良的暗示。你既不能急躁、急于求成，也不要厌烦、灰心。

疗法之一：调节呼吸节奏法

1984年10月14日，在我国首都北京举行的“北京国际马拉松比赛”过程中，出现了一幅激动人心的场面。我国选手曾朝学在一路遥遥领先于大多数选手的时候，突然一年前扭伤的左腿开始疼痛起来，接着呼吸也乱了起来，跑的速度跟着降了下来，慢慢地落后了200米。当时，他汗流浃背，精疲力竭，心理上不由地产生了能不能勉力追赶，甚至能不能跑完全程的忧虑。越是这样想，他就越发觉得疲惫不堪，难以坚持，气喘吁吁，心慌神乱。后来，他不断地提醒自己、“有希望，要专心”，在努力减轻身心的紧张、压抑的同时，注意调整一颠一簸的步伐带来的呼吸不均，调整呼吸节奏，强迫自己振奋精神。终于以坚忍不拔的意志，度过了困苦的“极限”，保持一种从容不迫的步伐节奏，最后转败为胜，取得了比赛第三名的优异成绩。

曾朝学的取胜，固然要靠他平日锻炼出来的坚强体力。但更重要的是，在关键时刻，他善于调整自己的呼吸节奏。所以说，我们要想保持心理健康，那就需要学习善于控制自己的呼吸。因为有节奏地呼吸会改善你的大脑的供氧状况。

生理学家的实验证实，每人每天大约要吸入16升的空气，这个数字相当于摄入的食物和水的6倍体积。正常工作时，大脑的需氧量是身体需氧量的3倍；坐着的时候，需氧量则要更大些。简而言之，人的大脑仅占体重的2%，可是它的耗氧量却占全身的20%。呼吸可以使身体和大脑充满生机勃勃的活力。有规律地、有节奏地呼吸，可以促使大脑灵敏；在吸入和呼出的间隙，如果能屏气几秒钟，就可以使大脑稳定化，有助于集中注意力。通过缓慢地深呼吸，可以主动地控制身体的活动，可以有意识地减慢脉搏，而且可以改变意识的状态。

当你感到情绪紧张的时候，你要尽力使你的心脏跳得慢些，这样会使你的大脑工作轻松化。因为比较缓慢的心跳，可以给人一个缓冲的“歇息”。通常人们的心跳次数为每分钟70～80次。生理心理学经过实验证实，如果你能把心跳保持在60次以下，那你的身心将会更加健康，也会提高大脑功能的敏捷程度和灵活程度。你可以试一试，排除一切杂念，漫步在林荫路上，或者缓慢自如地、精神专注地打一套太极拳，你的感觉会是什么样子。我想，你会感到心理上轻松、精神上舒畅、身体上舒适吧。为什么会有这样轻松舒适的感觉呢？那就是因为身体和大脑，适时协调地放松了的缘故。

如果此刻你没有散步、打太极拳的场地或时间，那你可以坐在舒适的椅子上，精神专一地欣赏美妙的古典音乐或者轻音乐。如果这样的条件你也不具备的话，你无妨闭目静坐，在头脑里想象地打一套太极拳、做一套广播操，或者什么也不去想的“如入禅境”。如果做不到“什么也不去想”，那你就默念数字。总而言之，精神集中，不去牵挂思念。这种方法也可以叫做“冥想放松法”，主要的目的是，设法调整你的呼吸，让你的呼吸缓慢而又有节奏。

下面介绍一个简便的调整呼吸节奏的方法：（1）呼吸要和动作一致，在呼吸时要配合身体的动作。（2）坐端正，身体放松，做深呼吸。从下腹部逐渐地往胸膛充气，呼气时腰部用力，尽量放开腹部将气挤出去，好似充气的皮球；吸气时，腰部也要用力，尽量收缩腹部将气吸进来，好似撒了气的皮球。

当你这样深呼吸的时候，要掌握四点：（1）必须分阶段地一次一次地做下去。（2）吸足气后，不要立刻呼出，要尽量使这口长气，一直沉到下腹部。（3）绝对不能勉强地用劲，乱用劲或者劲过大，便收不到应有的效应。因为“放松”是一种人为的技巧，而不是靠天生的自动的反应。那么，怎样放松？怎样才能使呼吸有节奏？这要靠学习，靠慢慢地摸索，而这种学习和摸索，是要根据你自己的体力“量力而行”。病号和运动员同样采用这种调整呼吸节奏的疗法时，显然用劲的程度是不会相同的。（4）调整呼吸节奏疗法，也可以叫做和脉搏同步的“韵律呼吸法”。吸、止、呼的比例，平均是（1）、（4）、（2）的比例，让呼吸和脉搏同律，效果会更好。

疗法之二：冥想放松法

我国年轻的小提琴家胡坤，在1980年11月第四届西贝柳斯国际小提琴比赛中获奖后，突然左手患了严重的“职业病”，全手麻木、无名指不能活动，他的手指再不能在四根银弦上，演奏出美妙动听的旋律了。他那颗痛苦的心像坠进了一口没底的深井，到处求医，不见效果。后来经过医学心理学工作者的指点，解除了思想上的紧张状态，做到心理放松，开始从头练起，三个月后又能熟练地演奏他已停拉了三年的过去能演奏的所有乐曲。

胡坤所接受的疗法，就是“冥想放松法”。这种方法，对保持心理健康能够奏效的理论依据，大体上和我国的“气功”、印度的“瑜伽术”是缘出一辙的：闭目守静，把精神集中到一点，造成大脑里的一个优势兴奋中心，从而抑制其他部位。

气功的功效，正如《黄帝内经》上所说的那样：“恬儋虚无，真气从之，精神内守，病安从来?”在古人看来，“气”是宇宙万物生化的根本，在人体内起作用的是真气，真气运行如果减弱，甚至受阻，身心会逐渐衰弱，各种疾病就会乘虚而入。气功就是通过一定的方式方法，来调动和恢复真气的运行，以增强自我康复的能力。古代中医的这种“真气”说法，已被1968年苏联科学家宣布发现的人体里面有一种新的能量循环系统所进一步证实，这种“能量”在人体里，按照特殊的路线循环，司以通过呼吸来加强，并且受磁力、太阳黑子、光、声、音乐以及情绪、食物、饮料等许多因素的影响。

印度的古瑜伽术，被应用于精神治疗上，是对医学做出的一个贡献。印度的瑜伽信徒们苦练自制功夫，他们凭借体力和意志的锻炼，用自行修炼的方式以及利用生物反馈的原理，控制机体的某些自动系统（所谓“自动系统”，就是指神经系统中不需要知觉控制，而能自行活动的那些部分，例如呼吸、心脏搏动和血压等），从而对身心加以控制。

这里，需要简单解释一下什么叫做“生物反馈”。所谓生物反馈，它的依据是，人体有能力控制从大脑皮层下面的边缘系统发出的波形缓慢的α脑波，而这个α脑波也就是松弛状态的正常波。印度瑜伽信徒当众表演，他们能够安然无恙地、赤脚走过烧红了的铁板，或针刺手臂而不感疼痛。中国的高超的硬气功，比起印度的瑜伽术来更是独树一帜，各有千秋。无论是中国的气功，或者是印度的瑜伽术，都和冥想放松法有关系。它们并不是神秘的“奇术”，而是设法把精神集中到一点，造成大脑皮层里的一个优势兴奋中心，从而抑制了其他部分。

我在这里介绍一种在国外流行的简便易行的冥想放松法。你可以用一件真实的物件，比如，各种球类、各种水果，或者你手边可以找到的例如小半导体等实实在在的物体，来发挥你自我想象和自我暗示的能力，平静你的大脑。具体方法是：（1）凝视手里拿着的橘子（刚才我说了，什么东西都可以），反复仔细地观察它的形状、颜色、纹理脉络，然后用手触摸它的表面质地，是光滑还是粗糙？再闻闻它有什么气味。（2）闭上眼睛，回忆和回味着这个橘子都留给了你哪些印象。（3）放松肌肉，排除杂念，集中精力地想象自己越变越小，钻进了橘子里。那么，里面是什么样子？你感觉到了什么？里面的颜色和外边的颜色一样吗？然后再假想你尝了这个橘子，记住它的滋味。（4）想象暗示自己走出了橘子的内部，恢复了原来的样子；记住刚才在橘子里面所看到的、尝到的和感觉到的一切，然后做深呼吸5遍，慢慢地数5下。睁开眼睛，你会感到头脑轻松而又清爽。

同样的道理，放松身体的各个部位，轻松自如地反复观察手中的小半导体，掂掂它的重量，摸摸它的形状，闻闻它的味道；然后想象自己越缩越小，钻进了收音机里面进行游览观光。里面的各个部件是什么颜色、什么形状的？是怎样排列组合着的？在里面有什么感觉？是憋气还是舒畅？然后再想象自己的躯体离开了收音机，恢复了原状，记住自己这次“旅游”时的所见所闻和一切经历体验；然后深呼吸5次，从一数到5，然后睁开眼睛，你会感到头脑既轻松又清爽。你可以每天早晨、中午、睡前各做一遍。

疗法之三：自主训练法

每个人在生活当中，不可能样样事情都称心如意。这就要求人们遇事要冷静，特别是在碰到不顺心事情的时候，比如，工作事业上受到阻碍、家庭生活上出现矛盾等等，你就得学会善于自己排除干扰，解决冲突，争取自己能够和周围环境相顺应，保持协调融洽的关系。因此，每个人都应该训练自己善于适应变化了的环境，锻炼适应能力。

那么，有什么方法可以帮助人们锻炼、提高适应环境的能力呢？“适应训练法”就是一个很有效的方法。“适应训练法”，又可以叫做“自律训练法”。说“自律”，有人可能感到费解，其实，自律就是“自主”的意思。所以，我们又把这种方法，叫做“自主训练法”。

德国柏林大学教授舒尔兹，是一位卓有成效的著名精神病学家，也是一位赫赫有名的催眠大师。1932年，他根据自己二十多年来的苦心钻研，得出一条基本原理：“每个人都可以控制自己！”并且根据这个原理创建了“自主训练法”。舒尔兹认为，每个人都能学会控制自己，在日常生活中，可以进行自我训练来保持自己的心理健康。后来，经过长时期的临床实践证实，自主训练法是自我训练当中最行之有效的一种方法，人们运用它可以消除心理压力。

1910年，舒尔兹发现，当他指导病人自我催眠时，他让病人自己讲话，曾获得惊人的效果。例如，当一些病人重复地说“我的手暖和了”时，他们的手真的越来越暖和了起来。1964 年，美国一些医生用测量皮肤温度的仪器，证实了舒尔兹的这一早期试验，证明人体的自动系统是可以自主控制的。这种技术从 1964 年后扩大到治疗失眠、烦躁、血压不正常和哮喘，进而试验治疗癫痫、中风瘫痪、背痛、偏头痛和由于精神紧张所造成的头痛等病症。

自主训练法创建后，各国的精神病学家和心理健康研究专家们，纷纷对其有所发展和创新。下面，我再介绍一种最简单的方法：

第一个步骤是：首先，取坐姿，把背部轻轻地靠在椅子上；头部挺直，稍稍前倾；两脚摆放如肩同宽，脚心紧紧地贴在地面上。然后，两手平放在大腿上；闭目静静地深呼吸三次，排除杂念，把注意力引向两手和大腿的边缘部位；把意念排导在手心。最后，你会感到注意力最先指向的部位会慢慢地产生温觉，然后会逐渐地扩散到手心全部。这时，你心里可以反复地默念着："越是静下心来、静下心来，两手就会暖和起来。"

第二个步骤是：你若是根据这个要领，把注意力放在脚上，你的脚也会最后感到温暖；一旦两只手、两只脚都真的产生温暖感觉后。你的身心便会感到轻松，头部会感到清爽。

自主训练看起来很简单，但它的功效却不小。它可以帮助你解除心理紧张、心理压力，增强你的心理耐力。经过一段自主训练后，你若是感到真的变得心理松弛和舒畅起来，这就说明你尝到甜头，真的有收益了。这时，你便可以进一步练习，使它更加熟练，从而达到运用自如的"上乘"程度。这样，你就可以做到不仅能在安静的屋子里练，就是在步行、乘车、开会以至繁忙工作时，也可以抽出片刻时间做一做。那么，你就可以在日常生活里，永远保持心理松弛、心情舒畅的状态。

疗法之四：大脑训练法

什么叫做大脑训练法？

瑞士的著名牙科医生兼老资格的业余体育爱好者雷蒙德·阿伯瑞佐博士，在瑞士开设了一个闻名世界的特殊"诊所"。这个诊所专门训练指导一些很有发展前途，但却缺乏信心，心理上不够健全的各类运动员（跳高、滑冰、拳击、足球等等），由于收效显著而声誉鹊起。

阿伯瑞佐博士在总结他的训练经验时，曾经说过这样一句警句："从某种意义上讲，想象有时比意志更重要。若想下决心来解除紧张，那就只会加剧已有的紧张。”他这句话，的确说得十分深刻透辟，耐人寻味。我觉得不仅体育运动员在平日训练和临阵比赛时，会有这种情况，就是我们每个人在日常生活里，也会遇到这类情况，比如由于心理紧张，动作往往“不听”自己的指挥和支配，大脑和身体的动作失去协调，变得笨手笨脚起来，等等。

阿伯瑞佐认为，训练运动员时，要同时训练他们的大脑和躯体，应该把他们作为一个完整的人来对待。他创造了一个新概念叫做“协调意识学”。他教导运动员们，首先要学习怎样来消除头脑里那些有害于表演的不正常的因素，比如像在比赛前或比赛中过分地紧张、注意力分散、缺乏搏斗精神、信心不足、胆小怯场、心理疲倦、担心发生过失或犯错误、怕失败等等。阿伯瑞佐认为，经过他所谓的“协调意识”的“大脑训练”之后，运动员们就可以消除自己意识不到的惧怕心理。而这种自己没有意识到的“惧怕心理”，往往会延误一些运动员几百分之一秒的关键时间，以至有可能因此而失去夺取金牌的机会。

所谓的“大脑训练法”，主要是指激发人们的想象力，将动作的每一个细节，在“大脑电视”里过上一遍；暗示自己放松身体，调整和改善心理上的竞技状态，对自己的技术充满信心。比如说，确信自己在比赛一开始时就能集中精力，完全不怕观众们欢呼、吵嚷的干扰以及诸如电视镜头对准自己或者临时意外事故；并且在想象中将每一个动作做得尽美尽善；设想一旦发生意外事故时，自己将如何对待，等等。有人把阿伯瑞佐所倡导的这个“大脑训练法”叫做“心理体操”，它不需要大量艰苦的身体练习，也不需要花费许多时间，就可以完全控制自己的心灵。因而，大脑训练法被公认为是一种有效的心理疗法、自我治疗法。

众所周知，中国女排在夺得世界女排“三连冠”之前，曾经接受过接连不断地严峻考验。在国外和一些资本主义国家的女子排球队比赛时，往往会碰到敌队的拉拉队呐喊夹杂着号声和鼓鸣，它们震耳欲聋地交织成一片杂乱的噪音。面对这样的情境，一般运动员会感到恐慌迷乱、脉搏加速、胃部不适、甚至想呕吐，喉咙发涩，呼吸急促，并伴随有强烈地想逃离现场的心情。可是，中国女排的巾帼英雄们在心理上战胜了紧张的压力，在激烈的争夺战中，最终取得了辉煌的胜利。她们在为国争光的决心和信心鼓舞下，用大脑控制、“统帅”了肌肉和身体的所有器官，这可以说是地地道道的中国式的“协调意识法”“大脑训练法”。

大脑训练法目前已成为一种治疗心理疾病，增进心理健康的有效方法，而且它的应用也越来越加广泛。在欧洲，现在有许多心理门诊所，已经开始广泛地应用这一训练方法，来治疗由于情绪紧张或心理压抑而造成的各种心理疾病。

由于大脑训练法是一种积极的自己指导自己的方法，它能教给人们有意识地抑制一些所谓不由自主的身体活动，增强有意识地控制体内的各种生理过程的能力，比如，控制消化、呼吸、心跳、血液循环和新陈代谢；还可以控制情感和情绪，使人变得身心协调一致。因此，不仅可以用这种训练方法，帮助培养造就大批的优秀运动健将和比赛冠军，而且也可以采用这种训练方法，帮助培养造就大批出色的演说家和有成就的艺术家等等。这些训练者所以获得成功，就是把人体看作一个整体，看作大脑和身体相互协调一致的状态。

因此，大脑训练法就不仅仅限于适用于各种体育运动项目的训练；而且适用于一切需要面向观众、“抛头露面”的行业。也可以说，它适用于可能表现为情绪紧张的一切场合。大脑训练法还包括一个人怎样和别人、怎样和整个社会建立健康、完美关系的适应能力；使各行各业的体力劳动者和脑力劳动者，能更好地完成自己的本职工作；并进一步地鼓励人们有信心地准备担负更重大的任务，等等。

大脑训练法的重要意义，正像一位研究这个方法的专家说的那样：“它可以告诉演员怎样抓住观众的灵魂；告诉作家怎样进入读者的心灵；告诉运动员怎样积蓄力量，在最关键的时刻使用力量，以获得胜利。……总之，对于人类生活的各个方面，都是一门有用的方法技术。”

当人们从事体力劳动工种，或者在做某一件需要动手操作的工作的时候，为了避免由于情绪紧张、信心不足、或者惧怕焦虑而最终导致失败的场合，都无妨试一试这个方法。比如，你要参加体育项目的比赛，你要操刀给人做手术，你要在重要的会议上或者在公众面前讲话、讲课、发表演说，你要做木工活等等，如果你经过大脑训练，那你就可以使你的动作更加准确无误，可以使你的体力和精力消耗得更少，可以使你的注意力更加集中，提高学习的接受能力。总而言之，大脑训练可以使你的所有不必要的担心、压抑、紧张和对失败的恐惧，都会减弱以至完全消除。

大脑训练法是一种自我暗示法。大脑训练法的创建者阿伯瑞佐，把大脑训练法的要领归结为两句话：“放松并控制身体，使用肯定的暗示并发挥想象力。”这个方法主要是依靠发挥自我想象力和肯定性的自我暗示，以提高必胜的信念而起作用的。

大脑训练法也可以说是“自主训练法的一个变种，它们的原理是一个，也就是舒尔兹提出来的。人们的精神（心理）在一定程度上，可以控制支配人们的身体（生理）。从这里可以看出，很多心理治疗方法是相通的，是大同小异的。所以说，我在前面劝青年朋友可以先试一两个方法，如若不见效，就可以改试另外一两个。同时，我也提醒读者不必把心理疗法看得很神秘。”

末了，我认为严格地讲，可以说，所有的心理治疗方法都是“大脑训练法”，都是训练人们的大脑更加健康，使自己能够积极地自己指挥自己、控制自己的一切心理活动和一切行为活动。

疗法之五：暗示疗法

你知道吗？现代医学上有一种“医源性疾病”，这种病是因为医生不当的举止言词而引起的。一个人本来没病，却怀疑自己有病，碰巧遇到了一个言语粗暴、工作马虎的医生，轻率地给他下了“癌症”的诊断。那么，这位健康的“患者”，就很有可能成为“恐癌症”的真正患者了。他会情绪激烈波动，思想负担过重，四处奔走求医。这种医者的不当言词给“病人”带来的恶果，就是因为“病人”接受了医务工作者投射暗示的结果。

暗示的心理作用往往很大，不容忽视。不仅医学上应用暗示作用，各行各业都开始普遍地运用暗示的心理作用。瑞士有一位艺术家，他为失眠患者塑造了一尊打着哈欠、睡眼蒙眬的瞌睡者的半身塑像。这尊塑像的表情诱惑力颇大，失眠者看着它，不一会儿也连连地打着哈欠，沉沉入睡了。美国的一家电视台，每晚在电视节目结束时，向观众说一声：“祝你晚安”之后，便在屏幕上出现了一个无精打采、昏昏欲睡、并深深地打着哈欠的人的图像，帮助观众中的失眠者很快入睡。美国某个城镇的长途公共汽车站，为了使人们在等候长途公共汽车时，不致因为感到时间过长而烦躁恼火，便请来了雕刻家，雕塑了三尊排队候车的石膏像。结果有效地“培养”了乘客的耐心，乘客们不再吵吵嚷嚷地谩骂和提意见了。

暗示可以起积极的作用，也可以起消极的作用。暗示也可以分为他暗示和自暗示，也就是说，既可以接受别人（例如，医生）的暗示，也可以自己暗示自己。运动员在平日训练时和紧张比赛时，都可以经过自我暗示作用而取得优异的成绩；学生在自我暗示下，考试时不怯场，消除紧张、慌乱的情绪，保持正常的以至最佳的情绪状态，从而可以取得好成绩。

用暗示疗法治疗心理疾病时，通常都是用催眠术来进行。因为患者在患病期间，高级神经活动已经处于比较衰弱的状态，经过催眠，就可以使患者的大脑皮层处于暂时的抑制状态，这时给他们各种暗示性的刺激，就会在大脑皮层上产生新的兴奋中心，抑制旧有的因精神创伤所产生的症状，慢慢地会使病情好转，消除症状。

进行暗示疗法时，起码要具备两项条件：（1）作为暗示者，应当在被暗示者心目中有能使他信赖的较高威望。这样，暗示者（医生等人）在询问过病史和进行检查后，便可以用简短有力、充满信心的语言，对病人进行鼓励和诱导，告诉病人，他的病情会很快好转，最终可以完全根除。这样做法，就可以造成病人迫切期望治疗的心情，从而打下坚信能够治愈的心理基础。（2）被暗示者本人要有充分的信心，有了足够的信心，才可以和暗示者双方密切合作，取得预期的效果。

有一种情况值得注意，有些暗示由于内容和方法安排得欠妥，其效果往往会和暗示者本人的主观愿望适得其反。这是因为接受暗示的人，常常从兴趣出发，对于他感到具体的新鲜的东西特别敏感，从而容易接受其消极影响的缘故。德国法律心理学家柏替在他的《法律心理》这本书里写道：有些电影包含有犯罪的具体情节，它的目的虽然是告诫人们，不要犯罪，犯罪者最终会得到恶报等等。但是，这样的暗示对于青少年的作用很小，甚至不起什么作用。反过来，它倒会暗示给青少年怎样去犯罪，引起“无妨犯一次罪”的冲动等等。因为青少年们往往被电影所表现的生动具体、鲜明新颖的形象所吸引，从而着迷于犯罪本身的动作以及对犯罪行为产生魔力般的跃跃欲试的想象。

法律心理学家柏替的这段话，值得我们深思。在我国，《少林寺》影片放映后，奔赴河南少林寺出家学艺的青少年，一时之间络绎不绝，以致报刊上不得不刊登出劝阻的文章；《大西洋底来的人》电视连续剧播出后，据说报考海运学院的青年剧增；《血疑》电视连续剧播出后，有些女孩子怀疑自己也得了白血病，甚至殉情死去……所有这些，无不说明了暗示心理对青少年的作用。这能单纯责怪青少年幼稚吗？我说不能，因为青少年的心理发展特点中，有一条就是：他们看电影、看电视剧的时候，往往不注意思想性，吸取成人们认为有益的东西，而是根据他们的年龄特征去“各取所需”，只注意电影或电视剧里面他们感兴趣的情节。人们常常强调，对青少年观众和读者来说，更应当注意“寓知识性于趣味性之中”，道理也就在这里。

对于青年人本身来讲，当你了解到自己的这种弱点的时候，就应当有意识地抵制消极的暗示影响，冷静地理智地去分析和鉴别真假、善恶与美丑的界限。这一点是完全可以做到的，因为你持有“自我暗示”这一武器。你可以发挥主观能动性作用，不跟着外界别人的暗示去瞎跑。暗示，包括暗示疗法，并不是万能的、威力无比的。有些心理健康专家认为，神经比较脆弱的人，最容易接受暗示，这从反面论证了这个道理。

疗法之六：疏导疗法

我这儿有一篇是从1988年5月21日的《光明日报》上剪下来的文章，题目是《一张诊断书》。这是一篇催人泪下、感人肺腑的文章。

作者讲到他的妻子在“文化大革命”时，因为曾任过外国专家的译员，又自愿由首都调去边疆小城教书，于是“造反派”们便十分荒谬地怀疑她是特务，孩子是搞特务活动的掩护，本人根本不会生孩子……结果妻子被隔离审查批斗，不许会见孩子。致使她精神受到极大打击，被逼成头发散乱、眼神痴呆的疯子（精神分裂症）。后来，找到了当时已被“造反派”勒令靠边站的妇科专家林巧稚大夫作证。林大夫基于革命人道主义的医德，不怕风险，经过检查后，毅然开出了如下内容的诊断书：“患者是正常女性，腹部有多条妊娠纹，证明患者曾有过正常分娩。”当这位女同志听到林大夫的诊断证明后，她脸上露出惨笑，继而沉默，然后“哇”的一声，伏在林大夫肩头上，放声大哭起来。从此以后，她的病情逐渐好转，能够正常地工作，并生了第二个孩子。

你看，这位女知识分子的精神病起因，不正是因为“造反派”离奇地诬蔑她“你是个男扮女装的特务，你根本就不会生孩子”而引起的吗？而病情痊愈，也是由于有了“患者是正常女性，曾有过正常分娩”的专家诊断的结果。这也就是我们现在要谈的“疏导疗法”把她的病治好了。

那么，什么叫做“疏导疗法”？

疏导法也叫做“排泄法”，或者像通常所讲的“打扫烟筒法”，即把积存的心理郁闷打扫干净，使神经通路畅通无阻。当人们遭遇到突然发生的、意外性的精神打击后，别人往往劝他“你痛痛快快地哭一场吧！不要憋在心里做病！”这就是在日常生活中，人们经常采用的“排泄”情绪的方法；而别人的善意劝告也就是一种“疏导”。

医学心理学劝告人们：该哭的时候就哭，该笑的时候就笑；“喜怒不形于色”在日常生活里不该提倡，因为强行压抑自己情绪的表露，会导致心理疾病的产生。我劝青年朋友们不要为了保持所谓的“尊严”和“体面”，而强行压抑自己的思想感情；也不必被一些传统的旧礼教所束缚。

疏导法可以说是一种传统的、古老的心理治疗方法，也是疗效十分显著的一种心理疗法。即使是严重的心理疾病，用思想感情上的疏导、排泄，往往也可以治疗好。上面讲的那位女知识分子的病，就相当严重了；但她不是靠服药，而是用排泄法这种心理疗法，治好了她的病。这种方法容易被人们理解和接受，用它治好的病例很多，你甚至从中外古今的小说里，都可以找到真实动人的描述和介绍。

怎样去疏导排泄不健康的心理？总的原则是应当使自己的生活富有情趣，因为一个生活情趣丰富多样的人，总会有机会去排泄疏导他的情绪，不致因烦闷而使自己的心理不健康。

说到这里，我愿向朋友们推荐我国当代美学家、同时也是我国心理学界的一位老前辈朱光潜先生，在五十年前写给青年的《谈美》一书结尾中的一段话，作为考虑疏导法时的参考。他说："人可以分为两种，一种是情趣丰富的，对于许多事物都觉得有趣味，而且到处寻求享受这种趣味。一种是性情干枯的，对于许多事物都觉得没有趣味，也不去寻找趣味，只终日拼命和蝇蛆在一块争温饱。后者是俗人，前者是艺术家。情趣愈丰富，生活也愈美满，所谓人生的艺术化就是人生的情趣化。"

这段话，我在新中国成立前在大学学心理学的时候，几次读它，很受教益。后来根据我个人的经历和观察周围人们的情况，我越发感到多读、多听、多看一些东西，丰富自己的情趣，的确可以促进发展自己丰富的想象力和独到的创造力，从而美化自己的心灵，充实自己的精神世界，使心理更加健康并能预防心理疾病。比如说，我发觉习惯于用各种艺术情趣来充实自己的青年，很少是情绪忧闷的人，因为他们用各种有意义的兴趣活动，把自己的生活安排得相当紧凑，使自己感到在这个广大的世界上，有自己的天地、乐园和追求的目标，时时刻刻都会有充足感、满意感。

我们现在正在向现代化社会发展，物质生活水平越来越充足，精神生活内容也就更需要丰富充实，每个人的生活也就愈加需要富有情趣。俄国伟大的教育家乌申斯基说过："自然、美丽的城郊，馥郁的山谷，凹凸起伏的原野，蔷薇色的春天和金黄色的秋天，难道不是我们的教师吗？……根据我的生活印象，我深信美丽的风景，在青年气质的发展上所具有的那种巨大的教育影响，对于教师来说，是很难和它竞争的。"这段话说明了美化陶冶心灵的重要性。列宁在狱中给他妹妹写的信中讲道："有时一个人的心情恶劣，是由于单调的印象或单调的工作所引起的疲劳造成的。"列宁的意思很明显，是指为了保持心理健康，生活应该富有情趣，而不要过分地单调刻板。英国哲学家培根曾说过："读史使人明智，读诗使人灵秀，数学使人周密，科学使人深刻，伦理学使人庄重，逻辑修辞使人善辩。凡有所学，皆成人格。”这最后一句，也就是说学习可以使一个人的人格，更加趋向于完美和谐。当然，在广泛的兴趣当中，你应该选择一个中心的兴趣。丹麦有句谚语说得好：“聪明人接触各种知识，但是他精通一门来认识世界。”

我想，不仅学社会科学的青年人，应该用文学艺术滋润自己的心田；学自然科学的青年人，更应该加强文学艺术的修养。我认识一位青年人，他整天摆弄计算机，天天忙于编程序，苦思结构如何如何，没有什么文化娱乐活动，也缺乏文学艺术的调剂。结果，他慢慢地变成了一个情感枯燥乏味的人，后来他竟然变得性情烦躁而不能自制，脑筋也变得迟钝了。你看，文学艺术的甘露，对于学自然科学的年轻人来讲，该是多么需要。看来，文学艺术的业余爱好，不但不会浪费你的时间，反而会使你的思想萌发出新的嫩芽。

日本一本新出版的《青年心理学》里，调查一批青年工人的业余时间，大部分是用于：（1）长时期的闲聊；（2）看电视成瘾；（3）酗酒解“愁”；（4）逛街、串商店；（5）玩牌成癖好等。这些办法固然也能排泄无聊和烦闷，但它既白白地浪费掉时间，又危害身体健康，也消磨斗志。而且一旦成习惯，想要矫正过来很困难，久而久之势必会影响正常的工作、学习和生活。所以我说，这些疏导排泄情绪的办法都不足取。对于青年人说来，正确的疏导排泄情绪的办法是：欣然地接受知识的灌输，自觉地经受文明的洗礼，主动地争取艺术的熏陶，积极地提高理论的修养。这样做下去，你的气质会更加美好，你的人格会更加完善。

疗法之七：运动疗法

《红楼梦》里的林黛玉，被人们公认为是典型的“古典美人”。可这位“古典美人”却是一位病恹恹的“病美人”。尽管贾宝玉对“多病多愁”的林妹妹，情深如海、终生不渝；无奈黛玉体质过弱，最终“香魂一缕随风散”“魂归离恨天”。这一典型的爱情悲剧曾经赢得了多少青年男女的辛酸同情的热泪。小说毕竟是小说，酿成悲剧的因素也是多方面的，但我们看罢《红楼梦》这部小说后，不能不联想到，若是林黛玉有一个健康的身子骨，那该是多好！

保持心理健康，当然不是单凭有一个健壮的身体就能办得到的。很多运动健将患有心理疾病，便足以驳斥这种“唯身体健康论”者的主张。所以“健康的精神寓于健康的身体”这句话，说得有点绝对化，不十分恰当。古往今来，有多少英雄烈士身陷囹圄，在敌人的监狱、集中营里、法庭上，以病弱的身躯坚持对敌斗争。他们人格高尚，正气凛然，尽管身体健康状况极差，可他们的心理却是健康的。

从心理健康学的角度来看，大量的生活实践证实，身体健康与否，的确会影响心理健康。无论是体力劳动者或是脑力劳动者，在劳动过度的情况下，都需要身心双方的休息和调剂。这是因为，生理和心理两者构成人的统一体，它们相互影响，相互作用，一方面的亏损，足以影响其他方面。好多病态心理或心理疾病的根子，都是身体方面出了问题。林黛玉这个“病美人”就患有多种病态心理的症状。她经常以泪洗面，抑郁寡欢，神经质地多愁善感，性格孤僻、内向、猜疑等等，这些都和她体弱多病是相互联系着的。所以，一个体弱多病的人，会经常感到精神上的痛苦，对于心理健康大有妨害。

法国启蒙时期的思想家伏尔泰说过：“生命在于运动。”他的这句名言，现在已被公认为是一句真理。的确如此，坚持运动和锻炼，是可以有利于预防和治疗心理疾病的。你看过《钟楼怪人》这部电影吧？这部电影是从小说《悲惨世界》改编过来的。小说的作者法国大文豪雨果，40 岁时患心脏病，但他在医生的指导下，坚持运动，一直活到 80 岁，并且坚持从事大量艰辛、繁重的文学创作，心理始终保持健康的状态。

从生理学上看，运动可以增强心肺功能，增加肌体各脏器的侧支循环，使关闭的血管网开放，使血液循环和气体交换加速进行。这样一来，肌体的各个内脏器官就能够获得充分的营养物质和氧气，并且能够及时地排出代谢产物和二氧化碳。人的肌体的新陈代谢就可以更加旺盛起来，各种内脏器官的功能也就更加充沛，并富有生机。

当然，虽说运动锻炼对于防治心理疾病和增进心理健康大有好处，可也并不是说，任何人都可以做任何样的运动和锻炼。运动的方式，应该因人而异、因地制宜。一般正常的青年人，可以适当地做些长跑球类比赛等比较剧烈的活动，使身体处于无氧代谢状态，这样可以增强正在发育成长的体质。可是，对于患有心理疾病的青年人说来，还是暂时从比较温和的活动入手为好。比如，打太极拳、做体操、散步、慢跑等等，使身体处在正常有氧代谢状态。简而言之，（1）不要做力所不及的锻炼活动；（2）循序渐进，运动量和强度要由小渐大，逐渐地增强，符合每个人自己身体的条件。

在运动疗法当中，最简便易行的一个项目就是“跑步”。谈起跑步的好处来，我们的老祖宗原始人，就已经在生活实践中领悟到了。在远古时代，原始人靠跑动才能获得肉食和用以御寒蔽体的兽皮；另外，经常跑动也使原始人变得勇敢和有毅力。跑步的好处这么大，难怪相传在古希腊时期，人们在峭壁上刻下了这样的话：“你想变得强壮吗？那你就跑吧！你想变得美丽吗？那你就跑吧！你想变得聪明吗？那你就跑吧！”至于怎样跑法更科学，我觉得也不必强求一律，可以根据自己的体力情况而定。有些医生说，开始的时候，每周跑两次就够了，经过一两个月后再逐渐地增加次数等等，所有这些建议或主张，只能供参考而已。

我想用美国斯坦福大学医疗中心的詹姆斯·费赖斯博士的一句话，作为这次谈话的结束。他说：“我告诉病人们进行锻炼。跑跑步，别总休息，是心理学家对患者的新劝告。”

疗法之八：生物反馈疗法

你对“生物反馈疗法”，很可能感兴趣。因为“生物反馈”这个概念，现在甚为流行。很多青年朋友都愿意和我谈论这个词儿，可是在交谈过程中，我发觉他们当中的许多人，对“生物反馈”都不甚了解。

“反馈”原初是电工学上的一个专用名词。大意是说，把放大器输出电路中的一部分能量送回输入电路中，以增强或减弱输入讯号的效应。

1948年，美国数学家威纳在他所倡导的“控制论”中，提出“反馈”这个基本概念。他解释反馈说，生物系统、技术系统、管理系统、生态系统等一些系统，输送出去的信息（可以叫做“给定信息”）作用于被控制对象后，所产生的结果（可以叫做“真实信息”），再输送回原系统，并对信息的再输出（比如，以后的动作、方式和变化等）发生影响的过程，就叫做“反馈”。

心理学吸收了控制论的这种观点，把反馈叫做“结果的知识”。意思是说，从一定的“结果”中不仅可以看出原因，“结果”不仅像一面镜子，可以消极被动地把原因反映出来，而且会对这个原因产生积极主动的影响。这可以说是对“因果关系”原则的新发展。过去，心理学侧重于强调：刺激“决定”反应；反应“反映”刺激。而现在则进一步强调：一定的反应不仅会反映出刺激的性质、内容与效应等，而且也会反作用于刺激的性质、内容与效应等等。比如说，从学生的学习结果，不仅可以反映出教师的教学质量、教学效果等等；而且教师可以把学生学习的结果提供给学生，从而对学生以后的学习产生影响。学生可以根据反馈原理，进行自动控制、调节自己的学习态度、学习方法、学习行为等等，达到提高学习效果的目的。因此，为了学习收效，就应该提高有关“结果的知识”水平。

同样道理，对于心理疾病患者，也要强调他们需要增强有关心理疾病治疗“结果的知识”。“生物反馈”就是借用电工学以及控制论等所使用的“反馈”这个名词的含义，根据动物的操作条件训练原理，推广运用到人类的一种心理医学技术。《辞海》上对生物反馈的解释是：“用仪器对被试者（或病人）的生理、内脏变化情况提供强化或反馈信息（告知变化的结果等)，从而引导被试者有意识地学习和自我调节，改善内脏机能，使之在不用或少用药物的情况下，治愈或改善心身失调的疾病。”

其实，我们可以把生物反馈说得通俗些、简明些。比如，可以把生物反馈说成是：通过巧妙地控制人的精神来巧妙的控制人体。再换个说法，生物反馈就是：自己可以了解和控制自己的生理机能。生理心理学家指出，在人体的整个系统中，有一种生理活动，它可以调整其他活动，可以把它叫做“自我调整装置”，也就是返回神经传导的“反馈装置”。换一种讲法是：当人们的大脑皮层运动区域，传出神经冲动到达“效应器”这种执行器官的时候，执行器官的肌肉和腱的运动情况，又会成为新的传入冲动，返回到大脑皮层的运动区域的相应部位上，这时候，人们就会感觉、意识到运动的情况，而且可以根据这种运动的感觉、意识来调整自己的行为。比如说，当人们的情绪活动发生改变的时候，人们的机体内部也会相应地出现内分泌的相应变化，引起相应地反馈性的调整作用。正是因为经过影响或者改变人们的情绪活动，可以引起人们生理上相应地反馈性的调节作用，因此，用影响或改变心理疾病患者的情绪的办法，就可以治疗心理疾病。

所以说，生物反馈疗法要想收到疗效，就需要病人必须能够和他想控制的某种身体功能的节律，取得平衡协调。比如说，病人在一架电仪器上，看到他的心脏搏动或大脑皮层活动的记录，或者是听到它们跳动的节律时，他就可以充满信心地想办法试作自我控制了。很多哮喘病人对尘土、花粉或烟雾等刺激物敏感，但是经过试验证明，这种“敏感”大部分还是由于自己神经紧张所造成的。经过上面讲的那样反馈“医疗”后，他们的哮喘病可以治疗好大半。这就证明，哮喘“反应”至少有一部分，是来自后天的心理上的主观经验“原因”，而不是生理上的痼疾。

由此可见，身心疾病很多是源于心理上的不健康。寻找出心理致病的因素，让这些“患者”通过“反馈”作用，帮助他挖掘（发现）信心、巩固信心、提高信心，那么，很多身心疾病会“奇迹”般地治愈。

因此可以说，生物反馈的要点，或者说它的“秘密”，就是“病人自己痊愈”。

临床实践证实，用生物反馈方法治疗心脏、大脑、肌肉群以及和循环系统有关的身心疾病，即或不能完全根治，也可大部分予以控制。

现代医学研究已经发现，病人只要在开始时，略微借助于灵敏的机器，也就是说，略微借助于测量脑电、心电、皮肤电阻和心压、心跳等生理变化情况以及提供反馈信号的电子仪器（可以叫做“生物反馈仪”），产生反馈作用，就可以控制从前认为无法控制的某些自动或非随意的身体功能。这也就是前面讲过的通过巧妙地控制人的精神来巧妙地控制人体！

生物反馈疗法，证实了这样一条重要的原理：精神（心理）在一定程度上能够支配生理（身体）。

疗法之九：系统脱敏法

“哪里有压迫，哪里就有反抗！”当你遭到心理压迫的时候，你就要进行“反抗”吧？那么，有没有什么方法，可以帮助你增强这种抵抗的力量呢？有的。心理治疗方法里面的“系统脱敏法”，就是一种被人们公认为比较理想的提高对于种种心理压力抵抗的方法。

系统脱敏法的理论依据是学习心理学。学习心理学认为，人类的神经过敏不是先天的，而是后天学习到的，是每个人在生活中经过模仿、暗示等学习而形成的。“过敏”既然可以由学习而得到，那么也就可以再经过学习而消除它，脱掉它。因为敏感说到底，只是人们主观上的一种感觉，一种过于敏锐的感觉罢了。

系统脱敏法的一般做法是：先用轻微的较弱的刺激，然后逐渐增强刺激的强度，使行为失常的患者没有焦虑不安反应地逐渐适应，最后达到矫正失常行为的目的。比如说，你的孩子如果怕小猫、小狗、小白兔等一些小动物，你可以让你的孩子，先从远处观望这些小动物，然后让他（她）逐渐靠近，并且试探着抚摸这些小动物；最后，你的孩子就会高兴地，也多少有些兴奋地把这些小动物抱在怀里。怎么样？你的孩子对小动物的“过敏”，不就这样经过一个有系统的步骤脱掉了吗？又比如，对于喜欢挑食的孩子（成人也一样），可以慢慢地给他（她）从少到多地，加进他不喜欢吃的食物，用这种方法就能逐渐改掉偏食、挑食的毛病。

系统脱敏法的优点，是它可以让人处在神经比较松弛、情绪比较轻松的状态下；也就是说，在不会产生焦虑、紧张的条件下，逐渐克服、纠正原有的失常行为而改变为正常的常态行为。

系统脱敏法，现在被广泛地应用于临床医疗上，并取得了比较明显的疗效。例如，美国精神病学家雷克斯伦，就用系统脱敏法治愈了一些有变态反应的食物过敏患者。比如有一个男孩每当吃香蕉时，就有多动性的表现；另一个女孩由于对动物蛋白质过敏，而经常发生惊厥。雷克斯伦对他们采取逐渐增加食用量的办法，来降低这两个孩子对食物过敏的失常反应，结果成功地治愈了他们的过敏反应。

实践表明，系统脱敏法更适合于矫正那些年幼无知，比较容易接受模仿和暗示的儿童们的失常行为。对于一般成年人来讲，系统脱敏法就往往显得不“灵验”。不过，对于那些容易接受别人的暗示，和喜欢模仿别人行为的人，还是很有效应的。我认识的一位精神病学专家，他就用系统脱敏法，治好了许多女青年被蛇、壁虎以至于毛毛虫、“吊死鬼”，还有惊雷声等，所“惊吓”而引起的种种心理失常和行为失常。而且据他讲，不少中年妇女，以至神经比较过敏或神经比较脆弱的男性青年人和成年人，也适宜于用系统脱敏法来矫正某些行为失常。

这里谈的系统脱敏疗法，和已经谈过的自主训练法、疏导法、冥想放松法以及下面就要谈到的惮恶修改疗法等，都可以统统归在叫做“行为疗法”的这一大类心理治疗类别里。

疗法之十：惮恶修改法

这种心理治疗的方法，和前面谈过的“系统脱敏法”相反。它不是一种“和平方式”的自然的、缓和的心理疗法，而是一种“武力方式”的带有强制性质的心理疗法。对于治疗某些心理疾病，特别是矫正某些不良的癖好来说，“惮恶修改法”是一种颇有效益的疗法。

什么叫做“惮恶”呢?“惮”就是畏惧、害怕的意思，“惮恶”就是怕恶的意思。这里讲的“恶”，不仅仅是坏、恶劣，而且还有凶猛、厉害的意思在内。因此，所谓“惮恶法”，或者叫做“惮恶修改法”，简单讲来，就是说，当你下定决心要消除你认为，或者是你感到“愉快”的某一种行为（比如说，戒烟、戒酒、断奶）之后，立刻给予强烈的刺激（比如，把引起眩晕的药物或呕吐剂放在酒、烟中；把苦味的东西涂在奶头上），用这样的办法来引起痛苦或不快的反应（比如，引起头痛、呕吐；嘴发苦），从而抑制住你认为或者感觉到的那种“愉快”的行为。

惮恶修改法，通常用来矫正人们的种种不良癖好。但是，这种方法的缺点不少，局限性也比较大，因为它偏重于痛苦的惩罚，是通过强烈的、不愉快的惩罚性活动来矫正异常的行为。刺激如果过强，治疗者受不了，甚至会引起其他生理上和心理上的疾病，例如呕吐、头晕、恐惧、焦虑等等；但是，如果刺激太弱，效应又不显著。

惮恶修改法的最大缺陷就是，需要采用这种疗法的对象，恰好是那些戒也难、改也难的人，因此，很难鼓励他们自觉地忍受痛苦刺激。当代著名漫画家华君武曾经画过一幅耐人寻味的漫画：一位“烟鬼”立志戒烟，把烟斗扔到窗外后，又忙着跑出去接回到手中，以此说明戒烟之“难”。

漫画毕竟是漫画，在生活当中，很多青年人不需要使用惮恶修改法，或者其他什么别的方法，就把多年抽烟、喝酒的习惯改掉了。那么，他们用的是些什么“方法”呢？这就是“意志”“毅力”这样的不算方法的方法。革命导师列宁年轻时抽烟，妈妈发现以后把家中的经济困难情况告诉了他，他听了以后说：“对不起，妈妈！”从此就把烟戒掉了。《钢铁是怎样炼成的》里的主人公保尔·柯察金，年轻的伙伴劝他戒烟，他立即掐掉烟头，从此再不抽烟。

可是话又说回来了，并不是所有的人都能单凭“意志”和“毅力”来改掉癖好的。因此，我认为毅力再加上惮恶修改法，那么收效就会更加大些了，也许就能更彻底地解决所谓“老大难”的问题了。对于意志薄弱的人说来，惮恶法更是不能否定的有效方法。

疗法之十一：格式塔疗法

我猜想，年轻的读者们对于我将要谈的“格式塔疗法”，很可能是十分陌生的，而且觉得是很古怪的。什么叫做“格式塔”？难道是什么名胜古迹的古塔名称吗？或者是一种什么塔的“格式”？你猜错了！这和“塔”是全然无关的。

“格式塔”是一种译音。现代西方心理学有一个著名的派别，叫做“格式塔心理学”，或者叫做“完形心理学”，因为“格式塔”的原意就是“完形”“样式”或者“结构”“组织”的意思。你也许会发问：干吗“故弄玄虚”地非叫做“格式塔”呢？干脆意译成为“完形”不就算了。我想请你给以谅解，这倒不是什么“故弄玄虚”，因为“格式塔”这个词，在中国心理学上已经“约定俗成”，也沿袭使用很久了。而且，我还有个想法，越是让人感到“古怪”，反而越会加深印象，记得牢些，你说是不？

格式塔心理学是一种比较新的心理学流派。它受现代物理学发展的影响，特别是接受现代物理学中关于物理“场”（例如，磁场、电场、引力场等等）理论的影响，而发展起来的。格式塔心理学的基本理论认为，人是一个完整的统一体，人们的思想感情等一切心理活动以至人格。都是完整的、有规律的、有适当比例的。他们还认为，人的大脑并不是一个被动的接受者，它能够进行主动的活动。为什么人脑能主动地活动？这是因为人的大脑是一个固定完形的“脑场”，这个“脑场”具有“先天的动力特征”。因此，人们对于外界刺激的知觉也好，适应也好，所有一切的心理活动，就会成为整体的完形趋向。

不过，格式塔心理学也并不是十全十美的理论。它的最大缺点就是把“完形”看成是大脑先天固有的特性，把心理现象的内容和外部世界的联系割裂开来，离开了人的生活实践，离开了人和社会环境的交互作用。因此，根据格式塔心理学的原理所创建的格式塔心理疗法，很有些关起门来，闭目静坐，修身养性的味道。

但是，我觉得我们采用这种已被人们证实行之有效心理方法的目的是，为了使我们避免产生心理疾病，和帮助我们更好地保持心理健康，从而更好地适应周围环境以至改造周围环境，因而也就不必“因噎废食”般地把它完全“批判”掉。在这里我要顺便提一句，我总认为任何一个学派的理论主张的创建和发展，都是全人类智慧的结晶，它们能够存在下去，又延续至今、不断发展，总还是有它可取的地方。只要对我们有益、有用，就无妨拿过来，试试看。

“格式塔疗法”是由美国精神病学专家弗雷德里克·S·珀尔斯博士所创立的。根据珀尔斯的最简明的解释，格式塔疗法和“生物反馈疗法”一样，都是自己觉察自己。不过，“生物反馈法”是自己对自己的血压的自我觉察，自己对自己皮肤的温度、自己对自己的筋肉的电位的觉察。而格式塔疗法则是比起生物反馈法来更加广泛些是自己对自己疾病的觉察。也就是说，对自己的所作所为的觉察、体会和醒悟。可以说，它是一种自我修养性的自我治疗方法。

格式塔疗法有“九项原则”。这九项原则原是珀尔斯提出来的，现在根据我的理解和体会，介绍如下：

（1）“生活在现在里”。不要老是惦念明天的事，也不要总是懊悔昨天发生的事，而把你的精神集中在今天要干什么上。记住，你现在是生活在此时此刻，而不是生活在明天和昨天里。遗憾、悔恨、内疚和难过并不能改变过去，只会使目前的工作难以进行下去；忧虑未来是一种没有用处的情绪。

（2）“生活在这里”。想着你现在就是生活在这里。无能为力的远方发生的事，想它也没有用。杞人忧天，徒劳无益；惶惶不安，对于事情毫无帮助。记住，你现在就是生活在此处此地，而不是遥远的其他地方。

（3）“停止猜想，面向实际”。你也许碰到过这样的情况：比如在你的工作单位，当你碰到领导或同事的时候，你向他们打招呼，可他们没反应，连笑一笑都没有。如果你因此而联想下去，心里嘀咕，他们为什么要这样对待你？这个人是不是对自己有什么意见？对自己存有戒心吗？轻视自己吗？甚至会联想到他是不是敌视自己？其实，也许你没有料到，你向他打招呼的这个人，可能心事重重，情绪不好，正在想着家里面发生的事、或者什么不愉快的事，没有留神注意你向他打招呼罢了。因此，不必因为他对你打招呼没作出反应，就想入非非。

胡乱猜想推测是毫无意义的。很多心理上的纠纷和障碍，往往是因为自己没有实际根据的“想当然”所造成的。你可不要庸人自扰啊！

（4）“暂停思考，多去感受”。现代化社会要求人们多去思考，而少去感受。人们忙忙碌碌地整天里想着的，就是怎样做好工作，怎样考出好成绩，怎样搞好和领导与同事的关系等等。绞尽脑汁，耗尽脑力，因而往往容易忽视或者没有心思去观赏美景，聆听悦耳的音乐等等。格式塔疗法的一个特点，就是强调作为思考基础的“感受”，比起思考本身更为重要。没有感受就无从思考。感受可以调整、丰富你的思考。而且，人终非是一台计算机，不能白天黑夜地在那里总是计算个没完。人也不是机器，人需要用感受来滋润自己的心田。

直觉思维是人的一种非常宝贵的心理品质，但是，由于现在人们过分地强调逻辑思维，就往往被人们忽略了。可怕的后果将是使人们变成一台失去情感的机器。

（5）“也要输进不愉快的情感”。人们通常都希望有高兴的快乐的等等愉快情感；而不愿意接受那些忧郁的悲哀的凄凉的等等不愉快情感。但是这却不是正确的态度，因为有高兴，就必然地会有悲哀；相反地，有悲哀，也就会有高兴。愉快和不愉快，不仅是相对而言，同时也是相互存在和相互转化着的。因此，正确的态度是：首先，应该认识到，既有愉快的，也有不愉快的情绪，其次，要有接受愉快情绪，也要有接受不愉快情绪的思想准备。

如果一个人成年累月，总是“愉快”、兴奋，那反而是失常的现象，也许说不定患有躁狂症。

（6）“不要先判断，先要发表意见”。人们往往容易在别人稍有差错或者失败的时候，就立刻下结论，讥讽别人能力差或者“笨蛋”等等。很多时候，实际情况并非如此，因为人们的判断经常是错误的。因此，你的任务首先是充分表现自己的观感或情绪，把你的意见充分地表达出来。

格式塔疗法认为，对他人的态度和处理人际关系的正确做法应该是：先不要判断，先要谈出你是怎样认为的。这样做，就可以防止和避免，与他人的不必要的摩擦和矛盾、冲突；而你自己也可以避免产生无谓的烦恼与苦闷。

（7）“不要盲目地崇拜偶像和权威”。比如，在宗教上树什么教祖，成为什么教派的狂热信徒等，这都不好。在现代化社会里，新兴的宗教最容易出现什么教祖，教徒们把他的一言一行都认为是“金口玉言”，狂热地、无条件地信奉他和遵守他。现代化社会里，有很多变相的权威和偶像，它们会禁锢你的头脑，束缚你的手脚，比如，学历、资格等等。格式塔疗法对这些，一概持否定的态度。

我们不要盲目地附和众议，从而丧失独立思考的习性；也不要无原则地屈从他人，从而被剥夺自主行动的能力。

（8）“我就是我”。不要说什么：我如果是某某人那该多好；我若是某某人我就一定会成功，等等。你应该从自己的起点做起，努力地充分发挥自己的胜任潜能。既不必怨天尤人，也不必想入非非，要脚踏实地，从我做起、从现在做起，竭尽全力地发挥自己的潜能，做好我能够做的事情。最后的目标和信念应该是：“我就是我自己”，比、学、赶、超过我自己。

格式塔心理疗法的这个第八条原则，使我不由地想起，日本电视连续剧《姿三四郎》里面的那位德高望重的老和尚。他曾屡屡教导一代武林高手姿三四郎说：“悟性就在你的脚下！”我想我们可以把老和尚这句富有哲理的格言，理解成为：你就是你自己，你应该脚踏实地地从我做起，去掉万般千种的担忧、顾虑、嫉妒、羡慕等等无谓的烦恼，面壁苦练过硬的本领，最终必获成功。

（9）“要对自己负责”。人们往往容易逃避责任。比如，考试成绩不好，会把失败原因归罪为自己的家庭环境不好呀，学校不好呀；工作不好，会推诿说领导不力呀，条件太差呀，等等。把自己的过错、失败都推到客观原因上。格式塔疗法的一项重要原则，就是要求自己做事自己承担，自己对自己要负责任。

自从珀尔斯提出了格式塔心理疗法之后，在国外有不少从事心理治疗的学者、专家和教授们，经过临床上的实际运用，又不断地有所创新，做了种种不同的理解和解释。比如，日本东京大学分院心理治疗内科的石川中副教授，他把格式塔疗法进一步具体化为下面这样三条，他认为在日常生活中，这三条也是保持心理健康的有效方法。

（1）“节奏”。因为人体无论是心脏或呼吸，都保持着一定的节奏，因此，人们在日常生活中必须要有节奏，这对心理健康是非常重要的。早起早睡，从星期一到星期五学习或工作，星期天（或者再加上星期六）松弛；三顿饭定时、定量……这样井然有序，有秩序地有节奏地进行下去。如果因故打乱，就要及时调整。

（2）“松弛”。人们不能松弛的原因，就是因为没有遵守我们在上面讲的第二条原则“现在，在这里”。比如说，考试的前夕，如果你总是惦念着考试，那你就会睡不着；如果你能遵守“现在，在这里”的原则，你就会认为还是睡下去的好。也就是说，先不必去管明天要发生的事。另外，对往事不必追悔也很重要。如果你想检讨、反省、总结昨天的失败，那你就应该在昨天检讨、反省、总结它。

（3）“开放”。敞开胸怀，把你胸中的积闷全部释放出来，有些不好讲的个人隐私或心事，可以用唱歌、画画、弹琴等方式发泄出去。总之，什么事都不要闷在心里。

我在开头的时候，曾经讲过，格式塔疗法的特点就是根据你自己可以觉察到自己的疾病的原理，自己去调节、控制、把握你自己。通俗讲来，格式塔心理治疗方法是一种修身养性性质的自我控制的方法。这种疗法在临床实践过程中，还在不断地发展着。据此，我认为对珀尔斯所提出来的九条原则，还可以补充一条，那就是，每个人都要“正确地自我估计”，也就是说，要把自己摆在准确的位置上。

在日常生活里，有句大家爱讲的通俗老话：“干什么吆喝什么！”你卖梨就不能喊卖苹果吧？你干哪一行业，你就得守“本分”地尽心竭力地去做好那一行业的工作。因为我们每个人在社会当中，都在充当某一种“角色”，这当然不是狭义地指演戏那种“角色”，而是广义地指你的“身份”“地位”说的。你若是病人是患者，那你住院或者治疗的时候，你就得听医生的话，因为你处于“病人角色”“患者角色”的位置上。每个人在整个社会中，都占据着一个特定的位置，所以你就得按着这个特定位置的要求去履行你的权利和义务，因为你所“扮演”的角色给你规定了这种权利和义务的规范。你如果不按照社会一致公认的和大家都共同遵守的这个规范去做，那你就会受到社会和他人对你的谴责和反对。比如，做父母的应该抚养、教育自己的孩子；做儿女的应该孝敬父母，当父母年老体弱或者失去劳动力、患病的时候，你应该赡养、护理他们等等。

在日常生活当中，人们必须按照不同的、特定的“角色”去履行你的“职责”，否则就会产生种种冲突或挫折。比如说，你在工作单位可能是位领导，就像苏联著名电影《莫斯科不需要眼泪》里面的那位女主角，她就是一家大工厂的厂长；但她回到家里，却又是她女儿的母亲，就需要抚养、教育她的女儿；她对她心爱的未来第二个丈夫，就不能再动不动地要厂长那一套威风，用严厉的口吻训斥他：“你应该这样做！你不应该那样做！”然而因为她违背了社会心理学里的“角色理论”，结果掀起了一场轩然大波，险些造成悲剧，使她痛苦万分，几乎陷于悲观绝望的精神分裂状态。

你看，我们从心理健康的角度出发，不把自己的位置摆正成吗？又比如，根据报刊的资料介绍，被人们誉为“铁女人”的英国当代首相撒切尔夫人，当她离开了首相府回到家里的时候，照样下厨房做饭，在家里表现出她是个“贤妻良母”。

因此，我想强调两点：

（1）每个人都由于时间、地点、情境等不同的条件，会有许多不同的角色。既然角色变了，就得“扮演”好不同的角色，这样做，心理才会健康，不至于发生种种不必发生的矛盾和冲突。

（2）如果你在认识、情感和意志行动上，转不过弯子来，始终坚持某一种角色（往往是坚持你认为对你说来，能施展权力的那个角色），而不是按照你不同的地位，去实现人们期望你应表现的行由，那就要坏事了，准出纰漏不可。弄不好，就兴许使你轻则导致心理不健康，重则还会染上心理疾病。

疗法之十二：心理交流分析法

“心理交流分析法”可以简称为“交流分析法”。它是一种简便而又实用的心理疗法。

“交流分析法”是由美国医生埃里克·巴恩在 1959 年创立的。那么，什么叫做“交流分析”呢？交流分析就是把人们的心理分析（分解）成为 P、A、C 三部分。P、A、C 是三个英文词的字头：P 是英文“双亲”（parent）的字头；A 是英文“成人”（adult）的字头；C 是英文“儿童”

（child）的字头。它们的意思是说：

（1）C：人们要有孩子般自然、朴素的感情，要“童心未泯”；不要强行压抑自己的本能性需求；要恢复人类自然的本性，纵情地嬉笑。

（2）A：要有成人般的成熟心理，要能够理智地、正确地观察与理解现实，面对现实，很好地适应周围现实生活，在现实中合理地生活下去。

（3）P：要有像父母关心自己子女那样地关怀、体谅别人的慈善之心、善良之心。

我觉得P、A、C的实质含义，就是说一个人在一生当中，应该永远地保持童真、理智和善良的心境。

埃里克·巴恩认为，不论人们的心理怎样复杂多样，大体上都可以剖析、归纳到这三类的范畴中。而且他认为用P、A、C这样简单的符号来表示，每个人都容易理解和记忆。

每个人都可以根据自己的人格特质去调整、运用这个方法。缺什么就学什么，P、A、C三项中，哪一项你感到薄弱、差些，你就多从这方面下工夫，弥补你的缺陷和不足。如果你照这样去做了，你就可以了解自己，掌握自己；同时也可以了解别人，掌握别人。你的心理会得到和谐与安宁，你也可以美满和愉快地与他人相处与交往。

“交流分析”也可以说成是“自我写照”、或者叫做“人生剧本”。它大体上规定了你一生发展的方向，这是因为人们打从幼小起，就形成了种种不同的行为模式，这种行为模式好比人生的“蓝图”，它会强烈地影响着一个人一生的行为倾向。伟大的戏剧家莎士比亚把人生比喻为一个大舞台，每个人将会怎么样地在这个人生舞台上活动着？将会扮演什么样的“角色”？这就要看你从幼小起所培养、塑造的P、A、C是什么样？比如说，你为什么容易发怒？为什么容易焦虑？为什么容易忧郁？……那你可以从你的性格、个性、人格，从你过去的经历、环境、遭遇去检查、寻找原因。这也就是心理交流分析法。

P、A、C象征着人们的健康的心理，每个人都必须朝这个方向去努力。你不仅应该把你的子女从幼小起，就按照P、A、C的健康心理要求去培养、去塑造；你本人也应如此锻炼，加强自我修养。因为摆在你面前的是一条很长、很长的人生之路，你只有按照P、A、C的健康心理要求，才能够完美地、成功地走完这段漫长的人生之路。

你也许会哀叹地说：“迟了，有些晚了！”我觉得这种顾虑可以打消掉。《战国策》里有一句话说得好，“亡羊而补牢，未为迟也！”“亡羊补牢”是完全可以做到的，因为任何心理模式一旦形成后，并不是一成不变的，它只不过是在“大体上”勾画出了一个发展趋势的粗线条。我们在前面讨论能不能“从小看大”那个问题时，我讲了两层意思；幼小教育很重要；但又不能把幼小教育看死、看绝。因此，从幼小可以看到一些长大后的发展趋向；但又不能说幼小如何如何，就决定了一个人的一辈子必定会如何如何。

让每个人都不断地培养和发展自己的赤子之心、成熟之心和父母之心！

总之，“交流分析法”和“格式塔疗法”是对自己的“自我觉察”，发觉、理会、体念、醒悟到自己的所作所为；而“自主训练法”和“生物反馈法”则是对自己的“自我控制”，控制、制约、约束、掌握自己的所作所为。因此，如若把自我觉察和自我控制结合起来，那么，心理疗法就会收到更好的效果。

疗法之十三：笑疗法

当你听到“笑疗法”这个名称时，你也许会感到我们讲的“心理疗法”，越讲越“神”了。笑，难道也可以“医治”疾病吗？我还是用老办法开讲，先请你听一段真人真事。

1979年，美国出版了一本叫做《笑有益于血液——幽默的医疗作用》的通俗著作，作者是美国医生雷蒙德·穆迪。他在这本书里讲道：一个名字叫做诺曼·卡曾斯的美国记者，突然得了缺乏胶原的病（“胶原”是结缔纤维的主要构成物，这位记者由于器官结缔纤维严重损伤，因而行动艰难)。当他接到医院的“没有治愈的希望”通知后，他并没有因此而吓倒。他借来了大量的幽默喜剧录像影片，每天在家里放映欣赏。先是十分钟的大笑，感到有镇痛的作用，疼痛缓和一些，可以睡上两个小时；后来他索性看上几个小时，大笑几个小时。经过几个礼拜后，他的病非但没有恶化的迹象，反而有了显著的好转，经过十年后，这位记者的身体依然很好。

笑，开心的大笑，在这位患重病的记者身上，显示了神奇般的力量。那么这种威力来自何处呢？简单说来，就是这位记者每笑一次，他的横膈膜就大约蠕动18次，而在他微笑时，蠕动的程度要略小一些。乐观和愉快使他身体各个器官的功能更好地发挥了协调作用，使他的内分泌稳定，免疫力增强，从而控制了疾病的进一步恶化发作。

如果这位记者在确诊他患了结缔组织这种不治之症后，陷进了深深的忧郁、悲哀和绝望深渊里，那么，情况就会完全不同，他身体的免疫反应会被抑制住，他的T淋巴细胞和B淋巴细胞（这两种细胞都有抗病的机能）的产生和功能，也会受到影响。这样，就不仅仅不能减弱他的病症，反而会增进他的病变。

国外学者已经研究证实，“忧郁、失望、悲哀是癌症发生的前兆”。有人曾对一百名白血病人、淋巴瘤病人进行了回顾研究，发现癌症发生前的一年左右，大部分病人有过个人或家庭不幸遭遇的经历。其实，我国医学中早就有过“郁结伤脾，肌肉消薄与外邪相搏而成肉瘤”的理论，这讲的也就是国外现在才发现和证实了的“新”理论。这些新科学理论的主要依据就是；悲哀所以会使人致癌，就是因为悲哀可以抑制身体的免疫反应，影响T淋巴细胞和B淋巴细胞的产生和功能；于是妨碍了及时地抑制和消灭癌细胞。

国外还有一个试验证实，很多种疼痛是由于肌肉所造成的，或者是因为肌肉紧张而加剧起来。这种情况，往往连忍受病疼的人自己也忽略了。比如说，由于肌肉紧张而引起的头痛，就是一个很能说明问题的例子。有些人焦躁不安，精神萎靡不振，于是他在不知不觉间，头和脖子的肌肉就会紧张僵硬起来，紧跟着头也就疼起来了。如果运用大笑的疗法，情况就会正好相反：笑能使肌肉的紧张程度缓和，疼痛也就跟着减轻或消失掉。因此，你应该放松肌肉。那么，怎样人工地帮助你放松肌肉呢？你可以笑，大笑，因为笑的时候，肌肉就会放松。

当然，我并不是鼓励人们为了笑而笑，这样的笑不是发自内心感受，不会触动情感神经，也就不会收到应有的疗效。但是，我建议人们养成笑的习惯，用笑的表现来诱发出你的快乐与希望。正如你总是紧皱眉头，会诱发出你的郁闷那样，你若是能够养成平日里总是保持舒展眉头的习惯，也许多少会有助于你驱散愁雾。

在日常生活里，人们可以经常看到，凡是性格幽默风趣的人，大部分是快乐的人、充满希望的人。他们对待一件不顺心的事。往往一笑置之、不以为然；他们会总结经验教训，再接再厉地把事情办好。而那些性格过于拘谨的人，却会因碰到不顺心的事情而烦恼、愤懑，闷闷不乐；有的甚至总是记住这件不愉快的事情，唉声叹气，自怨自艾。幽默的人，会笑的人，处在任何沮丧困苦的逆境中，都能将紧张情绪缓冲掉，而保持轻松的自信的心情，从而降低心理压力，缓和内心冲突，排除内心的抑郁，不至于因此而陷入不健康的心理困境中。

因此，有人将幽默、笑，叫做“精神上的消毒剂”。我觉得这种说法并不过分。笑、幽默，实际上是一种有效的心理疗法。

在日常生活里，每个人都会有这样的体验：高兴和悲哀等不同情绪，对于身体会产生不同的影响。比如说，当你悲哀忧愁的时候，多么好的美味佳肴也难以下咽，即使你勉强地吃下去，也会由于“气裹食”，感到胃里膨闷胀满，难以消化。这就是因为悲伤和忧愁，通过大脑影响了植物神经的正常活动，产生了生理上或者病理上的改变。

人们为什么在沮丧忧虑时，食欲会减退呢？这是因为当你在沮丧忧虑的时候，你胃壁的血液量就会减少，使得胃粘膜变得苍白无力，胃液分泌也随着减少了的缘故。你在大怒的时候，为什么会有胃部空虚的饥饿感觉呢？这是因为你在激烈发火时，胃粘膜会充血，血液增加，胃的蠕动加快，胃液分泌大量增加的缘故。同样，如果你经常处在紧张状态下，那么，胃液会受情绪的影响，分泌过多，侵蚀胃和十二指肠黏膜，久而久之就容易发生溃疡病了。由此可以看出，笑和幽默的对立面——悲哀、忧愁、沮丧、愤怒等等消极的情感和情绪，无疑的是“精神上的腐蚀剂”。这样一来，就更可以衬托显示出笑的积极作用了。

为了保持心理健康，我建议青年朋友每天看些、听些能使你开怀大笑，或者是耐人寻味的幽默的笑话、漫画、相声、喜剧、书籍、杂志等等。总而言之，我劝你每天都要尽量去寻找笑料，纵情地笑、开怀地笑，使劲儿地大笑。因为这样的笑，能够使你的心、肺、膈、肝等内脏器官，得到短暂的运动锻炼活动；能够清除呼吸系统里的异物；能够加快血液循环；能够加速心脏的搏动；能够促进内分泌系统的功能。这样，你的“五脏六腑”功能就会大大增强，从而也就增强了免疫的能力。另外一方面，由于你的脏器功能的增强，可以刺激大脑产生出一种前面已经讲过的“儿茶酚胺”的激素，它可以激发你身体内部产生出一种天然的麻醉剂。于是就会帮助你减轻疼痛和不舒适的感觉，帮助你解除厌烦、懊丧、忧郁和紧张的心理状态。

研究幽默与笑的一位心理学家说：“笑可以使人心情舒畅、精神愉快、驱除疲劳、排除忧虑、解除烦恼、心情开朗、精神振奋、充满信心。又因为笑可以促进循环系统的功能，使血液流动的速度加快，所以人在笑时面颊红润，容光焕发，眼睛明亮，显得格外年轻动人。”

那么，作为“笑疗法”的笑，应该怎样笑法？

心理学家认为，幽默感的力量和笑的表现，要看是由谁，在什么样的条件下，感受了什么事物来决定的。因而作为一种心理治疗法，就不必拘泥于什么笑的方式。不过，我认为作为心理疗法的笑，和美学家所说的笑是一种“艺术”、笑是一种“美”等等，还不大相同。因为我们着眼于“疗效”，而不是去“欣赏”笑的美。

凡是发自内心、触动情感的“真心诚意”的笑，不管它是开怀纵情的大笑、含蓄深沉的浅笑、含情脉脉的微笑、风趣十足的一笑，等等；只要它们能够迷人、动人、感人，就可以程度不同地，达到心理治疗的疗效。电影《三笑》里，秋香对唐伯虎三次变化不同的笑，几乎都使痴情的唐伯虎“灵魂出窍”，给他带来了快乐、宽慰和希望。

因此，我觉得作为一种心理疗法的“笑”，起码应该有两个必须重视的基本条件。第一、应该笑的自然，不要勉强，不要为了笑而笑。第二、当你认为可笑时，就尽情地去笑好了；至于怎样笑法，完全可以不必去计较，因为我们不是在演戏，也不是在进行什么交际活动，因而无须过多地考虑笑的方式。封建社会里的大家“闺秀”，闭锁在“闺秀”“绣楼”上，碍于封建礼仪，不敢纵声大笑，因而常常闷郁成病，这在现代化社会里，应该作为笑话或悲剧来看待了。

我曾经当面听过一位担任高中班主任的中年女教师，“教导”她的大学生女儿说：“女孩子家，不要笑得前仰后合！”这位母亲规劝的理由是，这样的笑法太“野”，不成“体统”，让别人觉得你“缺乏教养”等等。其实，这种“教育”是完全不必要的。因为每个人笑的方式，往往决定于情感的强度，而情感的强度如何，又决定于外界刺激物的强烈程度。因而，当你面对十分开心、惹人发笑的景物时，你本应大声地笑，但你却抑压自己的情感表现，“唇不露齿”地微笑、或者不笑，久而久之，势必会引起不健康的心理。人们爱说，不同的世界观、不同的兴趣爱好和不同的文化水平，决定着人们具有不同的乐趣，以至会表现出不同的笑法。但若从心理健康的角度来看，这就未免太死板、太拘泥了。所以我想再重复地讲一句：从心理治疗的角度来看，笑不必分作什么“雍容大方”或“庸俗鄙陋”。而且实验证明，越是纵情地大笑，疗效也就越大。

总之，我想请青年朋友牢记最根本的一点，那就是：生活中不能没有笑！你与其吃药、打针，不如使用“快乐牌”的“精神消毒剂”让我们大家一起去追求笑、寻找笑，甚至可以有计划、有组织地采取一些措施来使大家都发笑。也许有人会觉得我这种想法未免离奇，其实，这在国外已有先例。70 年代，在英国的一所大学里，创建了一个“幽默教室”。在那里，人们可以用各种手段发笑；而且经常举行关于幽默问题的科学讨论会。在讨论会上许多人建议：建立一些城市娱乐中心，作为促进人们集体大笑的设施。我觉得这种想法很好，这对于促进人们心理健康，预防心理疾病会大有益处。

至于什么样的笑，对什么样的病最有益处？这还没有最后研究出来。不过，我相信总有一天会得出结论的。

幽默、微笑，对于人际关系上的和谐交往，也很有必要。它可以消除隔阂，增进友谊，加强情感的交流，缩短人们彼此间的心理上的距离，使人们彼此更加亲密无间，促进团结。

我在1958年，曾看过苏联女作家库兹涅卓娃写的《生活在召唤》小说译本。这本书里曾有这样一段描述："有什么东西能比真诚的笑来得更美好呢？笑可以使人愉快、高兴、精神焕发。由衷的笑可以使剑拔弩张的敌对双方互相谅解，能使素不相识的人们马上亲密起来。"大约经过20年后，在法国的巴黎出现了一个叫做"在国际关系中运用幽默协会"的组织，这个协会的宗旨就是，让笑成为缓和国际紧张局势、使各国人民更加相互了解的一种手段。

你能说"笑"不是一种疗法，不是一种精神"武器"吗？

疗法之十四：音乐疗法

如果有人现在对你说，音乐是"巫术"、音乐是"魔法"，我想，你一定会认为说这样话的人是太愚昧无知、太迷信落后了。可是，在古代，以至在现在，世界上某些未开化的落后地区，的确把音乐看成是巫术或者是魔法的。

埃及的古书里，曾记载把音乐当做一种自然药物，而加以利用的事例，认为音乐能够祛邪降福。西方研究音乐心理学的一些学者于是认为，埃及是世界历史上最早发现和使用音乐疗法的国家。实际上，最早使用音乐疗法的并不只是古埃及，还有我们的华夏古国。

古代埃及人发现了音乐的疗效作用，但却不知道为什么音乐会产生奇迹般的疗效。在"知其然"，而不知其"所以然"的科学发展水平低下的情况下，就把音乐看做是一种"魔法"。在古代的东方和西方，除了在庆典祭礼时，都伴有音乐外，巫师们是唱着咒语为病人治病的，因而音乐被看成是"巫术"。

音乐疗法作为一门新兴的学科，被正式地公认为是一种心理治疗方法，只不过是最近几十年的事情。它出现在本世纪的50年代，60年代后在美国首先应用于临床实践上，到了70年代才在国际上广泛使用。美国对音乐疗法的研究进展较快，现在有39所大学，开设了四年制的音乐治疗专业，专门培养"音乐疗法工作者"。

西方心理学界认为，音乐疗法的第一个科学研究工作者，是18世纪末叶的I·M·阿特休勒。他第一次对病患者使用音乐来配合情绪和精神的节奏，发现音乐对精神病患者的反应有促进的作用。

其实，在我国古代，很早以前就已发现音乐对于人的思想和感情，能起重要的作用。《礼记》中的《乐记》写道："乐也者，圣人之所乐也，而可以善民心，其感人深，其移风易俗，故先王著其教焉。"意思是说：音乐的作用可以改善人的思想品德，能深刻地激发人的感情，能移风易俗。《乐记》中还写道："志微噍杀之音作，而民思忧；啴谐慢易繁文简节之音作，而民康乐……"大意是说：当微弱充满焦虑的音乐流行的时候，人民大众就会产生忧心忡忡的情感；而当舒畅、和谐、缓慢平易、内容丰富、而又节奏鲜明的音乐流行的时候，人民群众便会感到康乐和幸福。

你看，《乐记》这本古书里的记载，不是把音乐对人心理的作用，刻画得既鲜明而又很深刻的吗？

1981年上半年在瑞士，一批实验心理学家们聚会，研究音乐疗法的效果与可能性，他们提出了4000年前中国就曾使用音乐使人道德高尚的经验。由此可见，国外的心理学家们都承认，我们的祖先旦就发现了音乐疗法这种心理治疗的方法。

那么，"音乐疗法"究竟有哪些"神奇"作用呢？

根据史料记载传说，一位名字叫做大卫的音乐师，在竖琴上弹拨出优美的曲调，曾使所罗门王忧郁不安的精神宁静下来；同样的，音乐家弹奏作曲家巴赫谱写的戈德堡变奏曲，治愈了凯瑟琳伯爵的失眠症。

你也许会觉得所罗门王也好，凯瑟琳伯爵也好，这些毕竟是"传说"罢了，不足凭信！那么，我再向你介绍一些有确凿根据的现代科学的实验例证。例如，波兰作曲家塔迭乌什·纳坦松创办的弗罗茨拉夫音乐治疗研究所，研究工作者把408名病人分成两组做试验，一组采用音乐疗法辅助治疗；另一组采用常规方法治疗。结果，接受音乐疗法的病人用药量显著下降，特别是镇定药和止痛药用得更少。又例如，在国外有人试验，高血压病人听一首优美的小提琴协奏曲，血压能下降13~20毫米水银柱。英国剑桥大学口腔科治疗室，用音乐代替麻醉剂，成功地拔牙二百多例。在国外，甚至有人用优美的音乐来促进奶牛、母鸡的产奶、产蛋量，以至番茄等的生产量。

"在正常情况下，一个人终生喜爱音乐可能是长寿的妙方！"这是美国加利福尼亚大学的一位名叫唐纳德·阿特拉斯的医学副教授，经过长期研究后，在1978年所得出的结论。这位副教授不仅是一位思想活跃的博士，还是一位交响乐的积极爱好者和业余作曲家。他汇编了35名著名交响乐队指挥的名将事迹，发现他们的平均寿命是73.4岁。他说，美国男人的平均寿命是68.5岁，因而这个差别在科学上有重要的意义。35名指挥名将中，没有一个是58岁以前死去的。他们不仅寿命长，而且音乐作品多，被世界公认为是积极主动的非凡超人的天才家。阿特拉斯博士发现，35名指挥家有两个共同的特点：1. 他们对自己的音乐指挥工作感到满意；2. 他们的精神总是愉快的。

我觉得这些音乐指挥家所以能长寿、精力不衰，和他们的生活方式有密切关系。他们终生和音乐为伴，受音乐熏陶，使他们悠然自得、无所牵挂，生活富有生气，不会感到烦闷、抑郁，因而延年益寿。

美国外科医生莱歇文博士，在1981年出版了《音乐与医学》这本书。他在书中指出，音乐和医学过去一直是、将来也仍然是相互密切不可分割的。莱歇文说："音乐是最情真意切的艺术。"不过，我们也不能因此而把音乐夸大为是"万灵妙药"。美国纽约州立大学医疗中心的里奥里达斯博士说，音乐是"一种有效的治疗辅助手段"。这种提法是比较恰如其分的。

接下来再谈谈为什么音乐可以起到治疗心理疾病的作用这个问题。

所谓音乐疗法，主要是对人的大脑皮层起刺激作用，影响情绪，从而收到疗效。音乐可以使人血压正常、肌肉松弛、脉搏放慢，从而使人感到轻松愉快，精力充沛，消除紧张、压抑、忧虑和烦恼的情绪。这已经几乎成为人们的生活常识了。

现代生理学家们发现，人体的各种节奏，例如，心跳时的脑电波等等，有一个很大的特点，那就是它们趋向于和音乐的节奏同步同调。如果播放缓慢、庄重与平静的古典音乐，那么，人们的身体节奏就更能够和这种音乐相适应、相平衡。生理心理学家使用各种现代化的生理仪器，对心理失常的人进行了观测。结果发现，当他们听舒缓、庄重的音乐的时候，他们的心跳平均至少每分钟减慢五次，血压也稍有下降。

为什么会是这样呢？原来音乐可以改变脑电波的活动。许多人们喜爱的曲子中的许多部分，能诱导出一种使人陷入冥想状态的脑电波，它能使身体活动放慢，全身放松，精神轻松。你可以想一想，为什么婴儿在妈妈哼哼的催眠曲声中，能够甜蜜安详地睡着？为什么当人们干重体力劳动活时，往往用歌声或者音乐广播来减轻紧张沉重的感觉？就是因为音乐可以直接地影响人们的大脑。

西方学者研究古典协奏曲的一些缓慢乐章，发现它具有一种奇妙的效力节奏。这种缓慢乐章每分钟60拍，通常都有一把低音大提琴，像人的脉搏一样在跳动。当人们听这种放松的音乐的时候，身体就会趋向于按照它的节奏活动；心脏跳动的次数也会放慢到每分钟60次，而每分钟60次则是缓冲大脑的理想系数。于是，人体就会放松，头脑得到安谧。

如果用更加通俗的话来讲，音乐疗法之所以能够起到较好的疗效作用，就是因为它用的是“乐音”，而不是“噪音”。有一句唐诗：“西陆蝉声唱，南冠客思深。”咱们可以把它解释为，南方的客人，乍来到炎热夏季的大西北时，聒噪的蝉鸣使他感到心烦意乱，神经紧张。为什么这位南方人会有这样的心理反应呢？就是因为蝉翅在振动的时候，发出的声响是一种噪音；而这种噪音对刚从南方来的人说来，还很不适应，是一种地地道道的噪音。噪音对人体的健康会起不良影响，它主要刺激人的中枢神经系统，使其注意力分散，容易疲劳。根据试验研究证实，即便是微弱的噪音，也会使人容易疲劳，而减低劳动效率达40%以上。

一个人如果长时期受8贝尔以上的强烈噪音刺激，首先就会使他由于不能适应而使听觉逐渐迟钝，严重的可能造成耳聋；其次，由于中枢神经不断受到强烈刺激，呼吸、心跳就会加速，因而加重了心肺的负担，产生头痛、失眠等一系列症状。极强烈的噪音，像喷气飞机喷出的气流声，甚至会造成人的死亡。

谈到这里，也许有人会问，什么叫做“贝尔”？“贝尔”是噪音响度的计算单位。一贝尔响度，大约相当于离人的耳朵两步远的轻轻耳语声，或者是微风吹动下的树叶的沙沙声。静驶的汽车能产生5贝尔的噪音；大声说话有6~7贝尔的响度；在10米以外的铆钉机会产生9~10贝尔的噪音。

那么，何谓“噪音”？噪音就是许许多多种类的频率以及忽强忽弱经常变化的声波的杂乱混合；其中多半是高频率的声波，也混杂着低频率的声波，甚至入耳听不见的超声波。很多资料数据表明，一个人长时间听聒噪、喧嚣的西方现代派音乐以后，会使他（她）神经紧张、头晕目眩，甚至引起呕吐、神经错乱。因此，我劝青年朋友千万别迷恋这样的音乐！这对你的心理健康是有害而无益的。

日本有一家工厂，在心理学家的咨询指导下，做了一个令人感兴趣的试验。该厂厂长为了让喂乳的女工能够缩短喂乳的时间，把喂乳的母亲分成两组：甲组喂乳时听西方古典音乐；乙组喂乳时听喧嚣的爵士乐和流行音乐。结果发现奶水的分泌量大为不同，甲组增加奶水约20%；而乙组则减少20%。这就有力地证明了，不同性质的音乐，有的可以起积极促进的作用，有的则起消极的促退作用。

心理学实验证明，某些特殊性质的音乐，会给人们以特殊性质的“声波信息”，它可以消除因艰苦的大脑功能所带来的紧张，它使得人们的脑子的冥想状态趋向于单一化、集中化与秩序化，从而排除了一切杂念的干扰。有些西方古典乐曲就起这种作用。有些宗教做祷告时，响起大风琴的缓慢低沉奏鸣曲，或伴有和谐、肃穆的赞美歌曲时，往往会使人整个心灵“无忧无虑”地沉浸在宁静、超脱、升华的感受状态里，也是这个道理。正像我国当代著名美学家兼心理学家朱光潜先生在他写的《文艺心理学》里所写的那样；“语言所不能传达的，音乐往往能曲尽其蕴。它的节奏的起伏，音调的宏纤，往往恰合人心的精微的变化。”

不同的音乐可以起到不同的疗效作用。向心理疾病的患者播放旋律优美、抑扬感人的古典音乐和交响乐效果最佳。因为这种音乐可以促使患者精神宁静、心情舒畅，增加安全感。这是因为悦耳的低分贝的音乐，能使听者抵抗心理上的干扰，不急不缓地和心跳速度（正常人的心跳速度，平均每分钟 70～80 次）相适应。如果音乐的速度每分钟超过 70～80 拍，就会使人感到精神紧张；相反地，低于心跳速度，则会使人产生悬念难受的感觉。

有人试验：贝多芬的《田园交响曲》使人心情平静；而西方现在流行的爵士乐、摇滚乐、迪斯科乐曲，可以使人近于发疯；柴可夫斯基的《悲怆交响曲》增加人们悲哀、绝望的情绪。

所以，我建议青年朋友们应该有选择地欣赏音乐。当你感到烦躁的时候，可以听柔和的音乐，它会使你心情宁静下来；感到忧郁时，听听比较雄壮的音乐，促使你兴奋起来。人们在悼念死者时所播放的低沉缓慢哀乐，和结婚喜庆时所播放的轻松欢快音乐，两者有着明显的差别，道理就在于不同的音调，可以唤起人们不同的情绪。

早在古希腊，人们就已经觉察到急骤、缓慢、高扬和低沉等不同的音调，能够引起听者不同的情绪。例如，E 调安定、D 调热烈、C 调表示爱情、B 调悲哀、A 调昂扬、G 调浮躁、F 调淫荡等等。

末了，我要强调指出：生活中不能没有音乐。有些青年朋友对我讲：“我没有音乐细胞！”“咱不懂音乐！”因而他们觉得和音乐“没缘分”；不需要欣赏什么音乐，照样可以工作、学习和生活下去。其实，这些青年人想错了，主要是他们把音乐看得太神秘、太专业化了。实际上，听音乐而受感动，引起心弦上的共鸣、震撼心灵、在情感上得到潜移默化的人，往往不一定必须是音乐的“行家”“里手”。人们完全可以不必先懂得这些音乐本身的技巧、结构，而能欣赏、领会音乐，并从音乐中得到情操的陶冶。

比如，有些音乐可以使你产生精神焕发、奋发向上的感觉；而有些音乐则可以使你产生一种萎靡不振、抑郁寡欢的感觉。这就是因为人们常常把音乐的节奏“翻译”成很生动的情节，或幻想为很鲜明的图画。例如唐代大诗人白居易在他的《琵琶行》一文中，描述他听过琵琶的演奏时，在头脑中浮现出“大珠小珠落玉盘”“铁骑突出刀枪鸣”的图景来。

你知道吗？音乐所表现的感染力，往往是超乎理智所能分析的范围，它包含有极其丰富的情感内容，和极为广阔博大的想象的天地，任你去驰骋、飞翔。有位画家把贝多芬谱写《田园交响曲》时的情景，画成贝多芬在一条小河畔静静地坐着，捧着头听潺潺的流水的场面。看来这位画家是在表达他听《田园》时的理解与感受。实际上，贝多芬谱写《田园》时的真正情景并不是这样，这可以查阅傅雷翻译的罗曼·罗兰原著的《贝多芬传》。但是，这位画家所描绘的这幅油画，却赢得了人们感情上的共鸣和信任。记得我在新中国成立前大学读书的时候，就曾经在一本厚厚的世界大音乐家传记之类的外文书里，看到过作为插图的这幅油画。当时，我深信不疑，并深受感动。

因此，我说，你不“了解”音乐，但你可以“欣赏”音乐。未开化的原始民族能够欣赏音乐，就是因为他们有情感，有想象。他们所唱的曲调可能毫无意义，但他们却喜欢唱它、喜欢听它，这是因为什么缘故呢？就是因为在他们听来，音调的和谐，可以使他们在精神上得到享受和安慰。有些飞禽走兽也有音乐的“嗜好”，就是因为它们有脑子，能够对“声波的信息”有所反应。对奶牛或母鸡播放某种音乐，可以促使多生乳、多产蛋的道理，也同样在这里。

人们的耳朵比起眼睛来，更容易触动情感。无声电影比起有声电影来，感人的效果要逊色得多；一般平声比起立体声来，也差劲多了。未出世的婴儿在胎里就能听到声音，可是见到光亮，却要在出生后一个月才办得到。所以说，从生理特点来看，人类对声音是很敏感的。我们也就因此而可以因势利导地利用音乐来培养我们的智慧和品德。

末了，我还想提醒你一点：当你想用音乐疗法去治疗心理疾病，或者增进心理健康的时候，你最好是选择听本民族或接近本民族的音乐。因为这类音乐的词调扎根在我们的心灵上，更会引起我们思想感情上的共鸣和反应。比如说，当你耳边响起电影《城南旧事》的主题歌：“长亭外，古道边，芳草碧连天。问君此去几时来，来时莫徘徊！天之涯，地之角，知交半零落，人生难得是欢聚，惟有别离多……”的时候，尽管你还年轻。对于发生在古老北平的30年代的人世变迁和人间悲欢离合不大了解，但是，悲伤哀怨、缠绵悱恻的音调和歌词，不由地会使你产生久久萦绕在心头的、一丝丝人间生离死别的、无可奈何的哀愁。这就是因为你土生土长在这块大地上，在你脚踏着的这块土地上，你度过了你难忘的童年、少年、青年。

因此，像广东音乐、绍兴戏、黄梅戏、河北梆子、秦腔、川剧、越剧、沪剧、湘剧、河南坠子、京韵大鼓等等，流行于全国各省市一定地区的具有浓厚地方色彩与特点的音乐或唱腔，以至流行全国的京剧唱腔等等，对我们就分外亲切，倍有感情。现在，国内有人正在进行这方面的音乐疗法研究工作，初步的实验研究结果表明，这些音乐品种，对中国人的疗效更为显著。青年朋友们何妨一试！